AF247390

NAPOLÉON

LA DERNIÈRE PHASE

OUVRAGE
TRADUIT DE L'ANGLAIS AVEC L'AUTORISATION DE L'AUTEUR

PAR

AUGUSTIN FILON

PARIS

LIBRAIRIE HACHETTE ET Cie

79, BOULEVARD SAINT-GERMAIN, 79

1901

NAPOLÉON

LA DERNIÈRE PHASE

A LA MÊME LIBRAIRIE

Napoléon, la République, le Consulat, l'Empire, Sainte-Hélène, d'après les peintres, les sculpteurs et les graveurs. Album grand in-8 oblong, contenant 80 grandes planches et 350 gravures, broché . . . . 6 fr.
Relié, tranches dorées . . . . 10 fr.

Las Cases (Comte de) : *Souvenirs de l'empereur Napoléon Ier;* 6e édition. Un volume in-16, broché . . . . 1 fr.

Marco de Saint-Hilaire (E) : *Anecdotes du temps de Napoléon Ier.* Un volume in-16, broché . . . . 1 fr.

Les Cahiers du capitaine Coignet (1776-1850, publiés d'après le manuscrit original par Lorédan Larchey ; nouvelle édition illustrée de gravures en couleurs et en noir d'après J. Le Blant. Un volume grand in-8, broché . . . . 1 fr. 50
Relié, tranches dorées . . . . 7 fr.
—— *Le même ouvrage.* Un volume in-16, sans gravures, broché . . . . 3 fr. 50

Mémoires du sergent Bourgogne (1812-1813), publiés d'après le manuscrit original par P. Cottin et Maurice Hénault ; 4e édition illustrée de 24 gravures en couleurs et en noir d'après Alfred Paris. Un volume grand in-8, broché . . . . 15 fr.
Relié, tranches dorées . . . . 20 fr.
—— *Le même ouvrage* Un volume in-16, sans gravures, broché . . . . 3 fr. 50

Lettres écrites d'Égypte par Étienne Geoffroy Saint-Hilaire, à Cuvier, Jussieu, Lacépède, Monge, Desgenettes, Redouté jeune, Norry, etc., aux professeurs du Muséum et à sa famille, recueillies et publiées avec une préface et des notes par le Dr E.-T. Hamy, membre de l'Institut, professeur au Muséum d'histoire naturelle, conservateur du Musée d'ethnographie, etc. Un volume in-16, broché . . . . . . 3 fr. 50

41448. — Imprimerie Lahure, rue de Fleurus, 9, à Paris.

Lord ROSEBERY

NAPOLÉON

LA DERNIÈRE PHASE

OUVRAGE
TRADUIT DE L'ANGLAIS AVEC L'AUTORISATION DE L'AUTEUR

PAR

AUGUSTIN FILON

PARIS
LIBRAIRIE HACHETTE ET Cⁱᵉ
79, BOULEVARD SAINT-GERMAIN, 79

1901
Droits de traduction et de reproduction réservés.

PRÉFACE

Dans l'été de 1863, un jeune voyageur anglais qui revenait de Rome s'arrêta deux jours à Paris. C'était un élève d'Eton ; un des professeurs du collège l'accompagnait et lui servait de mentor. Ils allèrent entendre *Mireille*, qui les charma ; ils assistèrent à une superbe revue de cavalerie ; mais, pour le touriste de seize ans, l'émotion de ce premier séjour à Paris, ce fut sa visite au tombeau de l'Empereur. « Il est, écrivait son maître, un grand admirateur des Napoléons, mais un admirateur intelligent, car c'est le garçon le plus intelligent du monde. Et, puis, il est si amusant ! »

L'écolier d'Eton s'appelait, en ce temps-là, lord Dalmeny. Aujourd'hui l'Europe le connait sous le nom de lord Rosebery et c'est lui qui est l'auteur de ce livre.

D'Eton il passa à Oxford et, avant qu'il eût fini son temps d'Université, la mort de son grand-père transforma l'étudiant en un pair du royaume. Mais, pendant dix ans, la noble assemblée n'eut guère l'occasion

de se familiariser avec le son de sa voix. Il n'avait
que quatorze ans quand un de ses compatriotes,
Dundas de Dundas, lui avait prédit, dans un banquet,
qu'il serait premier ministre. Le jeune comte de Rosebery ne paraissait nullement pressé d'entrer en possession de ce poste et il prit par le plus long pour aller
à Downing Street. On parlait de ses chevaux, de la
coupe de ses habits, de ses goûts artistiques et mondains, de sa bonne humeur et de sa bonne grâce.
On le disait capable de tout, même de travailler lorsque
le travail l'amusait. Il plaisait fort à ses égaux et il
possédait un secret pour se faire aimer des gens d'en
bas. Le secret était, tout simplement, qu'il s'intéressait
à leurs besoins, à leurs misères, à leurs aspirations.

En 1878, il épousa la plus riche héritière du
Royaume-Uni, miss Hannah de Rothschild, fille du
baron et de la baronne Meyer de Rothschild dont la
prodigue et intelligente bienfaisance a laissé tant de
traces durables sur le sol anglais. Ce mariage souleva
bien des critiques et éveilla bien des jalousies. Mais
les critiques se turent et la jalousie changea de caractère lorsque le public put comprendre quelle compagne
vaillante, utile et dévouée lord Rosebery avait su
conquérir. Lady Rosebery devint son principal et son
meilleur auxiliaire dans la mémorable campagne du
Midlothian qui fut le « clou » des élections générales
de 1880 et qui rouvrit, toutes grandes, au *Grand old
man* les portes de Westminster. Lord Rosebery en

était l'inspirateur et sa résidence de Dalmeny Park
en fut le quartier général. Il organisa la victoire : ce
qui est quelquefois plus malaisé que de la remporter.
Au lendemain du succès, quand le parti libéral rentra
triomphalement au pouvoir, il eût pu tout demander :
il n'accepta rien. Lorsque, dix-huit mois plus tard, il
se laissa nommer sous-secrétaire d'État au Département de l'Intérieur, tout le monde comprit qu'il
apportait une force au Cabinet, loin d'en recevoir un
honneur, et qu'il y avait déjà en lui plus que l'étoffe
d'un sous-ministre. Lors du troisième ministère
Gladstone, il reçut le portefeuille des Affaires étrangères et s'y fût sans doute signalé par son initiative,
sa vigilance et son habileté si la scission des libéraux
unionistes sur la question du *Home rule* irlandais
n'avait déterminé la chute du Cabinet.

Rendu à la liberté, lord Rosebery consacra ses
loisirs à des voyages à travers l'Empire britannique.
Accompagné de lady Rosebery, il avait déjà fait le tour
du monde en 1882-1883, visité le Canada et l'Austra-
lie, étudié sur place, avec la promptitude d'observation
et d'assimilation qui le caractérise, les relations entre
la mère patrie et ses dépendances plus ou moins
lointaines. En 1887, c'est vers l'Inde que se dirigea
cette universelle et insatiable curiosité du touriste-
homme d'État. Il est revenu de ces voyages impéria-
liste fervent et convaincu. Mais l'impérialisme n'est
pas pour lui « une carrière », comme il l'a été depuis

pour les Rabagas d'outre Manche. Ce n'est pas une doctrine politique, sortie du cerveau de celui-ci et exploitée par l'ambition de celui-là, mais un fait qui se produit à son heure et qui est nécessité par un autre fait, indéniable et inéluctable, le développement scientifique et industriel qui a signalé le milieu du dernier siècle. La vapeur et l'électricité, en supprimant ou, du moins, en diminuant les distances, ont fait une vérité de cette égalité de droits et de devoirs qui n'était, jadis, qu'une théorie; elles ont mis fin aux anciens rapports de la métropole et de ses colonies et créé un nouvel état de choses dont la formule et le mode de fonctionnement ne sont pas encore trouvés. Il est peut-être réservé à lord Rosebery de rassurer l'Europe sur les perspectives de l'impérialisme en lui prouvant qu'à ses yeux et à ceux de ses amis ce n'est pas une manifestation de l'esprit d'agression et de conquêtes, mais un problème d'organisation fédérative qui ne blesse et ne menace personne.

Lorsqu'il fut définitivement rentré en Angleterre, lord Rosebery fut nommé membre, puis président du *County Council* de Londres qu'une loi nouvelle venait d'appeler à l'existence. Quelles que soient les destinées qui attendent encore lord Rosebery et sur quelque objet que se porte son activité, cette période de la présidence du *County Council* restera une des plus curieuses, une des plus intéressantes, une des plus originales de sa vie publique. Ce contact personnel et quotidien avec la démocratie de la plus vaste cité moderne lui a appris ce qu'il ignorait encore et l'a initié aux derniers secrets de cet art de manier les hommes qui était déjà, chez lui, un don de nature. Il a serré la main à des gens qui l'appelaient « Monsieur Rosebery »; il a gagné les politiciens populaires non en les flattant, mais en les traitant sérieusement et comme des égaux. Du haut de cette plate-forme présidentielle où sa femme venait quelquefois le rejoindre, il a conservé aux délibérations le caractère familial, amical, sans façon, et, j'ajouterai, *business-like* qui leur convenait. Il a sauvé par là l'Assemblée nouvelle du ridicule et du danger qui menacent ces parlements au petit pied et dont les représentants de certaines grandes villes n'ont pas toujours eu le bonheur de se préserver : d'une part, les vaines déclamations, de l'autre, les mesquines personnalités et l'esprit de coterie. Il a maintenu, sans rudesse, mais avec fermeté, la fameuse règle des quinze minutes, qui endiguait la rhétorique des *County Councillors*, et a su rappeler aux orateurs qui l'oubliaient que « leur eau était écoulée ». Enfin, il a tenu tous les esprits tournés, comme le sien, vers les solutions pratiques, vers les affaires proprement dites, et il a si bien écarté la politique des questions purement municipales qu'à l'heure actuelle les mêmes électeurs envoient des conservateurs à Westminster et des progressistes à

Spring Gardens. Si le *County Council* est devenu, en fait comme en droit, la véritable expression de la grande cité, et si son chef élu fait, peu à peu, rentrer dans l'ombre le Lord-Maire, avec ses pompes surannées et son cortège carnavalesque, le mérite de cette évolution nécessaire revient, en grande partie, à lord Rosebery.

Le deuil cruel qui le frappa dans l'automne de 1890 — la mort de lady Rosebery — l'éloigna encore une fois de la vie publique. Il y rentra en 1892 lorsque M. Gladstone, escorté d'une faible majorité libérale, reprit le pouvoir pour essayer de réaliser ce malencontreux projet d'autonomie irlandaise que ses partisans eux-mêmes votaient « la mort dans l'âme ». La Chambre des Lords trouva un regain de popularité inattendu en se faisant l'interprète du mouvement de répugnance et de résistance. La tâche de lord Rosebery n'avait, alors, rien d'enviable. Presque seul, au milieu d'une Chambre hostile, il devait, chaque jour, prendre l'offensive et, général sans armée, attaquer une majorité formidable, critiquer non seulement la tendance présente, mais le principe permanent sur lequel reposait la noble assemblée, sonner le glas de l'hérédité, lui, législateur héréditaire, devant une réunion de législateurs héréditaires; se faire tolérer, se faire écouter, se faire applaudir; être révolutionnaire avec tact, impertinent avec esprit, menaçant sans être injurieux. Il y réussit parfaitement et ses discours de cette époque sont, tout simplement, des chefs-d'œuvre d'ironie : non pas l'ironie sceptique, stérile et glacée, mais l'ironie vibrante, passionnée, convaincue et, à cause de cela, sympathique en dépit de tout. Les jours où lord Rosebery se moquait de ses collègues étaient pour eux des jours de fête.

Pour l'honneur de l'Angleterre et pour la paix du monde, il aurait fallu que le soleil s'arrêtât et que M. Gladstone durât toujours, mais ce miracle n'eut pas lieu. Lorsqu'il fut définitivement vaincu par l'âge, abandonné par un sens, puis par l'autre, quoique en pleine puissance politique et intellectuelle, il abdiqua, si l'on peut dire, en faveur de lord Rosebery qui, déjà chef du *Foreign Office*, joignit à ces fonctions celle de premier ministre. Ainsi se trouva réalisée la prophétie faite, trente ans plus tôt, par Dundas de Dundas.

Quelle succession ! Et combien dangereuse, à tous les points de vue ! Un moins brave, un moins dévoué l'eût refusée, car ce n'était pas l'heure de César, mais l'heure de Décius. Le parti libéral n'avait jamais été si bas depuis cent ans. Ni cohésion, ni discipline, ni bonne volonté, ni programme commun. Des personnalités et des intérêts prêts à entrer en conflit; des égoïsmes de groupes, mal soudés ensemble et qui devaient se tourner le dos à la première alerte; et, dominant tout, le malentendu du *Home rule*, la lourde pierre au cou du parti libéral.

Lord Rosebery a-t-il rendu l'unité et la vie à ce parti qui se désagrégeait, qui se mourait? Non; peut-être était-il l'homme, mais ce n'était pas le moment. Il y a des heures où l'on ne doit point contrarier l'action des forces dissolvantes et où la meilleure politique est contenue dans ce mot d'un contemporain de Cromwell, le puritain Saint-John : « Il faut que les choses aillent encore plus mal afin d'aller mieux ! »

Du reste, la retraite de lord Rosebery, loin de le faire oublier, semble avoir retrempé sa popularité. Jamais le public ne s'est tant occupé de lui que depuis qu'il a paru ne plus s'occuper du public. On est curieux de tout ce qui le touche, comme le prouvent deux biographies publiées presque simultanément durant l'automne dernier. Il n'est pas loin d'apparaître aujourd'hui comme l'homme nécessaire qui mettra fin non seulement à la crise du parti libéral, mais à ce que j'appellerai la crise de l'Empire.

Quant à nous, comment ne nous réjouirions-nous pas d'une inaction forcée qui nous a valu ce maître livre?

Bien des années s'étaient écoulées depuis la visite aux Invalides. Toute sa vie, — il nous l'explique dans le dernier chapitre, — Napoléon l'avait hanté, l'avait obsédé, à la façon de ces âmes en peine qui reviennent tourmenter les vivants pour obtenir des prières qui assurent leur repos. Ce que réclament les fantômes littéraires, ce n'est pas une messe, c'est un livre. Pour l'écrire, ce livre, il fallait des loisirs : la décomposition et la défaite du parti libéral, en 1895, les apportèrent à lord Rosebery. Il fallait aussi que l'image évoquée prît des contours plus nets et sortît du brouillard de la fausse histoire où elle se dérobait. La publication, en 1899, des précieux Mémoires de Gourgaud, mis au jour par le vicomte de Grouchy et M. A. Guillois, eut cet heureux résultat et, dès lors, l'écrivain put se livrer à une tâche rêvée depuis si longtemps.

Il est bien inutile de louer le livre auprès de ceux qui vont le lire et j'ai hâte de les laisser en tête à tête avec leur plaisir, leurs étonnements, leurs émotions. Ils s'apercevront qu'ils ont affaire à un auteur qui a tout lu et tout compris, les documents anglais et les documents français ; qui, après les avoir analysés en historien, les a appréciés en homme d'État et qui sait aussi bien mettre en relief le moindre détail pittoresque du drame qu'on esquisser à grands traits la large et profonde philosophie. Ils se rappelleront les paroles du professeur d'Eton, ces paroles qui jugeaient l'enfant et qui pourraient encore juger le livre : « C'est un admirateur de Napoléon, mais un admirateur intelligent.... Et puis, il est si amusant ! »

Les éditeurs croient faire œuvre patriotique en ajoutant ce volume à notre bibliothèque napoléonienne, où il doit prendre, pensent-ils, une place permanente, une place à part, auprès des livres les plus distingués que l'Empereur ait inspirés dans ces dernières années. Ils ne prétendent pas qu'aucune des opinions de l'auteur ne puisse être contestée. Loin de là, ils appellent et sollicitent la discussion.

Pour ma part, je souhaiterais vivement, — et je crois que lord Rosebery n'est pas éloigné de partager ce sentiment, — qu'il fût possible d'exonérer Napoléon de toute complicité dans la fabrication des documents faux mis en circulation par Las Cases. Après que l'auteur a victorieusement réfuté et bafoué avec une souveraine ironie le Congrès de Vienne, qui a mis Napoléon hors la loi, je m'étonne de le voir se rallier sans difficulté à un certain argument de sécurité générale qui permet aux Alliés de séquestrer indéfiniment la personne de Napoléon, alors qu'il n'est ni un sujet rebelle, ni un prisonnier de guerre, ni un criminel condamné par aucun tribunal régulier. A quoi bon raisonner si bien pour aboutir à une conclusion que rien ne justifie et qui ne tend à rien moins qu'à créer un droit contre le droit? Lord Rosebery, inspiré par la pensée, très louable, de soulager la conscience de ses compatriotes du meurtre de Napoléon, triomphe, il me semble, un peu vite des résultats de l'autopsie. L'Empereur n'est pas mort de la maladie de foie particulière à Sainte-Hélène, dont il se prétendait atteint et qui peut n'avoir été qu'une fable. S'ensuit-il que le climat de Sainte-Hélène n'ait pas hâté l'apparition du cancer héréditaire et avancé sa fin de dix ou vingt années ? C'est à la science de répondre. Je ne dirai rien du dernier chapitre. Il soulève un problème à chaque ligne. L'auteur le sait si bien qu'il n'a pas d'autre but en l'écrivant et il faut le remercier des questions qu'il pose autant et plus peut-être que des questions qu'il a résolues.

Lord Rosebery appartient à la famille des écrivains-nés, qui ne sont pas des hommes de lettres, à cette famille dont les aînés s'appellent La Rochefoucauld, Hamilton, Saint-Simon. Quelquefois, dans son désir d'être vrai et dans sa hâte d'être juste, il jette tant de choses dans une seule phrase qu'elle semble près d'en perdre l'équilibre. Parfois aussi, il a des négligences, des familiarités, des brusqueries qui sont de la langue parlée et qui doivent déconcerter les professeurs. Mais, quand l'émotion s'empare de lui ou quand sa pensée prend l'essor, l'expression monte avec elle, s'élargit, s'échauffe, s'illumine et laisse bien loin les virtuoses du style académique. Si rien de ces dons n'apparaît dans les pages qu'on va lire, soyez convaincus que c'est la faute du traducteur.

Les Anglais ont fait une réception enthousiaste à cet ouvrage qui leur faisait entendre, pourtant, dans le langage le plus net, de dures vérités. Il devrait recevoir des Français un accueil encore plus favorable, car il interprète leurs sentiments les plus chers avec un accent de sympathie qui semble absolument sincère. Ils ne liront pas sans émotion une phrase comme celle-ci : « Napoléon avait derrière lui la France, capable d'efforts héroïques et d'héroïque endurance, en un mot capable de tout, sauf de l'impossible. » Lequel d'entre nous aurait pu dire plus et dire mieux ?

Nous ne connaissons point, en France, ces belles cérémonies où l'on voit, chez nos voisins, les grandes villes offrir le droit de cité à l'homme qu'elles veulent honorer. Mais ce livre vaut les parchemins qu'on enferme dans une boîte d'or. Après cet hommage splendide au grand nom qui nous a tant divisés et qui nous rapproche tous aujourd'hui, lord Rosebery a cessé d'être un étranger parmi nous. Nous nous souviendrons toujours qu'il nous a donné ce livre : puisse-t-il ne jamais oublier qu'il l'a écrit !

Augustin Filon.

NAPOLÉON

LA DERNIÈRE PHASE.

CHAPITRE I.

LES SOURCES.

Qui nous écrira la vie de Napoléon comme elle doit être écrite? Jusqu'ici, poser la question eût été peine perdue. Les préjugés et les passions du temps étaient encore trop près de nous pour qu'on pût songer à écrire un tel livre. Et aujourd'hui même nous n'en sommes pas bien éloignés, car la reine Victoria avait déjà deux ans à l'époque de la mort de Napoléon et il existe probablement encore des personnes qui l'ont vu. Puis le second Empire a ranimé, multiplié ces sentiments presque dans leur intensité première et la réaction qui a suivi le second Empire en a prolongé encore l'existence. Peut-être ne sommes-nous pas assez complètement sortis de la sphère d'influence historique de Napoléon pour qu'il soit possible d'écrire sa vie.

D'ailleurs, jusqu'à ces derniers temps, nous ne possédions pas les éléments nécessaires à un tel travail. Les volumes innombrables dont les titres se rangent dans les catalogues à la suite du nom de Napoléon sont pour la plupart des compilations, ou des pamphlets, ou des biographies laborieusement édifiées avec des matériaux douteux et insuffisants, sans solidité comme sans durée. Mais aujourd'hui que la France possède un gouvernement dont les archives sont ouvertes à tous, et grâce à l'apparition successive d'une foule de mémoires plus ou moins authentiques, nous pouvons prévoir le moment où nous n'aurons plus de révélations nouvelles à attendre. La publication des lettres supprimées dans la *Correspondance impériale* fait disparaître une des critiques qu'on adressait aux éditeurs officiels de cette correspondance et en comble les lacunes. La curiosité passionnée qui entraîne le public depuis quelques années vers tout ce qui tient à Napoléon et qui, chose remarquable, n'est accompagnée d'aucun signe de résurrection du bonapartisme comme facteur politique, a eu pour effet de créer toute une littérature, afin de mettre l'offre en rapport avec la demande, et cette littérature, toute mélangée qu'elle soit d'éléments malsains ou équivoques, nous a, du moins, parmi son exubérance parasite, apporté sa moisson d'utiles renseignements.

Ainsi, l'énorme masse de matériaux de toute sorte est prête pour l'ouvrier de cette grande œuvre, le jour où il paraîtra. Peut-être n'est-il pas loin de paraître. Nous aimons à nous persuader que c'est son ombre qui se projette dans le beau récit des relations de Napoléon et d'Alexandre. Est-ce trop se flatter que d'espérer que M. Vandal couronnera les services qu'il a rendus à la science historique dans cet ouvrage inappréciable en nous donnant, tout au moins, une

« Histoire civile de Napoléon » ? Ne pourrait-il, en s'associant avec M. Henry Houssaye, qui a, lui aussi, tant et si bien fait dans cet ordre d'idées, mener à fin cette grande tâche? Nous parlons d'une collaboration parce qu'il ne nous semble pas possible qu'un homme, réduit à ses seules forces, entreprenne pareille besogne. Rien que le dépouillement et la critique des documents seraient déjà œuvre de géant avant qu'une seule ligne du livre pût être écrite. Et en vérité nul homme ne serait en mesure, à lui seul, d'aborder, à la fois Napoléon chef d'État et Napoléon chef d'armée. «Napoléon, dit Metternich, juge hostile s'il en fut, était un administrateur, un législateur et un conquérant. » Il aurait pu ajouter que Napoléon était, de plus, un homme d'État né. Pour analyser et célébrer les qualités du conquérant de 1796 à 1812, celles du défenseur de la France en 1813 et 1814, il faudrait un maître consommé dans l'art de la guerre. Pour rendre justice à Napoléon homme d'État, administrateur et législateur, peut-être faudrait-il aussi des historiens distincts, pourvus de facultés différentes. Il y aurait à faire, enfin, l'étude générale de l'homme et de son caractère. Caractère des plus simples pour un admirateur fanatique comme pour un ennemi juré, infiniment compliqué, au contraire, pour qui n'est ni l'un ni l'autre. Pour cette dernière étude, la psychologie de Napoléon, les éléments les plus féconds sont fournis par ces six années suprêmes de Sainte-Hélène, où il a non seulement raconté et commenté sa vie, mais où il a présenté une image précise et parfaitement cohérente de lui-même. « Aujourd'hui, comme il l'a dit lui-même à Sainte-Hélène, grâce à mon malheur, on pourra me juger à nu. » On n'a peut-être pas encore donné toute l'attention qu'il fallait aux pages qu'il dictait alors sous forme d'autobiographie ou de commentaires. Quelqu'un a dit quelque part que les mémoires dont il est l'auteur semblent avoir été négligés précisément parce que ce sont les documents primordiaux, authentiques, ceux qui font vraiment autorité en ce qui touche la vie de l'Empereur. Les gens aiment mieux boire à n'importe quelle source qu'à la source véritable. Qu'une personne étrangère ait été en contact avec lui, ne fût-ce qu'un moment, c'est cette impression d'un passant qu'ils voudront recueillir de préférence. Mais ce que Napoléon a dit de lui-même, ce qu'il a pensé de lui-même, cela semble aux étudiants de Napoléon chose de peu de prix. Ce qu'il leur faut, c'est Bourrienne, Rémusat, Constant et le reste. Évidemment, ils ont le droit de prétendre que les mémoires de Napoléon sont moins savoureux que ceux de quelques-uns de ses serviteurs, et qu'on ne peut pas invariablement s'y fier comme à une impartiale relation des événements. Ces mémoires restent pourtant comme l'expression directe et réfléchie de ce prodigieux génie parlant de ce qu'il avait fait ; et, de plus, ils contiennent des jugements sur les grands capitaines d'autrefois, sur César, Frédéric, Turenne, et ces jugements ne sauraient manquer d'intéresser un historien ou un soldat.

Il ne faut pas, d'ailleurs, quand on veut apprécier Napoléon, attacher d'importance au peu de respect qu'il a montré quelquefois pour l'exactitude. En ces temps-là, on n'attendait guère, on n'exigeait jamais d'un homme d'État européen qu'il dît la vérité, et c'est là ce qui fait qu'un demi-siècle plus tard Bismarck ne trouva pas de meilleur moyen pour tromper son monde que la franchise. Les ennemis les plus acharnés de Napoléon, Metternich et Talleyrand, nous ont maintenant donné leurs mémoires, mais nous nous repentirions, en toute circonstance, de leur accorder une confiance aveugle là où leur intérêt personnel est en jeu. Napoléon, à Sainte-Hélène, écrivait sa propre apologie ; il s'efforçait de présenter ses actes sous leur jour le plus favorable, comme il faisait dans ses bulletins. Ces fameux bulletins représentaient ce que Napoléon désirait que l'on crût, c'est ce que représentent également ses mémoires. C'est la vie de Napoléon mise en bulletins par Napoléon lui-même, rien de plus, rien de moins.

Mais il importe de faire ici une distinction. Quand il écrit ses bulletins, Napoléon a souvent un motif pour tromper. A Sainte-Hélène, son unique but est de servir les intérêts de son fils et de sa dynastie. Lorsque ni son fils ni sa dynastie ne sont en cause, les mémoires méritent créance un peu plus que les bulletins.

Les publications venant de Sainte-Hélène s'amoncellent rapidement les unes sur les autres, et on peut prévoir le moment où la dernière aura vu le jour. Quatre-vingt-quatre années ont passé depuis qu'un public avide absorba, en cinq mois, cinq éditions des lettres de Warden, soixante-dix-huit depuis que les acheteurs du livre d'O'Meara envahissaient les boutiques des libraires. Il est permis de souhaiter que son *Journal* manuscrit, qui dort quelque part en Californie, puisse être bientôt publié dans son intégrité, car il est, dit-on, plein de détails curieux et originaux et, en même temps, il nous expliquera peut-être les contradictions existantes entre la *Voix de Sainte-Hélène* et les communications adressées par l'auteur soit à l'Amirauté soit au gouverneur [1]. Ensuite nous avons eu la grosse artillerie de Gourgaud, Montholon et Las Cases — dont les passages supprimés, s'il en existe, pourraient aujourd'hui être donnés au public sans le moindre inconvénient — et la riposte faite à leur feu par la lourde apologie de Forsyth et le résumé, plus effectif, de Seaton. Nous avons eu aussi l'artillerie légère de Maitland et de Glover, de Cockburn, de Santini, sans compter cette folle de miss Betsy, qui devint plus tard Mrs. Abell. Nous possédions les histoires de Sainte-Hélène par Barnes et Masselin et, en 1816, un ancien gouverneur, le général Beatson, profita de l'intérêt soudainement attiré vers ce coin du globe pour lancer à la tête du public un énorme in-4° où les particularités du sol et ses productions étaient exposées avec un luxe et une précision de détails à peine concevables s'il s'était agi de décrire le paradis terrestre. Puis, nous eûmes la tragédie d'Antommarchi, qu'on peut juger comme on voudra. Ensuite, les « commissaires » sont entrés en lice; Montchenu, Balmain, Sturmer nous ont, l'un après l'autre, apporté leur témoignage. M. de Montholon nous a, également, offert le sien. Napoléon lui-même, il faut le dire, avait engagé ses compagnons à recueillir tout ce qu'il disait dans leur journal et, à plusieurs reprises, il a fait allusion au résultat de leur

1. Depuis que ceci a été écrit, un magazine, *The Century*, a publié des fragments du journal d'O'Meara. D'après ces fragments, il est clair qu'il avait écrémé ses souvenirs pour écrire la *Voix de Sainte-Hélène.*

travail. « Hier soir, dit Gourgaud, l'Empereur me disait que je pourrais mettre mes loisirs à profit en écrivant ses paroles; je pourrais gagner ainsi cinq cents ou mille louis par jour. » Il connaissait le journal de Las Cases, qui était dicté à Saint-Denis, l'un des domestiques, ou recopié par lui, et Napoléon interrogeait souvent ce serviteur relativement aux matières contenues dans le journal. On lui lut le récit d'O'Meara. Il était persuadé qu'ils tenaient tous leur journal et ne se trompait pas. Car, à l'exception du fidèle Bertrand et de la compagne qui partageait avec l'Empereur son affection, pas un des acteurs de ce lugubre drame n'a gardé le silence.

Dans ces derniers temps deux nouveaux témoignages ont été mis au jour et on peut dire que si tous deux sont très curieux il en est un qui dépasse en intérêt toutes les révélations antérieures au point de vue de la psychologie de Napoléon. Le *Journal de Sainte-Hélène*, par Lady Malcolm, contient un récit, très vivant, des conversations de son mari, l'amiral Malcolm, avec Napoléon et un portrait impartial de Lowe qui semble, en somme, tourner à la condamnation de ce malheureux homme, troublé par d'écrasantes responsabilités. Quant à l'autre publication, c'est peut-être le livre qui nous en dit le plus, non seulement sur Napoléon à Sainte-Hélène, mais sur Napoléon à tous les autres moments de sa carrière. C'est le journal particulier de Gourgaud, écrit pour n'être lu que de lui seul, bien que la fin, à ce que les éditeurs semblent croire, ait pu être arrangée en vue du cas où Lowe viendrait à s'en saisir. Mais la plus grande partie du journal ne devait évidemment avoir d'autre lecteur que Gourgaud, car elle ne pouvait plaire à personne, si ce n'est à lui, et encore! La vérité est là, croyons-nous, telle qu'elle se montre jour par jour à l'écrivain. Ce journal jette une clarté singulière sur celui qui l'a écrit, mais combien plus étrange et plus nouvelle sur Napoléon! Quand nous l'avons lu nous nous sentons pris d'un doute en ce qui touche tous les autres récits et nous sentons que ce volume nous rapproche de la vérité vraie plus qu'aucune des publications qui l'avaient précédé.

Car il est une règle, presque absolue, j'en ai peur, qui s'applique à toute cette littérature de Longwood : aucun des livres qui viennent de là, pris en lui-même, ne mérite une confiance entière. Si nous faisions une exception, ce serait certainement en faveur de Gourgaud. On peut faire une autre observation : c'est que ces publications deviennent de plus en plus dignes de foi à mesure que la date de leur apparition s'éloigne des événements. Gourgaud, qui est publié en 1898, est plus vrai que Montholon, qui se publie lui-même en 1847, et Montholon, à son tour, est plus vrai que Las Cases, qui livre ses récits au public en 1823. Le moins croyable de tous, peut-être, est O'Meara dont la publication remonte à 1822. Dans tous ces livres, sauf, peut-être, le plus récent, on trouve des allégations fausses et de grossières inventions. Et pourtant il ne serait pas juste d'accuser tous ces auteurs d'avoir sciemment menti. Bien rarement, jamais peut-être, il n'y a eu chez eux intention de tromper. Tantôt c'est l'idolâtrie de Napoléon qui les inspire, tantôt c'est le désir de garder aux scènes de Sainte-Hélène toute leur puissance d'émotion dramatique et d'amener ainsi la libération de l'Empereur ; ils omettent ou dénaturent les faits qui peuvent, en quelque manière, nuire à leur idole ou diminuer l'effet qu'ils veulent produire. Il semble qu'il y eût quelque chose dans l'air de Sainte-Hélène qui empêchait la vérité de s'y acclimater, et celui qui compare, sur un point quelconque, les différents récits, y trouvera d'étranges, d'irréductibles contradictions. Il y a probablement de la vérité qui se cache au fond de Forsyth, mais il faut briser la gangue : triste tâche ! Et pour d'autres raisons encore, etc... il est difficile de l'extraire des documents contemporains. Une curieuse moisissure recouvre tous ces récits, comme, dans l'île, elle recouvre les livres et les bottes. On est obligé de peser chaque déposition, grain à grain, particule après particule, en se rappelant toujours ce que vaut le témoin. On nous reprochera peut-être d'avoir puisé plus d'une fois à des sources que nous avons indiquées comme impures. Mais où aurions-nous puisé ? Là où le témoignage en lui-même nous a semblé acceptable, toutes les fois qu'il ne nous a pas paru inspiré par un autre intérêt que celui de la vérité, nous avons cru pouvoir citer ces documents, les seuls que nous possédions.

Il reste à faire remarquer une circonstance bien particulière. Des trois dernières années de la vie de Napoléon, nous ne savons presque rien. Rien depuis le départ de Gourgaud en mars 1818 jusqu'à la fin de mai 1821. Nous savons ce que les Anglais ont observé du dehors. Nous avons, à l'intérieur, un rapport autorisé, mais non parfaitement croyable. En réalité, nous ne savons rien, ou presque rien.

CHAPITRE II.

LAS CASES, ANTOMMARCHI, ETC.

Le livre de Las Cases, qui est le plus volumineux, et peut-être le plus célèbre, ne manque pas d'un certain charme qui lui est propre. Il parut d'abord en huit volumes, puis il fut abrégé et, sous le titre de *Mémorial de Sainte-Hélène*, accompagné des originales fantaisies de Charlet, il s'est répandu à travers le monde entier. On dit, — c'est probablement une grosse exagération, — que l'ouvrage n'a pas rapporté à l'auteur moins de 2 millions. Il fut écrit, nous assure-t-on, sous forme de journal, avec l'intention de donner au public un compte rendu parfaitement fidèle des conversations quotidiennes de Napoléon. Mais l'auteur nous déclare qu'une grande partie de ces conversations s'est trouvée perdue, soit parce que le temps a manqué à l'écrivain pour les recueillir, soit par suite des diverses aventures que ses manuscrits ont eu à traverser. Son récit est plein de mouvement, et même d'éloquence. Quand il est corroboré par d'autres témoignages, on peut le considérer comme la reproduction exacte des paroles de l'Empereur, tel qu'il entendait qu'elles fussent rapportées, telles, en tout cas, qu'il les a dictées. Lorsque la confirmation des témoignages étrangers fait défaut, il est impossible de se fier à Las Cases, car, si l'on fait la part de l'exagération habituelle en ce qui touche le régime du prisonnier, la contrainte dont il était l'objet, etc., et si l'on considère, d'un autre côté, l'idolâtrie de l'auteur pour son maitre, sentiment qui lui enlevait la nette vision des choses, on comprendra où pèche le *Mémorial*. C'est un arsenal de documents apocryphes. D'où vient cela? Faut-il s'en prendre à la fertile invention de Las Cases? Napoléon fut-il le complice et l'inspirateur de ces faux témoignages? Impossible de résoudre la question d'une façon décisive. Quoi qu'il en soit, quatre lettres fausses sont imprimées tout au long dans le livre de Las Cases, et il est responsable d'une cinquième qui n'est imprimée nulle part et qui n'a eu, problablement, qu'une existence éphémère.

Le comte Murat, dans son excellent ouvrage : *Murat, lieutenant de l'Empereur en Espagne*, a établi, par des arguments aussi clairs que péremptoires, la fausseté de la première lettre. Il a prouvé que Las Cases, pour disculper son héros et rejeter les torts sur Murat, a inséré dans le *Mémorial* une fausse lettre datée du 29 mars 1808. Qui a composé cette lettre? On ne sait, mais qu'elle soit fausse, il n'est pas possible d'en douter, et c'est à Las Cases que revient la responsabilité de l'avoir produite. Le comte Murat accumule des preuves irréfutables. Il fait remarquer l'irrésolution dont cette lettre est empreinte. L'ordre donné à l'armée française de battre en retraite devant les Espagnols lui paraît, comme à nous, en complète opposition avec le caractère de Napoléon. Il appelle notre attention sur les contradictions flagrantes qui existent entre cette lettre et d'autres dépêches, — parfaitement authentiques, celles-là! — de la même époque. Le 27 mars, Napoléon avait écrit à Murat pour lui ordonner de faire un grand déploiement de force à Madrid; dans la fausse dépêche du 29, il condamne jusqu'à sa présence à Madrid. On sait, d'ailleurs, que l'Empereur ne connut l'occupation de Madrid par Murat que le 30. La dépêche n'est pas conçue dans les termes de la correspondance ordinaire de Napoléon avec son beau-frère. Les brouillons, ou minutes, de presque toutes les dépêches de Napoléon existent encore : or on ne possède aucun brouillon de celle-ci.

Dans ses autres dépêches, Napoléon ne fait aucune allusion à la prétendue lettre du 29, et Murat, de son côté, n'en a jamais accusé réception. Le registre détaillé des lettres envoyées et reçues par Murat n'en fait nulle mention. En tous cas, comment cette lettre a-t-elle surgi tout à coup à Sainte-Hélène? Il semble inutile de multiplier les preuves pour démontrer que rarement faux plus audacieux s'est offert à la crédulité publique. Les éditeurs de la *Correspondance impériale* ne l'impriment qu'avec la rougeur au front, car ils avouent, dans une note, qu'on n'a pu découvrir ni le brouillon, ni la lettre originale, ni aucune copie authentique. Savary, de Beausset et Thibaudeau acceptent la lettre, les yeux fermés, sur l'autorité de Las Cases. Méneval, qui était à cette époque le secrétaire particulier de Napoléon, semble pressentir les doutes du comte Murat et expose certains faits matériels qui ôtent à ce document tout caractère d'authenticité. L'un de ces faits est que la lettre est datée de Paris et que l'Empereur, à ce moment, se trouvait à Saint-Cloud. Méneval se déclare incapable d'éclaircir le mystère, mais toutes ses raisons aboutissent inévitablement à cette conclusion que la lettre est un faux. Son seul argument favorable, — argument bien dangereux, — c'est que Napoléon seul peut avoir composé cette dépêche. L'hésitation de Méneval, lorsqu'on songe à la situation de confiance qu'il occupait auprès de Napoléon, est extrêmement significative, on pourrait dire qu'elle est décisive. Thiers croit que Napoléon a écrit la lettre et qu'il l'a écrite à la date indiquée, mais il admet qu'elle n'a jamais été expédiée. Ses raisons en faveur de cette étrange théorie ne peuvent être examinées ici; mais elles ne paraissent guère autre chose qu'un effort désespéré pour établir l'authenticité du document, en dépit de difficultés écrasantes que, du reste, l'histoire n'a point dissimulées. Montholon l'imprime avec beaucoup d'autres lettres qui lui furent, dit-il, remises par l'Empereur. Cette affirmation nous rend Montholon suspect à son tour. Mais c'est à Las Cases que revient, en fin de compte, la véritable responsabilité. Ce qui est fâcheux pour lui, c'est que, précisément, il était un peu vain de son talent à « composer ». Il nous apprend que c'est lui qui a rédigé la protestation de Napoléon à Plymouth. Il en a rédigé d'innombrables pour son propre compte. « Une fois que les rapports épistolaires eurent été établis avec Sir H. Lowe, nous dit-il, avec une ironie très suggestive, ma plume ne chôma guère. » Il fit pleuvoir des documents sur le gouverneur; on le déporta au Cap et là il continua d'écrire. Le gouverneur de cette colonie, les ministres, le Prince

Régent, eurent tous à le subir. Revenu en Europe, il bombarda de sa prose tous les souverains et tous les hommes d'État dont le nom lui venait à l'esprit. Enfin, le patient lecteur qui se fraye un chemin à travers ses huit volumes ne peut s'empêcher de penser que rien ne plairait tant à Las Cases que d'improviser quelques lettres de Napoléon pour s'entretenir la main.

Nous ne voudrions pas, sur ce seul exemple, affirmer que Las Cases a forgé la lettre à Murat avec l'intention arrêtée de commettre un faux. Peut-être fut-ce un exercice académique ou peut-être encore a-t-il brouillé les dates ou manqué de mémoire.... On cite dans l'histoire d'autres aventures du même genre. Mais, par malheur, ce n'est pas la seule tentative ou la seule défaillance de Las Cases dans cet ordre d'idées. Dans la cinquième partie de son journal, il donne, dans des conditions à peu près identiques, une lettre de Napoléon à Bernadotte, datée du 8 août 1811. Les éditeurs de la *Correspondance impériale* la passent sous silence absolument. Elle a été pourtant insérée parmi les *Lettres inédites de Napoléon Ier*, mais « sous toutes réserves », car les éditeurs en ignorent la provenance. S'ils l'avaient connue, ils l'auraient rejetée sans aucun doute, comme avaient fait les éditeurs précédents. Ils l'empruntent, de seconde main, à Martel, *Œuvres littéraires de Napoléon Bonaparte*. Martel, qui ne cite point son autorité, l'avait, évidemment, prise à Las Cases.

Dans son sixième volume, Las Cases tire encore de son arsenal occulte et inépuisable un autre document officiel dont il nous gratifie généreusement. Cette fois,

c'est une lettre adressée par Napoléon à son frère
Louis, roi de Hollande, le 3 avril 1808, du palais de
Marrac. Elle porte la même marque de fabrique que
les autres. On la voit paraître pour la première fois
dans le livre de Las Cases. Aucun brouillon n'en
existe : fait dirimant en lui-même. Malheureusement
aussi Napoléon n'arriva à Marrac que quatorze jours
après le 3 avril. Les éditeurs de la *Correspondance*
font suivre la lettre de cette simple remarque, accompagnée de l'indication significative que « Las Cases
est l'unique autorité ». M. Rocquain, dans son *Napoléon et le roi Louis* (p. 166, note), l'écarte sans hésitation, comme étant fausse dans son ensemble, sinon
dans toutes ses parties. Nous ne voyons pas de raison
pour accepter aucune de ses parties comme authentique et, de son côté, M. Rocquain ne nous en fournit
point.

Dans le septième volume il existe une quatrième
lettre, de la même espèce. A qui en cherche l'auteur,
on peut répondre hardiment : *Aut Las Cases, aut dia-
bolus*. Ce sont de prétendues instructions destinées à
un plénipotentiaire anonyme qui remplit une mission
en Pologne ; elles sont datées du 18 avril 1812. Les
éditeurs de la *Correspondance* ont laissé de côté cette
composition. Elle est, comme a l'ordinaire, produite
inopinément par Las Cases, comme une révélation
des véritables motifs de l'expédition de Russie. Il
paraît que cette guerre désastreuse avait pour but la
reconstitution de l'ancien royaume de Pologne. Quand
nous nous rappelons qu'à ce moment, alors que la
résurrection de la Pologne était l'objet des vœux les
plus ardents des Polonais, qu'elle était vivement

désirée par l'armée et par quelques-uns des plus dévoués serviteurs de l'Empereur, alors qu'elle était
un point essentiel, vital dans ses combinaisons stra-
tégiques et politiques, alors qu'elle lui était manifestement dictée par le sentiment le plus élémentaire
d'humanité et de gratitude envers la nation polonaise,
Napoléon se refusa énergiquement à cette mesure,
nous pouvons juger de la valeur et de l'authenticité
d'un pareil document.

Le faux n° 5, qu'on ne nous fait pas la faveur de
nous montrer, est le plus notable et le plus impudent
de tous. Dans un moment d'affectueux abandon,
Las Cases tira de ses papiers et exhiba à Warden
une lettre du duc d'Enghien, écrite à Napoléon la
veille de son exécution et supprimée par Talleyrand
dans la crainte qu'elle ne touchât le Premier Consul
et ne sauvât la vie du prince. Las Cases paraît avoir eu
le monopole de ce document que personne, avant ou
après lui, n'a eu la chance d'entrevoir, dont personne,
si ce n'est lui, n'a jamais ouï parler. Ses propres
déclarations, en ce qui touche l'affaire du duc d'Enghien, sont peut-être ce qu'il y a de plus trouble dans
tout son ouvrage. Il fait seulement une allusion
timide et brève à la lettre qu'il avait montrée triomphalement à Warden. Le langage de ce dernier est si
remarquable qu'il demande à être cité textuellement :
« J'ai vu une copie de cette lettre dans les mains du
comte de Las Cases. Elle faisait partie, me dit-il,
d'une masse de documents, formés ou réunis pour
certifier et expliquer certains points obscurs de
l'histoire, qu'il était occupé, de temps en temps, à
rédiger sous la dictée de celui-là même qui en était

le héros. » Suivons un instant les destinées de cette lettre du duc d'Enghien interceptée par Talleyrand et miraculeusement sauvée par Las Cases. Dans les *Lettres du Cap*, composées, inspirées ou revues par Napoléon, il est question de cette lettre. « L'auteur, y est-il dit, avait eu de fréquentes occasions de parcourir à la hâte des manuscrits du plus grand intérêt, relatifs aux événements mémorables des vingt dernières années; une grande partie de ces manuscrits ont été écrits sous la dictée de Napoléon. » En d'autres termes, Napoléon, auteur des *Lettres du Cap*, a eu la permission de consulter les manuscrits qu'il a lui-même dictés. Quand le duc d'Enghien était arrivé à Strasbourg, il avait écrit une lettre à Napoléon; il y faisait remarquer que « ses droits à la couronne étaient très éloignés, que, depuis longtemps, sa famille avait perdu le droit de les réclamer, et il promit, si on lui pardonnait, de faire connaître tout ce qu'il savait des complots des ennemis de la France et de servir le Premier Consul avec fidélité. Cette lettre ne fut présentée à Napoléon par Talleyrand que lorsqu'il était trop tard, lorsque le jeune prince n'était plus. » L'auteur continue en disant que, dans le manuscrit qu'on lui avait permis de voir, Napoléon déclarait que, « peut-être, si cette lettre lui eût été remise à temps, les avantages politiques qui auraient résulté de ses déclarations et de ses services auraient engagé le Premier Consul à lui pardonner ». Cet extrait est intéressant parce qu'il contient la seule partie de ce curieux document qui ait subsisté jusqu'à nous. Il semble que des bruits relatifs à cette précieuse lettre eussent été répandus à Longwood parmi ceux des membres de la petite colonie qui n'avaient pas été mis dans le secret de Las Cases. Leur curiosité en fut vivement excitée. O'Meara semble s'être tout particulièrement distingué par son esprit de recherche infatigable. En 1817, il se met lui-même en scène, interrogeant l'Empereur sur ce sujet. « Je demandai s'il était vrai que Talleyrand eût gardé une lettre écrite par le duc d'Enghien et ne l'eût remise que deux jours après son exécution. Napoléon répondit : C'est vrai. Le duc m'avait écrit pour m'offrir ses services et me demander un commandement dans l'armée, et ce scélérat de Talleyrand ne m'en donna connaissance que deux jours après l'exécution du duc. J'observai que Talleyrand, en retenant cette lettre d'une manière aussi coupable, s'était réellement chargé de la culpabilité de cette action. L'Empereur répondit : Talleyrand est un *briccone*, capable de tous les crimes. »

Deux mois plus tard, en mars, O'Meara apprend à Napoléon que Warden a écrit sur lui et publié un livre dont tout le monde s'occupe. Le volume n'était pas encore arrivé à Sainte-Hélène, mais les journaux en donnaient des extraits. Napoléon s'asseoit pour lire les journaux et demande l'explication de certains passages. Sa première question est relative à l'affaire du duc d'Enghien. Qu'a dit là-dessus Warden ? « Je répondis, nous raconte O'Meara, qu'il affirmait que Talleyrand avait retenu une lettre du duc longtemps après son exécution, et qu'il attribuait sa mort à Talleyrand. *Di questo non c'è dubbio*, il n'y a pas de doute là-dessus, répliqua Napoléon. » Plus tard, dans le même mois, Napoléon renouvelle cette déclaration devant O'Meara. « Quand le duc d'Enghien arriva à

Strasbourg, il m'écrivit une lettre. Il m'offrait de me faire tout savoir si je lui accordais sa grâce. Sa famille, ajoutait-il, avait renoncé depuis longtemps à ses droits éventuels à la succession. Il terminait en me proposant ses services. La lettre fut remise à Talleyrand qui la tint secrète jusqu'après l'exécution. » Cela paraît assez clair, mais O'Meara voulait une certitude absolue. En avril, il demanda de nouveau à Napoléon si, au cas où Talleyrand lui aurait remis la lettre à temps, il aurait épargné la vie de celui qui l'avait écrite. « Il répondit : Probablement, je l'aurais épargnée, car, dans cette lettre, il s'offrait à me servir. D'ailleurs, c'était le meilleur de la famille. » Il est à remarquer que, bien que Napoléon ait parlé plus d'une fois de l'affaire du duc d'Enghien à Gourgaud, il n'a jamais dit un mot de la lettre devant cet officier dont le sens critique se laissait difficilement convaincre. Enfin la bulle de savon, laborieusement soufflée par Warden, O'Meara et les *Lettres du Cap*, crève ignominieusement. La lettre s'évanouit et, avec elle, l'accusation portée contre Talleyrand. Nous rentrons dans la vérité historique, grâce à la note bien connue écrite par le duc d'Enghien en marge du procès-verbal de son interrogatoire. C'est à Montholon que revint la tâche de machiner cette curieuse volte-face. Une telle manœuvre, on le comprend, ne pouvait être exécutée avec un plein succès. Mais le pauvre écuyer s'en acquitta d'une façon peu brillante et médiocrement faite pour entraîner les convictions. Il nous dit qu'après le départ d'O'Meara, son journal lui fut confié et qu'il était dans l'habitude de le lire tout haut à Napoléon. L'Empereur remarquait au passage certaines erreurs contenues dans le manuscrit. Quel dommage que Montholon n'ait pas tenu note de ces erreurs ! Car l'unique assertion qui soit rectifiée est précisément celle qu'O'Meara avait reproduite solennellement par trois fois d'après le témoignage de l'Empereur en personne. Il faut citer textuellement. « M. O'Meara dit que M. de Talleyrand intercepta une lettre écrite par le duc d'Enghien quelques heures avant le jugement. La vérité est que le duc d'Enghien a écrit sur le procès-verbal d'interrogatoire avant de signer : « Je fais avec instance la demande d'avoir une audience particulière du Premier Consul. Mon nom, mon rang, ma façon de penser et l'horreur de ma situation me font espérer qu'il ne refusera pas ma demande. » C'est là, on le sait, ce que le duc a écrit en effet. Montholon continue ainsi : « Malheureusement l'Empereur n'eut connaissance de ce fait qu'après l'exécution du jugement. L'intervention de M. de Talleyrand dans ce drame sanglant est déjà assez grande sans qu'on lui prête un tort qu'il n'a pas eu. »

Nous regrettons d'avoir à déclarer que nous ne regardons pas cette rectification comme plus authentique que la fameuse lettre du duc d'Enghien, écrite à Strasbourg, pour offrir ses services et solliciter un commandement dans l'armée, lettre que Talleyrand aurait interceptée dans la crainte qu'elle n'amollît le cœur de Napoléon. L'existence et le sens de cette lettre sont clairement exposés par Warden qui a vu la lettre, par Las Cases qui la lui a montrée, par O'Meara qui a questionné trois fois Napoléon à ce sujet, par Napoléon lui-même dans les *Lettres du Cap*; et le point capital dans l'affaire n'est pas l'appel adressé par le duc à

Bonaparte, mais l'infamie de Talleyrand qui l'a empêché d'arriver à sa destination. Warden lança la première affirmation en 1816; les *Lettres du Cap* suivirent en 1817, O'Meara en 1822, Las Cases en 1824. Enfin, en 1847, trente ans après que le fait avait été, pour la première fois, porté à la connaissance du public, paraît le livre de Montholon. Il y avait longtemps que la fausseté de tout ce récit avait été péremptoirement établie : quantité de brochures explicatives avaient vu le jour. Ce qui n'avait été publié nulle part, c'est le document lui-même, si bruyamment annoncé et jamais livré au public. Montholon a donc à se tirer le mieux possible d'un mauvais pas et à se débarrasser comme il pourra d'un mensonge historique qui avait fait long feu. Comme on l'a vu, il imagine une petite mise en scène. Il se montre lisant tout haut le livre d'O'Meara où l'Empereur relève différentes erreurs; Montholon ne cite qu'une seule de ces rectifications, et ce n'est pas une rectification, c'est un démenti pur et simple donné à toute l'histoire et une réhabilitation absolue de Talleyrand. Quant à l'affirmation contenue dans le livre de Warden, affirmation qui sert de point de départ à la conversation de Napoléon avec O'Meara en mars 1817 et aux assertions catégoriques des *Lettres du Cap*, composées par Napoléon lui-même, Montholon n'y touche pas; il ne peut y toucher. Il est certain que Napoléon n'a pas connu les derniers mots écrits par le duc avant l'exécution, mais ces mots n'étaient ni une lettre écrite de Strasbourg, ni une demande d'emploi dans l'armée française; enfin, Talleyrand n'a intercepté aucun message. Il n'est pas inutile d'observer que le duc d'Enghien, bien loin de solliciter un commandement sous Napoléon, avoua, comme Savary nous l'apprend, qu'il avait demandé à servir dans l'armée anglaise, et c'est cet aveu qui le perdit. Nous admirons le dévouement de Montholon à son maître, mais il nous semble qu'il aurait pu, en abandonnant une position intenable, effectuer sa retraite plus habilement et la couvrir de façon plus plausible.

Quant à Talleyrand, sa conduite dans l'affaire du duc d'Enghien demeure obscure, mais, sur ce point particulier, échappe à l'accusation portée contre lui. Ce qui est singulier et ce qui est malheureux pour Las Cases, c'est que Napoléon a laissé un témoignage, écrit de sa main, qui disculpe entièrement Talleyrand. Méneval a copié dans les annotations marginales écrites par Napoléon sur le livre de Fleury de Chaboulon les lignes suivantes : « Le prince de Talleyrand s'est conduit dans cette occasion comme un fidèle ministre, et jamais l'Empereur ne lui a rien reproché là-dessus. » Ce n'est point ici le lieu de discuter la complicité de Talleyrand dans cette affaire : c'est là une autre question. Mais cette note contredit expressément l'accusation de perfidie que nous discutons en ce moment, et qui est le point important dans le réquisitoire de Las Cases.

Enfin, il ne faut pas oublier de rappeler que Napoléon, à son lit de mort, provoqué par un article d'une revue anglaise qui prenait à partie Savary et Caulaincourt à propos de cet incident, se fit apporter son testament et y ajouta cette phrase : « J'ai fait arrêter et juger le duc d'Enghien parce que cela était nécessaire à la sécurité, à l'intérêt et à l'honneur du peuple français, lorsque le comte d'Artois entretenait, de son aveu, soixante assassins à Paris. Dans une circonstance semblable, j'agirais encore de même. » Voilà, croyons-nous, la vérité, mais non toute la vérité.

Après cela, on ne s'étonnera pas si nous avouons la méfiance profonde que nous inspire « cette masse de documents explicatifs, formés ou ramassés » par Las Cases. Si l'on met à part les diverses protestations, nous ne pouvons nous rappeler une seule lettre citée par Las Cases qui soit véritablement authentique, si ce n'est la lettre d'adieu de Napoléon à Las Cases lui-même. Par une dernière singularité, qui montre quelle fatalité s'attache à toutes les lettres citées dans cet ouvrage, Gourgaud nous donne, de celle-là même, une version toute différente. Pourtant Gourgaud l'a lue dans des circonstances qui auraient dû la graver dans sa mémoire. Le texte de Las Cases, il faut le reconnaître, est appuyé par le témoignage de Lowe et est, indubitablement, le véritable.

D'où sont venus tous ces documents? Quand et où fut réunie cette « masse de documents » destinés à éclairer certains points obscurs du règne de l'Empereur? Faut-il croire qu'à l'Élysée ou à la Malmaison, après Waterloo, Napoléon les détacha à la hâte, — lettre à Louis, lettre à Murat, lettre à Bernadotte, — du milieu de son énorme correspondance? Nous savons qu'il confia alors à son frère Joseph les lettres qu'il considérait comme les plus importantes. Elles étaient insérées dans des volumes reliés. Comment donc se fait-il qu'il eût gardé avec lui ces dépêches détachées dont la valeur était si considérable? Si elles étaient authentiques, Napoléon, seul, aurait pu les remettre à Las Cases. Or Las Cases n'entra dans la confiance de Napoléon que longtemps après l'époque où l'Empereur s'était séparé de ses papiers. D'où proviennent donc ces nouvelles « lettres de la Cassette[1] » ? Las Cases pourrait nous le dire, mais il n'en fait rien et personne ne peut nous en instruire à sa place. La seule indication que nous possédions, c'est de Gourgaud que nous la tenons. Parlant de certaines allégations fausses de Warden, il dit que c'est probablement « une partie du journal faux de Las Cases ». D'où nous pouvons conclure que Las Cases tenait un journal apocryphe pour l'information des étrangers curieux et du public; et que ce fait était connu des habitants de Longwood.

Nous devons le dire ici avec un profond regret, nous voudrions être sûrs que Napoléon ne savait rien de ces faux. Si nous pouvions fermer les yeux à l'évidence en ce qui touche la main qui a écrit les *Lettres du Cap*, si nous pouvions seulement considérer ce pamphlet comme un simple ballon d'essai, et non comme l'expression volontaire, réfléchie, définitive de sa pensée, il n'existerait plus de preuve absolument directe et certaine de la culpabilité de l'Empereur. Par malheur, il n'y a pas de doute possible sur la question de savoir qui a écrit les *Lettres du Cap*. D'ailleurs, Montholon donne la fausse lettre à Murat au cours d'un récit des événements d'Espagne dicté par Napoléon. Dans ce récit, Napoléon s'exprime ainsi : « Le 29 mars, j'écrivis au grand-duc de Berg

---

1. Allusion aux mémorables lettres de la Cassette sur l'authenticité desquelles discutent encore les partisans et les ennemis de Marie Stuart. — *Note du traducteur.*

comme suit.... » et là s'insère la lettre forgée. Donc,
si nous en croyons Montholon, Napoléon a affirmé
l'authenticité de la lettre. Mais nous n'en croyons
pas Montholon. Nous avons rapporté, d'après les chroniques de Sainte-Hélène, l'attitude de Napoléon en ce
qui touche le prétendu message du duc d'Enghien,
et il nous est bien difficile d'admettre qu'il ait ignoré
l'existence de ce document. Las Cases fait pleuvoir
sur les pages de son journal des lignes de points
qui représentent certains passages des conversations
de Napoléon exceptionnellement importants et confi-
dentiels. Dans ces moments-là, il est possible que
certaines mystifications aient été préparées, et, si Las
Cases a tenu note de ce qui se passait alors entre son
maître et lui, il serait intéressant de connaître ce
journal secret. Il est difficile de se persuader que
l'humble fidèle eût pris de telles libertés avec l'histoire
s'il n'avait reçu de son idole quelque signe d'encoura-
gement. Il importe, d'ailleurs, de faire remarquer
qu'un officier anglais, à bord du *Northumberland*,
prétend avoir entendu Napoléon dire, en dictant, à
Las Cases qu'il avait reçu plusieurs jours après l'exécution du duc d'Enghien les preuves de l'innocence
de ce prince et une lettre où il demandait à servir
sous le Premier Consul. D'autre part, Thiers, se
conformant à l'opinion moyenne de Méneval, déclare
positivement que, d'après le style, l'authenticité de
la lettre à Murat ne peut être mise en doute. Ce jugement de Thiers, si nous l'acceptons, condamne Napoléon, car personne, aujourd'hui, ne peut croire que
la lettre ait été écrite à la date indiquée; mais Thiers
n'est pas infaillible. Mettons les choses au pire : est-il

admissible que Napoléon ait pu tremper dans une aussi grossière imposture et si facile à démasquer? Il faudrait supposer — ce qui est possible, après tout ! — qu'il a consenti à ce qu'on lançât ces mensonges dans le public, sans souci de la postérité ni du jugement de l'histoire, dans l'unique but de produire une impression momentanée en sa faveur, de même qu'aux jours de sa puissance, il lui était arrivé, dit-on, de publier dans le *Moniteur* des dépêches fausses de ses maréchaux.

Nous ne décidons point, nous ne désirons pas pousser plus avant l'investigation. Notre objet n'est pas de prouver autre chose, sinon qu'il n'est pas possible de se fier à Las Cases. Nous croyons en avoir assez dit pour montrer que tous ces faux forment comme une barre d'illégitimité qui couvre le Journal tout entier et qui rendent impossible de croire aux déclarations de Las Cases, dès qu'il a un intérêt à les produire.

Il devient donc inutile d'appeler l'attention sur certaines inexactitudes de moindre importance et moins artistement mises en œuvre. Par exemple, Pasquier se plaint que Las Cases ait donné un récit de pure fantaisie de l'entrevue qu'il eut, lui, Pasquier, avec Napoléon au moment de sa nomination comme préfet de police. La responsabilité des inexactitudes commises n'appartient probablement pas à Las Cases. Le même Pasquier signale d'autres faits défigurés de la même façon, mais à quoi bon multiplier les exemples?

Nous avons encore un sujet de défiance — quoique beaucoup moins sérieux — contre cet auteur. C'est un faiseur de livres dans toute la force du terme. Jamais il ne manque l'occasion de grossir sa copie. Avec cela, son ouvrage n'est dépourvu ni de charme, ni même de valeur. Car, en beaucoup de cas, il n'a aucun intérêt à servir de complaisant et il rapporte, avec détails, certaines habitudes et certaines opinions de Napoléon que nous ne trouvons point ailleurs. Dans ces cas-là, c'est par l'évidence interne et d'après les vraisemblances que nous sommes mis en mesure de prononcer si le récit est véridique. Et puis, Las Cases est le biographe par excellence, le biographe idéal, celui qui n'oublie jamais un détail, qui ne recule jamais devant le ridicule, et qui, par conséquent, ne refuse pas un moment de gaîté à son lecteur; c'est le Boswell de Napoléon[1]. Il a de magnifiques envolées vers le sublime, au cours desquelles il côtoie de bien près l'autre extrême. Ainsi, le jour où il éprouve une émotion indescriptible en voyant Napoléon se frotter l'estomac. L'Empereur déjeune d'une tasse de café qui lui a fait plaisir : « Quelques moments plus tard il disait, en se frottant l'estomac de la main, qu'il en sentait le bien là. Il serait difficile de rendre mes sentiments à ces simples paroles. »

Un autre jour Napoléon lui dit que quand il parlait à Lowe il était pris d'une telle colère qu'il sentait trembler son mollet gauche. Or, c'était là un de ses plus terribles symptômes et il y avait des années qu'il ne l'avait éprouvé. Toujours à la manière de Boswell, Las Cases raconte que Napoléon l'avait traité de niais, puis l'avait consolé en l'assurant

---

1. Boswell, le biographe de Johnson, par ses qualités et ses défauts répond parfaitement à la définition de l'auteur. — *Note trad.*

que cette épithète de sa part était toujours un brevet d'honnêteté.

Ailleurs, Las Cases parle avec enthousiasme de l'absence de tout sentiment personnel chez Napoléon. « Il voit les choses tellement en grand et de haut qu'il perd de vue les individus. Jamais on ne l'a surpris en colère contre aucun de ceux dont il a eu tant à se plaindre. » Quand il serait possible, à d'autres points de vue, d'accepter implicitement les récits de Las Cases, cette prodigieuse assertion serait de nature à faire réfléchir.

Les Mémoires de Montholon ressemblent à celui qui les a écrits : un mondain correct et bienveillant. Dans des lettres secrètes aux agents anglais, O'Meara l'accuse d'être un menteur : il devait s'y connaître. Nous ne doutons pas que les Mémoires de Montholon, lorsqu'ils se rapportent à la politique générale de Longwood, ne soient sujets à caution, comme toutes les publications faites moins de trente ans après la mort de Napoléon. Cependant, il est bon de remarquer qu'ils ont paru assez tard, en 1847. Les dates données par Montholon ne sont pas toujours exactes, ce qui ferait croire que ces notes pourraient bien avoir été rédigées à une époque postérieure aux événements qu'elles racontent. Il est à peu près évident que certains passages ont été ajoutés au texte longtemps après le séjour à Sainte-Hélène. Mais sur tous les points, où la réputation de Napoléon et où les souffrances de sa captivité ne sont pas en jeu, on peut lire ces Mémoires avec intérêt. Nous devons également louer le ton de l'ouvrage. Ce ton s'explique par la date de la publication. Le quart de siècle qui

s'était écoulé avait calmé bien des passions, apaisé
bien des querelles. Gourgaud avait abdiqué ses
fureurs et collaboré amicalement avec Montholon à la
publication des Mémoires de l'Empereur. Aussi Montholon n'a-t-il pas un mot contre Gourgaud, pas même
une allusion indirecte, alors qu'il parle d'un temps où
ce porc-épic enragé devait lui rendre la vie insupportable. A la date du cartel que lui avait adressé Gourgaud, il y a un vide de dix jours. Ce silence calculé
est-il le résultat d'un remords de conscience? Ou, —
chose qui n'a rien d'impossible, — toute cette affaire
n'était-elle qu'une comédie ? Ou, enfin, après réflexion,
jugea-t-on nécessaire de supprimer le passage? Nul ne
saurait le dire. Nous penchons vers la dernière hypothèse et nous regrettons, maintenant que le journal
de Gourgaud est publié, de ne pas posséder aussi
celui de Montholon dans son intégralité. Nous aurions
ainsi les deux sons de la cloche. Nous savons qu'il
a laissé, en manuscrit, une foule de notes prises
d'après des conversations. On en a publié une qui
rapporte certain monologue de Napoléon du 10 mars
1819; elle dépasse en intérêt tout ce que contient le
livre de Montholon. Il est bien à désirer que le monde
connaisse enfin ces notes et qu'elles lui soient livrées
sans réserve. Nous aurions là un témoignagne historique qui ne serait pas inférieur en intérêt à celui de
Gourgaud. Dans le livre tel que nous l'avons aujour-
d'hui, ce que nous regrettons surtout ce sont les passages qui, manifestement, ont été supprimés, soit par
une aveugle adoration pour la mémoire de Napoléon,
soit par sollicitude pour les intérêts de son neveu.
D'ailleurs, le récit devient insignifiant là où il serait

le plus intéressant pour nous, c'est-à-dire après le
départ des autres chroniqueurs, Las Cases, O'Meara et
Gourgaud, lorsque nous n'avons plus rien pour satisfaire notre curiosité que les fantaisies d'Antommarchi.

Car, dans les derniers jours, c'est Antommarchi seul
qui nous reste et c'est celui de tous qui mérite le
moins de confiance. C'était un jeune Corse, non sans
quelque mérite comme anatomiste. Il était arrivé à
Sainte-Hélène dix-huit mois avant la mort de Napoléon. En sa qualité de Corse, choisi par le cardinal
Fesch, il aurait dû être agréable à l'Empereur. Mais
il joua de malheur. Plusieurs fois il se trouva absent
au moment où Napoléon avait besoin de lui. De plus
son illustre malade qui n'avait, du reste, jamais aimé
les médecins, le jugeait trop jeune et sans expérience.
D'après Montholon, Antommarchi traitait la maladie
de Napoléon comme sans importance, ou même comme
feinte. Pourtant Montholon parle de lui favorablement. C'était, dit-il, « un excellent jeune homme ».
On ne lui voit aucune raison pour calomnier Antommarchi. Lorsque Napoléon, en mars 1821, se plaint
de sentir, à l'intérieur, des douleurs lancinantes,
comme des « coups de canif », causés par l'affreuse
maladie dont il mourait, Antommarchi sourit. A sept
semaines de la fin, dit Montholon, il est impossible de
lui faire comprendre la gravité de l'état de l'Empereur. Il est dominé par la conviction que tout ce que
nous lui disons, l'Empereur ou moi, à cet égard, est
un jeu politique pour amener le gouvernement anglais
à nous rappeler en Europe. Le 20 mars, il déclare,
avec un sourire incrédule, que le pouls de Napoléon
est dans l'état normal.

Cependant, le 21 mars, il reconnaît que la situation est sérieuse et déclare qu'il aperçoit des symptômes indéniables de gastrite. Là-dessus, Napoléon consent, quoique avec la plus grande répugnance, à prendre une limonade émétisée. Le lendemain donc, un quart de grain de tartre émétique lui est administré dans une boisson. Le malade est pris de nausées violentes et se roule par terre dans d'atroces douleurs. Ce qu'étaient ces douleurs, nous pouvons à peine l'imaginer, nous qui savons de quels horribles ulcères il était rongé. Que dit Antommarchi? Que l'effet a été trop fort, mais que c'est le remède nécessaire. Cependant Napoléon refuse absolument de prendre une nouvelle médecine du même genre. Le lendemain, il ordonne à son valet de lui apporter un verre de limonade; le jeune docteur est en éveil et trouve le moyen d'y jeter une dose de son remède favori. Napoléon sent une odeur suspecte et donne la potion à Montholon qui a, au bout de dix minutes, d'affreux vomissements. Naturellement, l'Empereur entre en fureur, appelle Antommarchi un assassin et déclare qu'il ne le reverra de sa vie.

Depuis quelque temps déjà, le jeune Corse était las de vivre dans la réclusion et d'avoir à soigner un homme en qui il voyait un malade imaginaire. Il passait une grande partie de son temps à Jamestown ou en dehors du domaine, au grand ennui de l'ordonnance dont la mission était de l'accompagner. Enfin, en janvier 1821, il exposa à sir Thomas Reade son intention d'abandonner le service de Napoléon et de quitter l'île. Le 31 de ce mois, il écrit à Montholon qu'il désire retourner en Europe et qu'il sent, avec regret, son impuissance à gagner la confiance de l'Empereur. Napoléon donna immédiatement son consentement par une lettre que Montholon n'a pas tort de trouver « bien dure ». Nous en citerons le dernier paragraphe. « Depuis quinze mois que vous êtes dans ce pays, vous n'avez donné à Sa Majesté aucune confiance dans votre caractère moral. Vous ne pouvez lui être d'aucune utilité dans sa maladie, et votre séjour ici quelques mois de plus serait sans objet. » En dépit de cette cruelle phrase, Bertrand et Montholon ménagent un raccommodement, et, le 6 février, Antommarchi reçoit la permission de reprendre son service. Le 23 mars, comme nous l'avons vu, nouvelle scène, et Montholon rapporte que le 31 mars Napoléon persiste à ne pas même permettre qu'on prononce son nom. On lui permet pourtant d'assister le 3 avril à la visite du docteur Arnott. Le 8 avril, il est encore absent lorsqu'on le fait demander et il est informé officiellement que l'Empereur ne le verra plus. Le 9, il va trouver Hudson Lowe pour solliciter la permission de retourner en Europe, vingt-six jours avant la mort de Napoléon. Lowe lui dit qu'il doit en référer au gouvernement. Le 16, Arnott insiste pour que Napoléon consente de nouveau à recevoir Antommarchi. Le 17, l'Empereur dicte une lettre que devait signer Antommarchi. A cette condition expresse, il lui permettait de rester. Ceci avait trait à des indiscrétions et à des plaisanteries qu'on accusait le jeune docteur de s'être permises au sujet des habitudes de son maître. Le 18, il obtient de nouveau l'autorisation d'accompagner Arnott dans la chambre du malade. Le 21, cependant, le médecin anglais visite Napoléon sans qu'il soit présent; et quand, le 29, Montholon veut le faire appeler, Napoléon refuse par deux fois, avec colère. Pendant les cinq premiers jours de mai, qui sont les derniers de la vie de l'Empereur, il lui est permis de veiller dans une chambre voisine de celle où est le malade. Pendant la dernière agonie, toutes les fois qu'il essaye d'humecter les lèvres du mourant, Napoléon le repousse et, du regard, fait signe à Montholon de prendre sa place. Enfin, le 5 mai, Napoléon meurt, et, seul de ses serviteurs, Antommarchi est omis dans son testament.

Pourquoi rappeler si minutieusement toutes ces circonstances ?

Pour cette simple raison qu'Antommarchi n'en dit pas un mot dans son livre. Cet ouvrage, au contraire, ne nous parle que du dévouement absolu du médecin et de l'affectueuse gratitude du malade. Ainsi, le jour où Napoléon refusa à deux reprises de le voir, il rapporte que le malade accepta à contre-cœur un de ses remèdes en lui disant : « Je veux que vous jugiez, par ma résignation, de la reconnaissance que je vous porte. » Napoléon, continue le docteur, ajouta des instructions confidentielles au sujet de ses funérailles. Elles devaient avoir lieu à Ajaccio, si Paris était impossible, et, à défaut d'Ajaccio, à Sainte-Hélène, près des sources. Le 26 mars, alors que Napoléon ne veut pas entendre parler de lui, il se représente persuadant à l'Empereur de voir le docteur Arnott. Montholon dit que ce fut le 31 mars que Napoléon consentit pour la première fois à ce qu'on fît venir Arnott, et il ajoute : « Quant à Antommarchi, il persiste à ne pas même permettre qu'on prononce son nom. » Chaque jour

Antommarchi rapporte de menus détails, de longues et affectueuses conversations entre son malade et lui. Pas un mot sur la défense d'entrer chez Napoléon, sur le congé méprisant qu'il avait reçu, ou sur ses propres démarches pour quitter Sainte-Hélène. Pourtant, dans les deux volumes qu'il a consacrés à son séjour de dix-huit mois à Longwood, il eût été facile de trouver une place pour y consigner ces incidents. Il est inadmissible que Montholon se soit rendu coupable d'un mensonge gratuit en ce qui le touche. Montholon est bien disposé envers Antommarchi; ses assertions sont d'ailleurs corroborées à la fois par les documents écrits et par le témoignage de Lowe. Non, nous devons prendre le récit d'Antommarchi pour ce qu'il vaut, c'est-à-dire pour très peu de chose. Quant à nous, nous n'acceptons qu'avec la plus grande réserve celles de ses affirmations qui ne sont pas confirmées par d'autres témoignages. Par exemple, comment pourrions-nous croire que, pendant cette période de méfiance et d'aversion, Napoléon lui ait tenu le discours que voici : « Quand je serai mort, chacun de vous aura la douce consolation de retourner en Europe. Vous reverrez, les uns vos parents, les autres vos amis, et moi, je retrouverai mes braves aux Champs-Élysées. Oui, continua-t-il, en haussant la voix, Kléber, Desaix, Bessières, Duroc, Ney, Murat, Masséna, Berthier, tous viendront à ma rencontre : ils me parleront de ce que nous avons fait ensemble. Je leur conterai les derniers événements de ma vie. En me voyant, ils redeviendront tous fous d'enthousiasme et de gloire. Nous causerons de nos guerres avec les Scipions, les Annibal, les César, les

Frédéric, etc. » Ces hâbleries, dont le délire seul aurait pu rendre Napoléon capable, sont censées avoir été débitées devant deux auditeurs, Antommarchi et Montholon : Antommarchi, qui était alors en disgrâce, Montholon, qui recueillait alors les moindres mots de son maître, et qui ne dit rien de ces paroles extraordinaires. Nous pouvons affirmer, sans crainte de nous tromper : voilà ce que Napoléon n'a jamais dit et voilà ce qu'Antommarchi jugeait que Napoléon aurait dû dire !

Il est un service rendu par Antommarchi, un service qui, à lui seul, efface presque les mensonges de son livre : il a pris un moulage de la figure de Napoléon après sa mort. L'original de ce moulage est aujourd'hui en Angleterre; il nous rend la beauté première, l'exquise beauté de ce visage, après que la maladie avait fait son œuvre, substituant la patience à la passion, et après que la suprême et sereine touche de la mort avait restitué aux traits la finesse et la régularité des jeunes années. Tous ceux qui ont vu le cadavre ont été frappés de cette transformation. « Comme il est beau ! » s'écriaient les Anglais qui le virent alors. Mais Antommarchi a eu des combats à soutenir même pour l'authenticité de son moulage. Les phrénologistes sont tombés sur lui et l'ont mis en pièces. Ils ont déclaré que le crâne n'avait pas les bosses voulues, le développement osseux requis pour faire un crâne de héros. D'autres ont prétendu que c'était plutôt la face du Premier Consul que celle de l'Empereur, et c'est vrai. D'autres encore ont fait remarquer qu'Antommarchi n'avait pas produit le moulage avant la fin de 1830. Nous nous contenterons

de conclure d'un mot : nous croyons que ce plâtre ne
ment pas. Si, par hasard, il se trouvait être aussi peu
authentique que le livre, nous serions forcé de donner
raison aux phrénologistes.

Le volume de Warden se compose de lettres adressées à la personne qui, plus tard, devint sa femme, et
remaniées par « un homme de lettres ». En beaucoup
de passages, il garde les marques, trop visibles, de
l'homme de lettres, qui met dans la bouche de Warden un déplorable galimatias. Mais, de toutes façons,
le livre a peu de valeur et la raison de cela est simple :
Napoléon ne savait pas l'anglais, Warden ne savait
pas le français, et c'est Las Cases qui leur servait d'interprète. Nous ne pouvons nous empêcher de nous
demander qui a bien pu traduire à Napoléon deux
observations de Warden qui sont pleines de tact.
L'Empereur avait demandé laquelle était le plus
populaire en Angleterre, de la marine ou de l'armée.
Warden répond dans le style le plus magnifique, et
finit par ces mots : « Un champ de bataille comme
celui de Waterloo peut à peine trouver un écho digne
de lui dans les cœurs anglais. » A quoi Napoléon ne
réplique rien. Un autre jour, Warden s'adresse ainsi à
l'Empereur : « Le peuple anglais paraît curieux de
savoir quelle est votre opinion sur la carrière militaire du duc de Wellington. Il est persuadé que vous
seriez juste, et peut-être espère-t-il que votre justice
prendrait la forme d'un éloge dont le duc de Wellington pourrait se sentir fier. » Cette fois encore, Napoléon se tait. Mais nous penchons à croire que la
pénible tâche de traduire ces phrases n'a jamais été
imposée à aucun interprète. Elles sont évidemment

le produit de l'imagination fertile de l'homme de lettres, qui, pourtant, ne s'est pas senti de force à inventer les réponses.

Si quelqu'un, après cela, était tenté d'ajouter foi aux récits de Warden, nous lui conseillerions de lire certaine lettre de sir Thomas Reade, chef d'état-major de Lowe à Sainte-Hélène. Dans cette lettre, il exprime l'opinion que les trois quarts du volume de Warden sont des mensonges. Reade ajoute, — et nous croyons qu'il a raison, — que, sur certains points particuliers, comme la mort du capitaine Wright et l'exécution du duc d'Enghien, Las Cases avait reçu l'ordre de donner des explications à Warden afin que ces explications fussent répandues en Europe.

La réponse de Napoléon à Warden fut publiée dans un petit livre intitulé *Lettres du Cap*. Les lettres sont adressées à une lady C. C'était, sans aucun doute, lady Clavering, une Française qui avait épousé un baronet anglais et qui était une admiratrice enthousiaste de Napoléon, en même temps qu'une amie très intime de Las Cases. Les lettres lui étaient adressées et elles étaient datées du Cap pour faire croire au monde que Las Cases, alors au Cap, en était l'auteur. Ce qui fait l'importance du livre, c'est que les éditeurs officiels de la *Correspondance* de Napoléon le regardent comme émanant de lui, et l'impriment parmi ses œuvres. Une telle présomption est considérable et elle est corroborée par le fait qu'on possède encore une première épreuve du livre portant de nombreuses corrections de la main même de l'Empereur. Même en mettant de côté ces preuves, il est parfaitement démontré par le témoignage concordant de Montholon et de Gourgaud que l'Empereur a lui-même dicté ces lettres. Qui les a traduites en anglais? On ne sait. Si la traduction fut faite à Sainte-Hélène, c'est probablement Mme Bertrand qui fit le travail, car il ne semble pas qu'O'Meara ait été dans la confidence. « Sa Majesté m'assure, écrit Gourgaud, qu'elle n'a pas fait de réponse à cet ouvrage. C'est Las Cases, qui, du Cap, veut, dit-on, répondre. » Gourgaud répond hardiment à l'Empereur qu'il a vu, plus de dix lettres dictées par lui au grand-maréchal pour être imprimées. Il y en a même une qui est encore sur la table en ce moment. L'Empereur, alors, cesse de nier qu'il soit l'auteur des lettres et Gourgaud est mis dans le secret de leur composition. Elles lui sont remises pour qu'il les corrige et les annote. Le 16 août 1817, il donne lecture à Napoléon de ses observations : plusieurs sont adoptées. Le 22, Montholon et Gourgaud rapportent l'un et l'autre que Napoléon a terminé la soirée en leur faisant lire les lettres V, VI, VII et VIII, en réponse à Warden. Les exilés ne sont pas contents. Les Montholon trouvent que, dans ces lettres, Napoléon leur fait tenir des propos ridicules. Mme de Montholon va jusqu'à dire qu' « elles sont pleines de sottises, mal écrites et contiennent de nombreuses personnalités ». Elle est bien fâchée que le nom de son mari y soit cité. « C'est, dit-elle, de la boue : plus on la remue, plus cela sent mauvais, » et son avis est que la brochure donnera lieu à une foule de critiques hostiles. La vérité est que c'est un pamphlet, fait pour être lu des contemporains, rempli d'affirmations qui ont pour but d'influencer l'opinion. La valeur en est nulle; elle est, du moins, toute dans le nom de l'auteur et dans la fausse lettre du duc d'Enghien, dont les *Lettres du Cap* affirment positivement l'existence.

La voix de Sainte-Hélène, par O'Meara, est peut-être le plus populaire parmi les récits venus de Longwood, et il est peu d'ouvrages qui aient jamais excité une sensation pareille à celle que fit, en paraissant, ce misérable livre, car pour un misérable livre, c'en est un assurément, en dépit de son allure animée et du vif intérêt que présente le dialogue. Personne, parmi ceux qui ont lu le livre de Forsyth où sont imprimées les lettres d'O'Meara à Lowe, ou le précis, plus aisé à lire, qu'a donné de ces volumes M. Seaton, ne gardera un atome de confiance dans O'Meara. Les conversations qu'il rapporte peuvent être vraies comme elles peuvent être fausses ; mais, dans un cas douteux, il est impossible d'accepter son témoignage. Il était le serviteur et le confident de Napoléon ; il était, à l'insu de Napoléon, l'agent et le confident de Lowe, et, derrière leur dos à tous deux, il était l'espion, également confidentiel, du gouvernement anglais, auquel il écrivait des lettres destinées à être lues de tout le cabinet. Un témoignage qui émane d'une telle source est évidemment vicié.

Le livre de Santini n'est qu'une imposture. C'est l'œuvre d'un certain colonel Maceroni, moitié Anglais et moitié Italien, qui s'était attaché à la fortune de Murat. Il a laissé des mémoires intéressants. Santini, qui n'avait guère de temps pour se livrer à des exercices littéraires, puisqu'il était, à la fois, le tailleur, le coiffeur et le garde-chasse de Napoléon, a pourtant son épisode dans l'histoire de la captivité. Un soir qu'il servait à table, Napoléon éclata contre lui. « Comment, brigand, tu voulais tuer le gouverneur? Misérable! Qu'il te revienne de pareilles idées, et tu auras affaire à moi. » Alors l'Empereur expliqua aux convives que Santini, qui faisait depuis quelque temps de longues promenades solitaires avec un fusil à deux coups, avait avoué à un autre Corse qu'il réservait un des deux coups à Hudson Lowe et l'autre à lui-même. La chose paraissait toute simple à Santini : il voulait délivrer l'univers d'un monstre. « Il m'a fallu toute mon autorité impériale, pontificale, disait l'Empereur, pour le retenir. » Santini fut banni de Sainte-Hélène par sir Hudson Lowe. On dit qu'il avait appris par cœur la grande protestation adressée par Napoléon aux puissances, et c'est ainsi qu'il l'avait apportée le premier en Europe. Maceroni déclare que le factotum corse fut saisi sur le territoire hollandais par une force de cavalerie prussienne et que, depuis, on ne l'a jamais revu. C'est là, bien entendu, une légende. Santini fut suffisamment persécuté sans que les choses soient allées jusqu'à ce tragique dénouement. Il fut partout traqué, pourchassé, espionné, jusqu'au moment où il lui fut enfin permis de vivre à Brunn sous la surveillance de la police. De là, il retourna à Paris et termina son existence dans un poste qui lui convenait bien, comme gardien du tombeau de son maître, aux Invalides.

La valeur du livre de lady Malcolm réside, — nous l'avons déjà dit, — dans une vivante reproduction des conversations de Napoléon, dont cette dame semble avoir recueilli l'impression, encore toute chaude, des lèvres de son mari; elle est aussi dans la peinture qu'elle nous fait de Lowe. Malcolm plaisait à l'Empereur, quoique, certain jour de tempête, il eût attrapé une désagréable épithète (« l'amiral, qui est un sot »). De son côté, lady Malcolm était, disait-on, sous le charme. Napoléon causait avec l'amiral trois ou quatre heures de suite, sans que jamais l'étiquette lui permît d'être assis ou de faire asseoir son interlocuteur ; tous deux debout ou marchant, jusqu'à ce qu'enfin la fatigue les forçât à s'appuyer aux meubles. Même à travers une traduction, les paroles mises dans la bouche de Napoléon ont du naturel. Il dit : « J'ai mis Ossian à la mode. » — « L'Income Tax est un bon impôt. Tout le monde s'en plaint : cela prouve que tout le monde le paye. » — « Les petites choses sont de grandes choses en France ; la raison, rien. » Il raconte l'anecdote du dey d'Alger qui, en apprenant que le roi préparait une expédition pour détruire la ville, s'écria : « Si le roi veut me donner la moitié de l'argent que l'expédition coûtera, je brûlerai bien la ville moi-même. » Il est inutile de dire que ces visites déplaisaient fort à Lowe, et cela pour bien des raisons. Il s'était brouillé avec Napoléon ; par conséquent, tout le monde devait être brouillé avec Napoléon. Il n'avait pas la faculté de voir Napoléon ; donc, personne ne devait voir Napoléon. Il était évident qu'à Sainte-Hélène la distinction suprême était d'obtenir une audience de l'Empereur. Il est non moins évident que ce fait contrariait infiniment le gouverneur de Sainte-Hélène, dont personne n'eût songé à solliciter une audience à moins d'y être absolument forcé. De plus, qui sait les terribles choses qui pouvaient se dire dans ces entrevues ? On pouvait concerter des plans

d'évasion ; on pouvait confier des messages, et, enfin,
— ceci était le crime le plus grand de tous, — on
pouvait critiquer la conduite du gouverneur. Aussi,
quiconque avait vu Napoléon devait courir chez le
gouverneur pour lui raconter ce qui s'était passé, et,
pour sa peine, il était assuré qu'on l'accuserait
d'avoir supprimé certains détails. Un lieutenant anglais fut renvoyé de Sainte-Hélène pour avoir négligé,
pendant plusieurs jours, de rapporter au gouverneur
une remarque banale faite par les Bertrand, qu'il avait
rencontrés dans une promenade. On ne pouvait pas
se fier même à l'amiral. Il cessa bientôt d'entretenir
des relations personnelles avec le gouverneur, mais
n'en rapportait pas moins soigneusement, par correspondance, ses conversations avec Napoléon. Sir Hudson, répondant au dernier rapport, accusa l'amiral
d'avoir tu des choses de grande importance et « l'amiral découvrit alors qu'il existait un système d'espion-
nage dans l'île, grâce auquel les choses les plus insi-
gnifiantes étaient redites au gouverneur. Avec des
Anglais honnêtes et francs, continue la naïve lady
Malcolm, un tel système est détestable et doit causer
des maux incalculables. » Il s'ensuivit, entre les deux
hauts fonctionnaires, un échange de lettres tellement
violentes qu'on dut leur conseiller de les mettre à
néant. Mais on a conservé la correspondance antérieure qui fait bien connaître le caractère de Lowe.
Ses lettres sont âpres, mesquines, soupçonneuses. Il
est impossible de les lire sans reconnaître qu'un tel
homme n'avait rien de ce qui convenait pour représenter la Grande-Bretagne dans une situation aussi
difficile et aussi délicate.

CHAPITRE III.

GOURGAUD.

Mais le véritable mémorial de Sainte-Hélène, c'est le journal particulier de Gourgaud[1], écrit, au moins pour la plus grande partie, afin de n'être lu que de lui et connu que de sa conscience, sans flatterie et même sans parti pris, presque brutal dans son rude réalisme. Seul, parmi les chroniqueurs de Sainte-Hélène, il s'est efforcé d'être vrai et, en somme, il y a réussi. Car il n'est pas d'homme qui se soit jamais peint comme Gourgaud se représente à toutes les pages de son journal. Il se donne les plus grandes peines du monde pour nous prouver qu'un être plus susceptible, plus irritable, plus hargneux, plus insupportable, n'avait jamais existé. Il surveillait son maître à la façon d'une femme jalouse. Napoléon a dit lui-même : « Il m'aimait comme on aime sa maîtresse; il était impossible. » L'Empereur disait-il que Bertrand était un excellent officier du génie, que Las Cases était un ami dévoué, appelait-il Montholon « mon fils », Gourgaud était pris d'une fureur muette, ardente, qui

1. SAINTE-HÉLÈNE. Journal inédit de 1815 à 1818 du général baron GOURGAUD, avec préface et notes par MM. le vicomte de GROUCHY et Antoine GUILLOIS, 3e édition, 2 vol. in-18. — Paris 1901. Flammarion, éditeur.

le torturait, et cette fureur s'épanche dans son journal. Et pourtant, par une étrange conséquence, quand il écrit sur son maître des lignes d'une rage insensée, il trace de Napoléon le portrait le plus sympathique qui en ait été fait. La vérité, c'est qu'il était là hors de son élément. En service actif, sur le champ de bataille, il eût admirablement servi son chef; c'était l'aide de camp modèle, vif, intelligent, dévoué. Mais, dans l'oisiveté de Sainte-Hélène, son énergie, privée de son emploi naturel, se retourna contre lui, usa sa force, empoisonna ses relations avec ceux qui l'entouraient. Le résultat fut que son seul bonheur était de se plaindre ou de quereller. Napoléon lui-même souffrait du même mal. Sa flamme, privée d'aliment, — pour employer une comparaison de Mme de Montholon, — le consumait, lui et ceux qui vivaient auprès de lui. Mais Napoléon disposait de tout le confort et de toutes les ressources sociales que Sainte-Hélène pouvait offrir. Les autres membres de la petite colonie avaient leurs femmes et leurs enfants. Gourgaud n'avait rien de tout cela.

Il semble que Napoléon s'était rendu compte que Gourgaud n'était pas l'homme de la situation. Primitivement il avait choisi Planat, caractère simple et dévoué, pour l'accompagner. Maitland avait remarqué, sur le *Bellérophon*, les larmes qui roulaient sur les joues de Planat, le premier jour où il prit place à déjeuner, en regardant son maître déchu, et ce fait avait donné à Maitland une haute opinion de son caractère. Au moment de la mort de Napoléon, Planat, toujours fidèle, se préparait à partir pour Sainte-Hélène afin d'y prendre la place de Montholon. Mais, lors de sa première désignation, Gourgaud, en l'apprenant, avait fait à l'Empereur une si furieuse scène de jalousie qu'il avait fallu substituer son nom à celui de Planat. Les vœux de Gourgaud s'étaient donc accomplis. Il était, en quelque sorte, seul avec l'Empereur; l'Empereur était sa seule ressource et, pourtant, sa susceptibilité, son mauvais caractère, lui aliénaient, chaque jour davantage, les bonnes dispositions de son maître. L'Empereur lui donnait fréquemment à entendre, — c'est son journal qui nous le laisse voir, — qu'il ferait mieux de partir, et ces avertissements deviennent de plus en plus clairs à mesure que le temps s'écoule. Enfin, il part, après avoir, d'abord, provoqué en duel Montholon. L'Empereur intervient et couvre Montholon de son autorité. Le duel était-il une comédie? On ne peut se prononcer là-dessus. Les éditeurs de son journal en sont persuadés. Cette théorie repose uniquement sur un document qu'ils impriment dans leur préface, d'après le texte original conservé dans les papiers de Gourgaud. C'est une lettre de Montholon, écrite à Gourgaud quinze jours après le cartel, dans des termes qui n'ont rien d'hostile et d'où il résulterait que le départ de Gourgaud pour l'Europe avait été imaginé ou, du moins, utilisé par Napoléon pour servir à ses propres desseins. « L'Empereur trouve, mon cher Gourgaud, écrit Montholon, que vous chargez trop votre rôle. Il craint que sir Hudson Lowe n'ouvre les yeux. » Nous avouerons que si c'était Las Cases qui publiait cette lettre, nous serions disposé à la révoquer en doute. Dans les conditions où elle s'offre à nous, nous n'avons point de raison valide pour mettre en question son authenticité. Mais pour quelle part entraient, dans le départ de Gourgaud, le drame et l'intrigue politique, pour quelle part la lassitude et la surexcitation mentale, nous ne saurions le dire. Probablement il y eut un mélange. Il est, cependant, important de remarquer que, deux mois avant cette bruyante rupture, Montholon note que l'Empereur a résolu de renvoyer Gourgaud en Europe afin d'adresser un appel au Tsar, et, suivant Montholon, le départ de Gourgaud, comme on le verra plus loin, n'est qu'une mission en Russie. D'une querelle il n'est même pas question. Évidemment, il y a là une omission imputable à la date de publication (1847). Nous croyons que la vérité était celle-ci : Gourgaud avait assez de la vie qu'il menait à Sainte-Hélène. Napoléon, de son côté, avait assez de Gourgaud. En sorte que la jalousie de Gourgaud contre Montholon, — jalousie parfaitement réelle et effective, — fut utilisée par l'Empereur pour deux objets : se débarrasser de Gourgaud et communiquer avec l'Europe par l'intermédiaire d'un officier qui était en mesure d'expliquer admirablement la situation et la politique de Longwood.

Ce qui donne de la valeur au journal de Gourgaud, ce n'est pas le portrait qu'il a tracé de lui-même, mais celui qu'il nous donne de son maître. Pourtant on est obligé de parler beaucoup de Gourgaud à l'occasion, parce qu'il est l'ombre, le repoussoir nécessaire pour éclairer le caractère de l'Empereur. Sans cette considération, nous serions vite las de ce brillant jeune officier, dévoué à son maître, mais dont une jalousie folle et déraisonnable rendait le dévouement intolérable, et en qui nous voyons surtout la victime d'un effroyable ennui. Ennui d'être à Sainte-Hélène, ennui d'être en prison, ennui d'être seul, ennui de n'être point marié, ennui de mener cette vie de cour dans un désert, avec toutes les charges et rien des splendeurs d'un palais, ennui de ne rien faire, ennui, enfin, de lui-même. Car il s'en voulait de céder à l'ennui. C'est ainsi qu'il est obligé de donner le fil à son énergie qui se rouille par des querelles, par de furieuses bouderies contre l'Empereur, par des accès de rage contre Las Cases et, quand Las Cases est déporté, par son animosité contre Montholon, apparemment parce qu'il n'y a plus que lui avec qui se quereller. En effet, Bertrand s'épuise en efforts perdus pour réconcilier les gens. La vie de Gourgaud se passe dans un long gémissement d'ennui. « Ennui, grand ennui, mélancolie », voilà ce qu'on lit à chaque page dans son journal. Une semaine pourra servir d'échantillon : « Mardi 25, Ennui, ennui ! Mercredi 26, idem. Jeudi 27, idem. Vendredi 28, idem. Samedi 29, idem. Dimanche 30, grand ennui. » Et encore : « J'étouffe d'ennui. » En ce qui touche Gourgaud, le mot ennui, pourrait-on dire, résume les douze cents pages in-8° de son journal. Heureusement, ce n'est pas de Gourgaud qu'il s'agit.

Il faut avouer que nous apprenons à l'aimer davantage à mesure que nous pénétrons dans son intimité. Nous l'avons connu d'abord lorsqu'il bataillait contre sir Walter Scott. Scott donnait à entendre que Gourgaud avait joué un rôle double et servi, pour ainsi dire, d'agent au gouvernement anglais. Là-dessus, Gourgaud eut d'abord l'idée, fort naturelle, de se battre avec Scott, et, ne pouvant amener son adversaire sur le terrain, remplaça les pistolets par des brochures. Mais être l'ennemi de Scott c'est être l'ennemi de la Grande-Bretagne, et Gourgaud devint pour les Anglais une sorte de matamore à réputation équivoque. Sur les accusations portées par Scott nous ne dirons rien, parce que nous ne savons rien, et Gourgaud lui-même ne les a pas réfutées. Dans tout ce qu'il dit, il ne répond directement aux allégations de son adversaire que quand il affirme n'avoir jamais échangé un mot avec sir Hudson Lowe pendant son séjour à Longwood, et quand il met Scott au défi de produire une seule ligne de son écriture qui ne respire le plus absolu dévouement pour Napoléon. En adressant ce défi à Scott, il devait être bien sûr que son journal était en sûreté dans ses propres mains, car ce journal contenait d'innombrables passages qui n'auraient pas très bien soutenu l'épreuve demandée. Il y rapporte, également, plusieurs entrevues qu'il eut avec Lowe, lorsqu'il résidait à Longwood. Mais, à Sainte-Hélène, où trouver la vérité?

Scott assure que, « au moment de quitter l'île, Gourgaud se montra très communicatif avec sir Hudson Lowe et avec le commissaire autrichien, Sturmer, à propos des espérances secrètes et des plans dont on s'occupait à Longwood. Lorsqu'il arriva en Angleterre, au printemps de 1818, il n'observa pas plus de réserve avec le gouvernement anglais. Il le mit au courant des différents projets d'évasion qui avaient été soumis à Napoléon; il en exposa les avantages et les difficultés, avec les raisons pour lesquelles Napoléon aimait mieux rester dans l'île que risquer l'aventure. » Scott appuie ces assertions sur des documents contenus dans les archives de l'État (*State Paper Office*) et sur un rapport de Sturmer qui, — toujours par un effet de cette insincérité caractéristique de tout ce qui tient à Sainte-Hélène, — ne figure pas dans la collection française des rapports de Sturmer, mais qu'on trouvera, dépouillé de sa date, dans les obscures profondeurs de l'appendice de Forsyth. Nous n'avons ni la prétention ni l'envie de prononcer un jugement en cette affaire; mais nous n'admettons pas que Gourgaud, un général français honorable et distingué, qui était depuis de longues années attaché à la personne de Napoléon, allât, pour le plaisir de commettre une trahison, révéler à Lowe, à Bathurst ou à Sturmer, les secrets que son maître lui avait confiés. Nous sommes disposé à croire que, soit pour gagner la confiance de ces messieurs, soit pour s'amuser lui-même à leurs dépens, ou, — hypothèse bien plus vraisemblable, — pour détourner leurs soupçons de quelque autre chose, il les mystifiait tous et, peut-être, suivant le mot de Montholon, chargeait un peu son rôle. Lorsque nous lisons dans le rapport de Balmain : « La façon dont il accuse son maître sort de toute convenance, » ou quand Balmain nous dit qu'il voulait tuer Napoléon sur le champ de bataille de Waterloo et qu'il ne comprend pas pourquoi il ne l'a pas fait, il nous semble entendre Montholon qui l'avertit : « Vous allez trop loin, vous exagérez votre personnage! » Il a, dit le rapport officiel russe, « un ton de franchise suspect ». Par exemple, nous refusons de croire qu'il eût été question de faire évader Napoléon dans un panier de linge sale ou dans un tonneau de bière ou dans une caisse de sucre ou sous la livrée d'un domestique portant un plat. Et, pourtant, telles furent, à ce qu'on nous apprend, les « révélations » de Gourgaud. Nous croyons, à travers la distance de quatre-vingts années, le voir cligner de l'œil et sourire. De même pour les dix mille livres qu'on avait fait passer à Napoléon en doublons d'Espagne. Le paquet eût été volumineux et pesant; puis, on eût vite trouvé la provenance d'une telle quantité d'argent monnayé. Nous savons exactement quel fut l'argent laissé par Napoléon lorsqu'il mourut, et il n'y avait point de doublons. C'est Gourgaud qui a frappé cette monnaie-là pour l'usage particulier d'Hudson Lowe.

Il est très possible que l'irritable officier ait, à Sainte-Hélène, laissé échapper des paroles irréfléchies, comme dit Balmain, sous l'influence de sa folle jalousie, et que, d'après le mot de Montholon, il ait un peu chargé son rôle. Mais nous sommes convaincu que ni là, ni plus tard à Londres, il ne révéla rien qui eût la moindre importance. En réalité, il reçut presque aussitôt l'ordre de quitter l'Angleterre, en raison de l'énergie et du zèle qu'il mettait à servir la cause de son maître.

Il faut cependant reconnaître que, certain jour, à Sainte-Hélène, il tint un langage au moins équivoque. Nous donnons le fait tel qu'il le rapporte. Son interlocuteur est Montchenu, le vieux royaliste qui remplit les fonctions de commissaire français. « Vous parlez à un chevalier de Saint-Louis, lui dit Gourgaud. Quelque attachement que j'eusse eu encore (1814) pour l'Empereur, rien ne m'aurait fait manquer à

mon devoir envers le Roi et à ma reconnaissance
envers le duc de Berry. La preuve en est que Lallemand, qui était mon ami, me crut trop attaché à ce
dernier prince pour me mettre dans la confidence de
sa conspiration. Après le départ du Roi, sa maison
licenciée, je me suis rallié au chef des Français, car
le pays était menacé d'une invasion. Je serais toujours demeuré fidèle au Roi, s'il fût resté avec
l'armée, mais j'ai cru qu'il nous abandonnait. Le
3 avril, j'ai été nommé premier officier d'ordonnance
de l'Empereur et c'est pour cela que je suis ici. » Des
hommes qui emploient un tel langage ne peuvent pas
se plaindre s'ils sont mal compris et si on les accuse
de jouer un rôle double.

Gourgaud, il ne faut pas l'oublier, était estimé de
tous ceux qui le connaissaient et qui n'avaient pas à
vivre avec lui. Mais le trait qui gâtait tout son caractère était cette jalousie qui faisait de lui un compagnon impossible. Elle empoisonna son existence à
Sainte-Hélène. Longtemps après qu'il eut quitté
Sainte-Hélène, le succès de l'*Histoire de la campagne
de Russie* par Ségur l'exaspéra et le poussa à publier
une vaine et haineuse critique du livre. Le gros
volume de Gourgaud est loin d'avoir atteint à la réputation durable de l'ouvrage qu'il est censé juger.
Ceux que sa jalousie n'a point touchés l'estimaient
fort. Lowe, par exemple, l'a toujours considéré et
représenté comme un brave et loyal soldat qui suivait
son Empereur dans l'adversité, sans jamais prendre
part aux taquineries et aux plaintes. Jackson lui rend
le même témoignage. « C'est, dit Sturmer, un officier
brave et distingué, mais ce n'est pas un courtisan; »

et ces mots le résument exactement. C'était si peu un courtisan que les façons d'agir des courtisans l'irritaient. Quand Las Cases s'écrie, en écoutant un récit militaire de Napoléon : « C'est plus beau que l'Iliade ! » Gourgaud laisse échapper, de manière à être entendu, une exclamation ironique qui vaut le « *Fudge !* » de Burchell dans le *Vicaire de Wakefield.* Il est vrai que le récit dicté à Las Cases avait reçu de lui sa forme littéraire. Aussi Gourgaud fait-il cette remarque railleuse : « Quant à moi, je vois bien qui est Achille, mais je ne conçois pas Las Cases en Homère. » Il est si réfractaire à ce genre d'effusion que Napoléon renonce à lui montrer ses compositions et les réserve au jugement, infiniment moins redoutable, de Las Cases. Il avait vu le côté brillant d'une cour aux Tuileries, à une époque où il avait d'autres sujets de réflexion que la faveur, plus ou moins prononcée, de tel ou tel courtisan. Maintenant il en voit le côté déplaisant et son unique occupation d'esprit est de comparer la bienveillance qu'on montre aux autres avec la froideur qu'on lui témoigne à lui-même. Il devient de plus en plus grognon et, par suite, sa compagnie est de moins en moins agréable. Voici un exemple. Napoléon demande quelle heure il est. « Dix heures, Sire. » — « Ah ! comme les nuits sont longues ! » — « Et les journées, Sire ! » A la fin, Napoléon lui dit franchement : « De quel droit trouvez-vous mauvais que je ne voie que Montholon, que je dîne avec lui ? Vous êtes triste et ne savez que vous plaindre. Que m'importe que vous soyez triste ! Quand je vous vois, ne le paraissez pas. »

Et, quoique nous ne puissions blâmer Gourgaud

d'être mélancolique, nous croyons que Napoléon avait raison. Dans une société formée de quatre hommes, dont l'un méritait, à tout le moins, les soins et les égards dus à un convalescent qui relève d'une chute terrible, il aurait dû y avoir un effort soutenu, dans l'intérêt de tous, pour combattre le découragement. Gourgaud ne fit aucun effort de ce genre. Il était l'incarnation de la susceptibilité atrabilaire, et il ne pouvait comprendre pourquoi on n'était pas enchanté de sa maussade société. Un chevalier de la Triste Figure était une aggravation insupportable au vide affreux, à la desespérance de Sainte-Hélène. Plus d'une fois, au milieu d'une conversation, les larmes de Gourgaud déconcertèrent l'Empereur. « Je pleure » est une phrase qui revient fréquemment dans le *Journal*.

Gourgaud ne s'en tint pas à la mélancolie passive : il passa à la tracasserie agissante. A la moindre occasion, il détaillait ses services et ses droits, en guise de préface, — ou de conclusion, — à un exposé sans fin de ses griefs et de ses doléances. Bertrand eut beaucoup à souffrir de ces sortes de confidences ; il les endura avec une patience exemplaire. La façon dont Gourgaud comprenait une « conversation » avec Bertrand est caractérisée dans ces lignes extraites du *Journal*: « Il parle de ses ennuis, moi des miens. » Mais le grand-maréchal finit par dire à Gourgaud que, même dans ces conditions de réciprocité, il ne pouvait se laisser tourmenter par les lamentations de son jeune collègue. Un des grands exploits de Gourgaud consistait en ce qu'il avait sauvé la vie de Napoléon à la bataille de Brienne. On croyait, — du moins c'est Warden qui le prétend, — que Gourgaud avait fait graver sur son épée un récit de l'aventure. Jusque-là tout allait bien, mais Napoléon entendait trop souvent parler de cet incident; en sorte que la scène suivante se produisit. Gourgaud : « Je n'ai point fait écrire sur mon sabre que je vous avais sauvé la vie, et cependant, j'ai tué un houzard qui se précipitait sur Votre Majesté. » Napoléon : « Je ne m'en souviens pas. » Gourgaud : « Les bras m'en tombent ! » Là-dessus, le pauvre Gourgaud fulmine. L'Empereur met fin à cette explosion de mauvaise humeur en disant que Gourgaud est un brave jeune homme, mais qu'il est étonnant qu'avec tant de bon sens il soit aussi enfant. Oui, Gourgaud avait du bon sens. En ce qui touche les disputes avec sir Hudson Lowe, son bon sens est admirable de clairvoyance. A propos d'une lettre de plainte, il déclare hardiment que « moins on écrira au sujet du boire et du manger, mieux on fera : car ces mesquineries frisent le ridicule ». Un autre jour, parlant de l'Empereur, il dit : « Il travaille à répondre à lord Bathurst, mais on ne peut rien rétorquer de noble sur la question de mangeaille. » Il proteste contre le gaspillage des domestiques à Longwood et fait cette observation, pleine de justesse et de vraie dignité : « Dans notre position prendre le moins possible est ce qu'il y a de mieux. »

Sur la situation générale il s'exprime avec sagesse et avec un sentiment très sûr de l'attitude qui eût convenu à Napoléon : « Je trouve que le seul système que l'Empereur puisse suivre est non pas d'injurier Hudson Lowe mais de ne pas se lier avec lui. Il ne serait pas digne à Sa Majesté d'être à tu et à toi avec ce personnage. La position de l'Empereur est si affreuse que le seul moyen de soutenir sa dignité est de paraître résigné et de ne pas faire un pas pour obtenir tel ou tel changement dans les restrictions; il nous faut tout supporter avec résignation. L'Empereur eût-il toute l'île à lui, ce ne serait rien, comparé à ce qu'il a perdu. » Plût au ciel que Napoléon eût suivi ce conseil !

La petite cour de Longwood n'était pas, et ne pouvait former, pour bien des raisons, une heureuse famille, mais elle aurait pu être un peu plus heureuse qu'elle n'était. Elle ne pouvait être heureuse, d'abord, — cela va sans dire, — à cause du prodigieux changement de fortune. Mais, en second lieu, comment cette petite troupe de Parisiens aurait-elle conservé sa bonne humeur, échouée ainsi, comme une compagnie de mouettes mutilées, sur ce rocher des mers tropicales? On avait choisi Sainte-Hélène parce que c'était très loin, et c'est précisément pour cela qu'un tel séjour devait blesser toutes les habitudes, révolter tous les instincts, choquer tous les goûts de ces mondains. Point d'espace, pas de société, pas d'amusement. Rien qu'une pauvre boutique; encore le gouverneur avait-il défendu qu'on leur y donnât rien à crédit. Tout pesé, ils supportèrent une destinée qui eût semblé pénible à quiconque, et qui, pour eux, était vraiment atroce, avec force d'âme et philosophie.

Ils eussent moins souffert sans les jalousies qui hantent une cour. Dans cette petite cour, où il n'y avait ni fortune ni places à distribuer, il n'y avait qu'une seule distinction possible, une seule consolation à espérer : la faveur de l'Empereur. Seule, elle créait des rangs et donnait de la considération. De là des rivalités, des colères, des larmes. Bertrand s'en était vite aperçu. « Sa Majesté, disait-il en avril 1816, est victime d'intrigants. Longwood est un séjour affreux par toutes ces tracasseries. » Bertrand, d'ordinaire, se console par l'idée qu'au fond l'Empereur est juste, que les intrigants peuvent bien prendre le dessus pour un moment, mais qu'il finit toujours par revenir à une saine appréciation. Les rivalités commencèrent le soir même de l'arrivée à Sainte-Hélène. Dans l'étroite demeure de Napoléon, il n'y avait place que pour un seul compagnon, et il choisit Las Cases, simple connaissance de la onzième heure, si l'on peut dire. Aussitôt Las Cases devint l'ennemi du genre humain... représenté par ses collègues de Longwood. Ils le détestèrent jusqu'au jour où il fut déporté ; ce jour-là, ils lui sautèrent au cou et lui pardonnèrent.

Alors, ce fut la rivalité de Gourgaud et de Montholon jusqu'au moment où, à son tour, Gourgaud s'éloigna. Puis, quand deux sur les quatre eurent disparu, il y eut une sorte de paix entre les deux survivants ; mais nous devinons que la préférence accordée à Montholon n'est pas sans causer quelque chagrin à Bertrand.

Un autre sujet de discussions, c'était l'argent. Ils spéculaient sur les prétendus trésors de l'Empereur comme des héritiers qui flairent des richesses cachées dans la chambre mortuaire d'un avare. Il a donné tant à celui-ci ; ce n'est pas vrai. Il donne double pension à celui-là ; non, le fait est faux. Comment cet autre paye-t-il pour son luxe et pour les toilettes de madame ?

Ils se torturent, eux et les autres, avec des problèmes de ce genre. L'Empereur, avec toute la malignité d'un oncle à succession, encourage ces conjectures : « Je n'ai personne, dit-il, à qui je puisse léguer mon argent, si ce n'est mes compagnons ». Cette question d'argent a beaucoup à voir dans les jalousies furieuses de Gourgaud. Il le prend de haut, déclare qu'il n'acceptera rien de l'Empereur, mais il descend de son piédestal et accepte les bienfaits de Napoléon. Tout le long d'un volume se déroule, dans toutes ses vicissitudes, l'histoire de la pension de Mme Gourgaud mère. Gourgaud ne sollicitera pas de pension pour elle; il en sollicite une ; il ne l'acceptera pas; il l'acceptera ; et ainsi de suite. Si bien qu'à la fin le lecteur demeure perplexe, ne sachant si la mère de Gourgaud, au milieu de ces susceptibilités et de ces délicatesses, toujours réveillées et toujours surmontées, a jamais touché quelque chose. En tout cas, elle devint, — elle et sa pension, — un cauchemar pour Napoléon, irrité de cet excès de sollicitude chez son serviteur pour la mère qu'il avait laissée derrière lui en Europe. Gourgaud, il est vrai, faisait prendre l'air à son amour filial un peu plus souvent qu'il n'aurait fallu, et c'est ce qui agaçait l'Empereur. D'abord Napoléon supposait, et non sans raison peut-être, que le retour périodique du nom de Mme Gourgaud avec une allusion à sa situation gênée était un appel indirect à sa générosité; or il était disposé à être généreux à condition qu'on ne l'en pressât point : c'est pourquoi il finit par donner, mais avec mauvaise humeur et mauvaise grâce.

En second lieu, cet excellent fils causa quelque

ennui par la description couleur de rose qu'il donnait à ses parents, pour les réconforter, de Sainte-Hélène et de tout ce qui s'y passait. Ces pieux mensonges étaient lus par Lowe, ou par Bathurst, quelquefois par l'un et l'autre, et les remplissaient de joie, car ils donnaient le plus positif des démentis aux doléances de Napoléon. De là la curieuse affection de Bathurst et de Lowe pour Gourgaud. Ce fait, on le conçoit, devait singulièrement déplaire à Napoléon. En troisième lieu, l'Empereur ne pouvait souffrir que quelqu'un qui lui était dévoué le fût, en même temps, à quelqu'un d'autre. Il lui fallait un attachement exclusif, absorbant. La femme de Bertrand et la mère de Gourgaud le choquaient. « Vous êtes fou de tant aimer votre mère, disait l'Empereur à Gourgaud. Quel âge a-t-elle? — Soixante-sept ans, Sire. — Parbleu, vous ne la reverrez plus : elle mourra avant que vous ne retourniez en France. » Gourgaud pleure.

Mais la brutalité de Napoléon n'était que l'expression passagère de son mécontentement à la pensée d'un dévouement qui, pensait-il, devait être tout à lui. Napoléon ne s'en cachait point; il l'avoua à Montholon : « Il y a toujours une affection dominante; or, je veux être, pour qui j'aime et honore de ma confiance, cette affection dominante; je ne veux pas de partage. » En d'autres occasions, il était encore plus franc : « Les princes, dit-il, n'aiment que les gens qui leur sont utiles, et seulement pendant qu'ils le sont. » Il dit encore à Gourgaud : « Après tout, je n'ai d'affection que pour ceux qui peuvent m'être utiles et aussi longtemps qu'ils peuvent m'être utiles. » Ses serviteurs connaissaient bien l'existence de ce principe chez Napoléon. Bertrand, dans un moment d'irritation, confie à Gourgaud une étonnante découverte qu'il a faite : depuis quelque temps il s'est aperçu que l'Empereur est un égoïste. « Il n'aime que ceux dont il attend quelque service. » Un autre jour, il va plus loin : « L'Empereur est ce qu'il est, mon cher Gourgaud ; nous ne pouvons changer son caractère.... C'est ce caractère-là qui est cause qu'il n'a pas d'amis, qu'il s'est fait tant d'ennemis et, qu'enfin, nous sommes à Sainte-Hélène. C'est aussi pour cela que ni Drouot ni ceux qui étaient à l'île d'Elbe, ni d'autres que nous (Mme Bertrand et lui) n'ont voulu le suivre ici. » Bertrand avait raison de dire que Napoléon n'avait pas d'amis, car les amis de sa jeunesse étaient morts et aux jours de sa puissance il s'était refusé cette consolation et cette force. « Je me suis fait des courtisans, disait-il, je n'ai jamais eu la prétention de me faire des amis. » La conception qu'il se faisait de son pouvoir, de son impérial isolement, était incompatible avec l'idée d'une amitié ordinaire. Et maintenant, par un triste et inévitable retour, à l'heure où il voulait des amis, il ne trouvait plus que des courtisans. Péniblement, laborieusement, il s'efforçait de retrouver cet art qu'il avait oublié, de gagner des amis. Il était juste et conforme à la nature des choses qu'il ne réussît qu'à moitié.

Ce n'est pas un trait sympathique dans le caractère de Napoléon que cette âpreté avec laquelle il exigeait le renoncement à toute affection humaine, à tout intérêt humain. Il n'y a qu'un Messie qui puisse en demander autant. Napoléon, lui aussi, entendait que ses serviteurs « quittassent tout pour le suivre ».

Mais il faut pardonner beaucoup à un égoïsme résultat inévitable d'une adulation qui lui avait montré si longtemps le monde à ses genoux.

Quoique Gourgaud eût beaucoup à souffrir, — surtout des tortures qu'il s'infligeait à lui-même, — nous sentons, par son récit même, que la balance est en sa faveur, et de beaucoup, et qu'il fit souffrir bien davantage ses compagnons, Napoléon plus que tous les autres, si cette expression peut s'appliquer à lui.

Car, nous l'avons dit, la réelle valeur du livre de Gourgaud n'est pas dans le portrait, si intéressant qu'il soit, qu'il a tracé de lui-même. Ce qui est profondément intéressant, c'est l'aspect nouveau qu'il nous découvre du caractère de Napoléon. C'est aussi le fidèle compte rendu des paroles de Napoléon dans leur nudité robuste. Si nous nous attardons si longtemps avec Gourgaud, ce n'est pas à cause de Gourgaud, c'est à cause de Napoléon. Napoléon est le corps et Gourgaud est l'ombre. Nous nous figurons avoir une idée très exacte du caractère moral de Napoléon : personnel, dominateur, violent, etc. Mais, dans ce livre, un nouveau Napoléon nous apparaît : un Napoléon inconnu, contraire à nos idées préconçues, un Napoléon que nous n'avions encore pu soupçonner que chez Rapp et chez quelques autres. Rapp, le plus indépendant, le moins courtisan de tous les généraux de Napoléon, et qui, en sa qualité d'aide de camp, était sans cesse à ses côtés, parle ainsi de son maître : « Beaucoup de gens dépeignent Napoléon comme un homme violent, dur et emporté; c'est qu'ils ne l'ont jamais approché. Sans doute, absorbé comme il l'était par les affaires, contrarié dans ses vues, entravé dans ses projets, il avait ses impatiences et ses inégalités. Cependant, il était si bon et si généreux qu'il se fût bientôt calmé ; mais, loin de l'apaiser, les confidents de ses ennuis ne faisaient qu'exciter sa colère. »

L'austère et honnête Drouot maintint toujours, lorsqu'il était à l'île d'Elbe, que les colères de Napoléon étaient des colères à fleur de peau : « Je l'ai toujours trouvé, dit son secrétaire particulier, bon, patient, indulgent. » On pourrait, à ces témoignages, en ajouter d'autres d'origine moins sûre. Mais Gourgaud était, certainement, un des confidents dont parle Rapp. Il se représente lui-même, sans en avoir conscience, comme revêche, boudeur et susceptible au dernier degré, tandis que nous voyons Napoléon patient, doux, d'humeur égale, s'efforçant de calmer son atrabilaire et irritable aide de camp avec les manières tendres d'une mère qui cherche à apaiser un enfant volontaire. Une fois, même, il appelle Gourgaud un enfant. Gourgaud, là-dessus, prend feu. « Moi, un enfant ! J'ai bientôt trente-quatre ans ! J'ai dix-huit ans de service, treize campagnes, trois blessures ! Et il m'est bien dur, après tout ce que j'ai fait uniquement par attachement, d'être traité ainsi ! M'appeler enfant, c'est me dire que je suis une bête. » Il épanche sur l'Empereur ce flot, ce torrent de paroles furieuses.

Le Napoléon de nos anciennes idées aurait ordonné à un subordonné qui lui parlait sur ce ton de quitter la chambre avant qu'il eût fini une phrase. Que fait le Napoléon vrai ? Laissons parler Gourgaud lui-même. « Enfin je suis très en colère. L'Empereur cherche à me calmer; je me tais. Nous passons au salon. Sa Majesté veut jouer aux échecs, mais elle pose les pièces de travers. Elle me parle avec douceur : « Je « sais bien que vous avez commandé des batteries, des « troupes, mais vous êtes encore bien jeune. » Je ne réponds que par un silence triste. » Qu'on l'accuse d'être jeune, c'est un affront trop cruel pour que Gourgaud puisse l'endurer. Voilà bien notre Gourgaud tel que nous commençons à le connaître. Mais est-ce là le Napoléon qu'on nous avait enseigné? Il ne menace, il n'anéantit pas son écuyer en révolte, mais il s'efforce d'adoucir, de calmer, de persuader.

Il n'y avait personne à Sainte-Hélène qui eût plus à souffrir, dont la patience fût mise à plus rude épreuve que l'Empereur, personne que sa vie antérieure eût plus mal préparé à ce genre de contrariétés. Et pourtant, nous fermons le volume de Gourgaud sous l'impression que peu d'hommes auraient supporté avec autant de mansuétude un serviteur aussi irritant. Quelquefois il est touché au vif, si bien qu'il ne peut s'empê- cher de faire ressortir l'inégalité de leurs fardeaux. Gourgaud parle de ses « chagrins ». L'Empereur se tourne vers lui avec un accent d'émouvante sincérité : « Vous avez des chagrins, vous! Et moi! que de cha- grins j'ai eus! que de choses j'ai à me reprocher! Vous n'avez rien à regretter. » Puis : « Croyez-vous que, lorsque je m'éveille la nuit, je n'aie pas de mau- vais moments, quand je me rappelle ce que j'étais et où je suis à présent? »

Un autre jour Napoléon propose un remède, ou, du moins, un palliatif aux humeurs noires de Gour- gaud, et il est probable que jamais traitement plus bizarre n'a été prescrit pour une maladie morale ou intellectuelle. Que le général se mette à traduire en français l'*Annual Register* : « Vous devriez traduire l'*Annual Register*; cela vous donnerait une immense réputation. » A quoi l'infortuné Gourgaud répond : « Sire, ce journal a du bon, mais.... » Et c'est ainsi qu'il esquive cette glorieuse tâche. C'est là, à notre avis, un des rares incidents comiques de la vie à Sainte-Hélène. Quelquefois l'Empereur bâtit des châteaux en Espagne pour remonter le moral de son lugubre compagnon. En Angleterre, « où nous serons avant un an », Napoléon trouvera dans le monde de la Cité une femme pour Gourgaud, avec une fortune d'environ trente mille livres. Il ira voir les heureux époux et s'amusera à chasser le renard. Napoléon pense souvent à cette question d'un bon mariage pour Gourgaud : tantôt c'est un mariage anglais, tantôt un mariage français, tantôt un mariage corse; mais toujours avec une belle dot.

Ce que ce livre révèle, c'est, nous le répétons, la patience, la résignation de Napoléon dans ses longues souffrances. Les exemples de l'indiscipline et de l'insolence de Gourgaud sont innombrables. Un jour l'Empereur lui ordonne de faire une copie d'une lettre au sujet de ses plaintes, que l'on devait envoyer sous la signature de Montholon. « Je ne suis pas le copiste de M. de Montholon, » répond Gourgaud. L'Empereur dit, avec raison, que c'est lui manquer de respect et Gourgaud veut bien reconnaître qu'il en a été mal à l'aise toute la nuit. Quand Las Cases quitte Sainte-Hélène, Napoléon lui écrit une lettre que Gourgaud trouve trop amicale. Irrité des critiques et

de l'air mécontent de Gourgaud, Napoléon signe :
« Votre dévoué ». Gourgaud éclate. L'Empereur l'invite à jouer aux échecs et lui demande pourquoi il est si fâché. « Sire, j'ai un grand défaut, c'est d'être trop attaché à Votre Majesté. Ce que j'ai dit ne m'est pas dicté, comme on le suppose, par la jalousie.... Mais j'ai cru de mon devoir de vous dire que cette lettre n'était pas digne de vous.... Eh! grand Dieu! mon pauvre père était un bien trop honnête homme; il m'a élevé dans des principes par trop sévères d'honneur et de vertu. Je vois bien que dans ce monde il ne faut jamais dire la vérité aux souverains, et que les intrigants et les flatteurs sont ceux qui réussissent le mieux. C'est Tartufe, Votre Majesté elle-même le reconnaîtra. » Napoléon reprend, avec un mélange de lassitude et d'émotion : « Eh! que voulez-vous? qu'il me trahisse? Eh! mon Dieu, Berthier, Marmont, que j'avais comblés, comment se sont-ils conduits ?... Il faudrait que les hommes fussent bien scélérats pour l'être autant que je le suppose. » La scène s'envenime et laisse Gourgaud, pour longtemps, dans une si infernale disposition d'esprit que l'Empereur, fatigué de ces perpétuelles explosions de mauvais caractère, est forcé de s'enfermer dans sa chambre. En l'apprenant, Gourgaud, pour détendre la situation, n'imagine rien de mieux que d'envoyer un cartel à Montholon. Tout va de mal en pis jusqu'au moment où Gourgaud adresse des remontrances à l'Empereur sur la double pension accordée à Montholon. Napoléon fait remarquer que Montholon a une femme et une famille, tandis que Gourgaud n'en a point. Gourgaud continue à se plaindre. A la fin

Napoléon perd patience et dit nettement qu'il préfère Montholon à Gourgaud. Oh! alors, c'est une tempête. Les larmes étouffent Gourgaud. « Il fallait que les maréchaux qui m'ont distingué fussent insensés... », et ainsi de suite. « C'est, répond l'Empereur, qu'ils vous ont vu brave et actif sur le champ de bataille. » Ils ne vous ont pas vu, — sous-entend-il, — tel que vous êtes en ce moment. Tout ce que le lecteur peut conclure du récit de Gourgaud, c'est qu'il eût fallu que Montholon fût un bien désagréable compagnon pour n'être pas préférable à un tel homme. Et les fatigantes scènes continuent sans interruption : l'Empereur, patient et affectueux, l'aide de camp maussade, irritable, et quelquefois insolent.

Un jour, par exemple, il dit : « Oui, sire, pourvu que l'histoire ne dise pas : « La France était déjà bien « grande avant Napoléon, mais elle fut morcelée après « lui. » Cette apostrophe ne réussit pas à faire perdre à son maître le sang-froid. Une autre fois, après une ennuyeuse discussion, l'Empereur lui dit, avec bonhomie, d'aller se coucher et de se calmer. A quoi Gourgaud répond que, s'il n'avait pas plus de philosophie et de force d'âme que Napoléon, il ne passerait pas la nuit. Quelques semaines après cette belle affirmation, il montre sa philosophie et sa force d'âme en prévenant Bertrand que sa patience est à bout et qu'il est absolument obligé de souffleter Montholon.

Un autre jour Napoléon a laissé échapper quelques paroles de découragement : « Moi, quoique j'aie encore de longues années de vie, je suis mort. Quelle position! » — « Oui, Sire, dit Gourgaud sur un ton de franchise protectrice, elle est horrible. Il aurait mieux valu mourir avant de venir ici, mais, y étant venu, il faut avoir le courage de supporter la situation. Ce serait mourir si ignominieusement que de mourir à Sainte-Hélène! » L'Empereur, en guise de réponse, fait demander Bertrand, dont la société sera un peu moins cruelle. Un autre jour encore l'Empereur se plaint : « Quel ennui! quelle croix! » Gourgaud est prêt à lui offrir la compassion d'un être supérieur. « Cela me fait de la peine, à moi, Gourgaud, de voir réduit à cela l'homme qui a commandé à l'Europe. » Mais, en cette circonstance, il garde l'expression de sa pitié pour son journal.

. Tout cela nous semble presque incroyable avec les idées préconçues que nous nous sommes faites de Napoléon, et, comme c'est à lui seul que nous avons affaire, nous multiplions ces citations dans le but unique de montrer les incessantes vexations, les perpétuels coups d'épingle qu'il avait à endurer de la part de ses propres amis, et la patience, la douceur inattendue avec lesquelles il supporta l'épreuve.

Ses compagnons, il faut l'avouer, n'étaient pas pour le soutenir et le consoler. Bertrand était absorbé par sa femme; Montholon n'était ni très capable de le comprendre ni très digne de sa confiance; Las Cases, causeur habile et intelligent, ne servait qu'à attiser la jalousie des autres; Gourgaud était à peu près intolérable. Napoléon avait à tirer d'eux le meilleur parti possible, à les calmer, à les remonter, à faire des visites à Mme Bertrand, des cadeaux à Mme de Montholon, à trouver pour Gourgaud quelque travail d'histoire ou de mathématiques qui lui occupât l'esprit. Sinon l'Empereur s'efforce humblement de le remettre en meilleure humeur. Six semaines avant la crise finale il vient près de son maussade serviteur et, comme celui-ci l'admet, s'évertue à faire l'aimable. Il lui tire les oreilles : on sait que c'est chez lui le signe le plus marqué de bonne humeur et d'amitié : « Qu'avez-vous pour être si triste? De la gaieté, *Gorgo, Gorgotto*, nous ferons bientôt un ouvrage ensemble, mon fils Gorgo. » Gorgo, Gorgotto ne nous dit pas comment il reçut ces avances. Le lendemain, cependant, revient la même adjuration presque piteuse : *Gorgo, Gorgotto,* mon fils....

Quelquefois, il est vrai, Gourgaud note que l'Empereur semble froid ou mal disposé. Mais on en aperçoit généralement la cause dans quelque nouvelle grave qui l'absorbe, ou dans quelque incartade du chroniqueur lui-même, ou dans une allusion qu'il a laissé tomber. D'ailleurs, ces occasions sont rares, et nous les devinons simplement par l'impression malveillante de Gourgaud, non par quelque preuve matérielle de la colère impériale. Il y a, pendant les derniers jours, certain malentendu qui ne vaut la peine d'être remarqué que parce qu'il montre à quel point Gourgaud cherchait les malentendus. « Je mourrai, dit Napoléon, et vous vous en irez. » Le général croit entendre : « Vous vous en rirez. » Et il voit là une admirable occasion pour entrer dans une vertueuse colère : « Quoique Votre Majesté me traite bien durement d'habitude, ce qu'elle dit là, aujourd'hui, est par trop fort! » Alors, il y a une explication, et le plumage hérissé se calme pour un instant. Ainsi va cette existence de chien et chat. Tout ce que dit Napoléon, tout ce qu'il fait, devient un grief. Après que Las Cases est parti, il y a du Montholon derrière tout ce qui arrive; les Montholon sont la source de tous les maux. Rien de plus fatigant, de plus irritant, que ce réquisitoire éternel à contre-sens. Aussi le lecteur accueille-t-il avec joie la catastrophe inévitable. Après l'une de ces scènes où Gourgaud — nous le voyons d'après son récit — a tous les torts de son côté, il prie Bertrand d' « organiser son départ ». Et, pourtant, il tarde. Avant de partir, il faut qu'il provoque en duel Montholon, et, Mme de Montholon étant tout près d'accoucher, il craint de l'agiter. Cependant, une semaine après la demande à Bertrand, l'enfant vient au monde. Ce jour-là même, Gourgaud déclare à Bertrand que le moment est venu de provoquer Montholon. Il y a neuf ans qu'il est avec l'Empereur (ici suit l'inéluctable état de services), et on le sacrifie aux Montholon. « Ah! maréchal, l'Empereur a été un grand général, mais quel cœur dur! » Pourtant, il attend une semaine. Puis, il a une audience de Napoléon, auquel il fait part de ses intentions homicides, et, lui montrant sa tête : « Voilà mes cheveux que je n'ai pas coupés depuis plusieurs mois; je ne les couperai qu'a-près m'être vengé. » L'Empereur lui dit : « Si vous « menacez Montholon, vous êtes un brigand! » Il m'ap-pelle assassin! « Voyons, si vous vous battez il vous « tuera. — Sire, j'ai toujours eu pour principe qu'il « vaut mieux mourir avec honneur que de vivre dans « la honte! » Sa Majesté me demande ce que je veux... . « Passer avant Montholon?... Me voir deux fois par « jour? » Aigri, je répète qu'un assassin, un brigand, ne doit rien demander. Alors, l'Empereur fait des excuses : « Je vous prie d'oublier mes expressions. » Je me sens faiblir et consens à ne pas provoquer Montholon, si l'Empereur veut m'en donner l'ordre par écrit. Mais, dans des phrases confuses, il explique qu'il est décidé à quitter Sainte-Hélène. L'obscurité du récit est imputable, probablement, à ce fait, déjà discuté plus haut, que le départ de Gourgaud était dû à des causes d'ordre divers. Il était impossible qu'il continuât à vivre à Sainte-Hélène sur le pied où il s'était mis. Il s'était rendu désagréable à l'Empereur, et l'Empereur était pour lui la cause de mille tourments. Et, pourtant, quoiqu'il partît dans ces conditions et pour ces motifs, il allait servir d'agent à l'Empereur en Europe. Nous devinons vaguement, à travers ces lignes embarrassées, qu'on craint qu'il ne soit soupçonné d'être envoyé en mission; qu'il doit donner pour raison de son départ l'état de sa santé et produire, à cet effet, un certificat d'O'Meara. Napoléon lui dit adieu. « C'est la dernière fois que nous nous voyons. » Pourtant, ils doivent se rencontrer encore. Gourgaud, ne recevant pas l'ordre écrit, provoque Montholon. Avec la comique inconscience qui le caractérise, il envoie, avec le cartel, un fusil et six louis qu'il avait empruntés à son ennemi. Montholon répond qu'il a donné sa parole d'honneur à son maître de ne pas se battre dans les circonstances actuelles. Alors, Gourgaud, de nouveau, se replie. A qui cet homme extraordinaire va-t-il demander avis? A Lowe, et celui-ci répond que les uns croiront que le général s'en va parce qu'il en a assez, les autres parce qu'il a une mission. Sur quoi Gourgaud demande qu'on le traite avec la dernière rigueur, et retourne à Longwood pour écrire une lettre à Napoléon, où il lui demande la permission de partir pour raison de mauvaise santé. L'Empereur accorde la permission sollicitée et exprime, avec une gravité imperturbable, le regret de voir que la maladie de foie endémique dans l'île (maladie qu'il était, pour des raisons faciles à comprendre, décidé à s'attribuer à lui-même) eût fait une nouvelle victime. Il reçoit Gourgaud encore une fois. Celui-ci raconte, quoique d'une façon fort incomplète, on le sent, ce qui se passa entre eux. L'Empereur lui ordonne de voir la princesse Charlotte, sur la bienveillance de laquelle il comptait. Il est bon de remarquer, — et ceci peut servir à faire juger des difficultés qu'on rencontre lorsqu'on veut chercher la vérité à Sainte-Hélène, — qu'au moment où Napoléon est censé prononcer ces paroles, il connaissait depuis plusieurs jours la mort de la princesse. Il prophétise : « Je vous vois incessamment commander l'artillerie contre les Anglais.... Dites bien en France que je déteste toujours ces coquins, ces scélérats. » C'était sa façon de commenter les instructions dictées la veille par lui, et où il disait : « J'ai toujours eu une haute estime de la nation anglaise; malgré le martyre que ses ministres m'imposent, mon estime reste au peuple anglais. » Au moment où son visiteur prend congé, il lui donne une petite tape sur la joue. « Nous nous reverrons dans un autre monde. Allons, adieu. » Gourgaud l'embrasse en pleurant, et ainsi finissent les curieuses et pénibles relations de ces deux hommes. Une autre source nous apprend que la veille de ces adieux, l'Empereur dicta à Montholon une longue lettre où il essayait de toucher l'Empereur de Russie, probablement pour servir à la mission de Gourgaud. Nous reviendrons plus tard sur ce document. Napoléon donna aussi à Gourgaud des instructions précises sur la conduite qu'il devait tenir en arrivant en Europe. Le général devait emporter certaines notes dans la semelle de ses souliers ; il devait remettre des cheveux de l'Empereur à Marie-Louise. Il n'y a rien de très frappant ni de particulièrement confidentiel dans le document confié à Gourgaud. Les véritables secrets furent dits, sans doute, de vive voix.

Il y avait l'inévitable question d'argent : l'argent toujours offert et toujours refusé, et toujours aussi le résultat final qui reste dans l'ombre. Gourgaud va donc se rendre au milieu des Gentils ; il réside chez Jackson ; il dîne avec Lowe et les commissaires, se plaint de Napoléon, fait des révélations grotesques, en un mot, « charge » son personnage. Nous apprenons par Montholon que, durant tout ce temps, il est en communication secrète avec Longwood, où il fait connaître le résultat de ses conversations avec Sturmer et Balmain. Après un mois de cette existence, il s'embarque, avec les bénédictions de ses nouveaux amis, avec des lettres de recommandation de Montchenu, avec une bonne somme d'argent prêtée par Lowe, et avec les instructions secrètes de Napoléon dans la semelle de ses souliers : fin caractéristique de cet orageux exil.

CHAPITRE IV.

LA DÉPORTATION.

Si c'était possible, nous voudrions ignorer tout ce qui a été écrit sur ce sujet : car c'est une lecture particulièrement pénible pour un Anglais. Il ne peut s'empêcher de regretter que son gouvernement se soit chargé de la garde de Napoléon, et, plus encore, que cette tâche ait été remplie dans un esprit aussi méprisable et par d'aussi malencontreux agents. Si Sainte-Hélène rappelle de cruels souvenirs aux Français, bien plus cruels encore sont ceux que ce nom éveille parmi nous.

Peut-être ne sommes-nous pas aujourd'hui en état de juger impartialement la situation telle qu'elle se présentait en 1815 au gouvernement britannique. Ce gouvernement était à la tête de la coalition qui avait réussi, par deux fois, à renverser Napoléon. Il en avait coûté à la Grande-Bretagne, si l'on en croit les chiffres donnés par les dictionnaires de statistique, plus de huit cents millions de livres[1] pour envoyer Napoléon à l'île d'Elbe. Son retour avait encore coûté à l'Angleterre des millions, sans compter l'horrible

1. Vingt milliards de francs, qui en vaudraient le triple aujourd'hui. — *Note du traducteur.*

ébranlement donné au système nerveux de l'Europe. Le coût de ces guerres en existences humaines ne pourra jamais être évalué au juste : probablement le total monterait à plusieurs millions. Le premier et le principal but des Alliés — c'était leur devoir envers les nations qui avaient fait de si grands sacrifices ! — était donc de mettre Napoléon dans l'impossibilité absolue de s'échapper une seconde fois. Nous pensons, quant à nous, que jamais, quoi qu'il pût arriver, Napoléon n'aurait vaincu de nouveau l'Europe. Son énergie était à bout, et la France, de son côté, était épuisée pour le temps qu'il lui restait à vivre. Mais les Alliés n'en pouvaient rien savoir et, s'ils avaient adopté cette manière de voir, ils eussent été répréhensibles.... En tout cas, Napoléon, bien portant ou malade, actif ou non, eût été, si on lui avait laissé la liberté, un dangereux point de ralliement pour toutes les forces révolutionnaires de l'Europe.

Nous pouvons donc considérer comme admis et comme démontré que Napoléon ne pouvait plus garder sa liberté de mouvement et d'action. Dure nécessité pour lui; mais n'avait-il pas été dur, lui aussi, pour le monde? En un sens, c'était le plus magnifique hommage qu'on pût lui rendre.

Napoléon se remit lui-même aux mains de la Grande-Bretagne, et les Alliés exprimèrent le désir que la Grande-Bretagne fût responsable de sa personne. Dans quel esprit notre gouvernement accepta-t-il cette mission ? « Nous voudrions, écrit lord Liverpool à lord Castlereagh, secrétaire d'État aux Affaires étrangères, que le roi de France fît fusiller ou pendre Bonaparte : *ce serait la meilleure façon de terminer l'affaire.* » Pour rendre son idée plus claire, voici comment il l'expose à Eldon[1] : « De deux choses l'une : ou Napoléon doit reprendre son caractère primitif de sujet français, ou il n'est rien du tout et il a conduit ses expéditions à la manière d'un *outlaw*, d'un proscrit, qui est en dehors de la société, en dehors des lois, *hostis humani generis.* » Le dilemme qui se présentait, apparemment, au choix de lord Liverpool était celui-ci : remettre Napoléon à Louis XVIII, comme son sujet, afin qu'il fût traité par lui en rebelle, ou le placer en dehors de l'humanité et agir avec lui comme avec un animal malfaisant. Il écrit à Castlereagh, avec une sorte de regret : « Si... le roi de France ne se sent pas assez fort pour le traiter comme un rebelle, nous sommes prêts à nous charger de la garde de sa personne... » et ainsi de suite. Walter Scott admet qu'en 1816 il y avait beaucoup de gens en Angleterre qui étaient d'avis que Napoléon aurait dû être remis à Louis XVIII pour être puni comme un sujet révolté. Par bonheur, quoique nous n'ayons point à en remercier nos ministres, la honte d'avoir livré Napoléon au roi de France pour être fusillé comme Ney nous a été épargnée.

Nous voyons donc qu'il n'y avait pas à espérer l'ombre de magnanimité dans la conduite de notre gouvernement en cette circonstance. Seul, un prince anglais, le duc de Sussex, d'accord avec Lord Holland, formula une protestation publique contre les agissements du ministère. Napoléon, qui avait songé d'abord à Thémistocle, puis à Annibal, avait réclamé, peut-

---

1 Le lord chancelier.

être avec moins de confiance qu'il ne voulait en avoir l'air, l'hospitalité de la Grande-Bretagne. Il avait espéré que, sous le nom du colonel Muiron, un ami des premiers jours qui avait été tué à Arcole à son côté, en le couvrant de son corps et auquel il gardait un tendre souvenir, on lui permettrait de mener en Angleterre la vie de gentilhomme campagnard. Cette idée, nous le disons à regret, était impraticable. L'Angleterre était trop près de la France. Le trône des Bourbons, qui, par une raison inexpliquée, était devenu le pivot de notre politique, ne pouvait être en sûreté tant que le public saurait qu'à quelques vingt milles de la côte française, vivait certain colonel entre deux âges qui s'était appelé Napoléon. Toutes les précautions qui enferment Danaé dans son coffre n'auraient pas été suffisantes pour empêcher la pitié ou la prière d'arriver à ce trop puissant voisin. Napoléon avait été en Europe le génie du bouleversement. Traditions, souvenirs, tout le passé aurait continué à entourer le colonel Muiron, si tranquille, si casanier, si bon bourgeois que cet officier eût été dans sa vie privée. Un jour, à Sainte-Hélène, Napoléon laissa échapper la vérité devant son petit cercle. Il venait de recevoir une lettre qui lui annonçait un revirement dans l'opinion des Français. « Ah ! s'écria-t-il, si nous étions en Angleterre ! » De plus, sa présence eût soulevé, sans qu'il le voulût, toute espèce de questions de droit, qui eussent donné les plus grands ennuis au gouvernement. En fait, l'amiral Keith fut poursuivi, pendant une journée entière, à travers sa flotte, par un huissier qui lui portait une assignation au nom de Napoléon.

Enfin, — et ce fut là le mobile déterminant de nos ministres, — il serait devenu, parmi les Anglais eux-mêmes, un objet de sympathie, nous dirons même d'admiration. Car la Grande-Bretagne avait beau être victorieuse : elle n'était point satisfaite. Quand nous nous rappelons l'histoire des six années qui s'écoulèrent entre Waterloo et la mort de Napoléon, nous pouvons aisément comprendre que la présence, dans les limites du Royaume-Uni, de ce glorieux fils de la Révolution eût été loin d'être un soutien ou une force pour un gouvernement tory. « Vous connaissez assez les sentiments des gens de ce pays-ci, écrit Liverpool à Castlereagh, pour être persuadé qu'il deviendrait immédiatement un objet de curiosité et, probablement, de compassion d'ici à quelques mois. » Les innombrables visiteurs qui affluèrent à Plymouth justifièrent le pronostic du premier ministre. La vérité est que le monarque déchu était entouré d'une auréole extraordinaire. Lui-même le savait parfaitement. Il dit à Sainte-Hélène avec confiance que, s'il avait vécu en Angleterre, il aurait gagné le cœur des Anglais. Il fascina Maitland, qui le conduisit en Angleterre, comme il avait fasciné Ussher qui l'avait conduit à l'île d'Elbe. Après que Napoléon eut quitté le *Bellérophon*, Maitland fit faire une enquête sur les sentiments de l'équipage, et voici le résultat de cette enquête : « On peut dire de cet homme-là tout le mal qu'on voudra, mais si le peuple anglais le connaissait comme nous le connaissons, il ne toucherait pas à un cheveu de sa tête. » L'équipage du *Northumberland* était à peu près dans les mêmes dispositions. « C'est un rude homme ; il ne mérite pas son sort. »

Les marins du vaisseau qui amena Montchenu pensaient de même. Quand il avait quitté l'*Undaunted*, qui le mena à l'île d'Elbe, le maître d'équipage, au nom de ses camarades, lui avait souhaité « longue vie, prospérité dans l'île et meilleure chance une autre fois ». Après deux courtes entrevues, l'amiral Hotham et son capitaine de pavillon, Senhouse, sentirent leurs préjugés s'évanouir. « L'amiral et moi, écrit Senhouse, nous avons découvert l'un et l'autre que notre vieille animosité avait fondu comme le courage d'Acres dans *les Rivaux*[1]. » Restait un péril plus grand encore : « Le diable emporte cet homme ! disait lord Keith ; s'il avait obtenu une entrevue avec Son Altesse Royale le prince Régent, ils auraient été les meilleurs amis du monde au bout d'une demi-heure ! » On finit par informer Napoléon du danger qu'on voyait à le laisser en Angleterre. Un voyageur lui avait dit que le gouvernement anglais ne pouvait y souffrir sa présence, dans la crainte que les émeutiers le missent à leur tête. Un autre lui avait assuré avoir entendu dire à lord Liverpool et à lord Castlereagh que leur grande raison pour l'envoyer à Sainte-Hélène était la peur qu'il n'intriguât avec l'opposition. Il est inutile de nous étendre sur ce point. Napoléon, en Angleterre aurait été dangereux à la fois pour le gouvernement français et pour le gouvernement britannique.

Sur le continent il n'aurait pu vivre que dans une forteresse. En certains pays, il eût été un volcan, dans d'autres il aurait été infailliblement exposé aux outrages et, peut-être, à l'assassinat. Aux États-Unis,

1. *The Rivals*, comédie de Sheridan, inspirée par ses amours avec Miss Linley. — *Note du traducteur.*

il eût été hors du contrôle des puissances qui avaient un si grand intérêt à paralyser ses mouvements, et dans les pays où un Burr avait rêvé de fonder un Empire, un Napoléon eût été, tout au moins, un foyer de troubles. Il a très franchement avoué que, s'il avait vécu là-bas, il ne se serait pas contenté, comme son frère Joseph, de bâtir et de planter, mais qu'il se serait efforcé de créer un État. Montholon nous assure que la couronne du Mexique fut effectivement offerte à Napoléon à Sainte-Hélène, mais nous prenons cette assertion pour ce qu'elle vaut. Dans de telles conjonctures, il n'y avait rien de surprenant à ce que Sainte-Hélène fût choisie comme la résidence qui convenait le mieux pour Napoléon. Dès 1814-1815, le Congrès de Vienne avait pensé à Sainte-Hélène comme à une prison possible pour le souverain de l'île d'Elbe. C'était, disait-on, un paradis sous les tropiques. L'île était lointaine; elle possédait, assurait lord Liverpool, une belle résidence où pourrait vivre Napoléon, et, en effet, il aurait pu y vivre si lord Liverpool n'avait donné des instructions portant défense formelle de lui donner cette résidence. Le duc de Wellington, lui aussi, déclarait le climat charmant, mais il n'avait pas à s'y rendre et il considérait le sort de Napoléon avec un robuste optimisme où l'altruisme n'entrait que pour une faible part. Il n'y avait à Sainte-Hélène qu'un seul mouillage, et fort étroit; les vaisseaux qui s'approchaient de l'île étaient aperçus et signalés à une distance incroyable. Les autorités avaient, de plus, le droit de ne pas recevoir les navires neutres.

Le choix peut donc se justifier, croyons-nous. Ce

n'en fut pas moins un coup terrible pour Napoléon et pour ses compagnons. Ils s'étaient figuré que le pis qui pût leur arriver serait d'être internés au château de Dumbarton ou à la Tour de Londres. Un bon Français n'est jamais heureux longtemps hors de France, et il semblait que Sainte-Hélène fût le bout du monde. Napoléon lui-même dit d'abord qu'il n'irait point vivant. Peu à peu, il reprit possession de lui-même et se comporta avec sang-froid et dignité. Dès les premiers moments, il eut beaucoup à souffrir. On lui défendit d'emmener Savary et Lallemand, et sa séparation d'avec eux est décrite par un témoin anglais, peu accessible à l'émotion, comme une scène navrante. Ils furent embarqués, avec plusieurs autres personnes de sa suite, pour Malte où ils furent internés. Quant à lui, on le remit à Cockburn, qui semble s'être assimilé avec enthousiasme l'esprit de ses instructions. Napoléon devait être connu, dorénavant, comme le général Bonaparte et recevoir « les honneurs dus à un général anglais en disponibilité (*not in employ*) ». Il ne devait pas tarder à apprendre qu'un général anglais en disponibilité n'a pas beaucoup d'égards à attendre. On lui donna une cabine de douze pieds sur neuf. Lorsqu'il essaya de se servir de la chambre voisine et d'en faire son cabinet de travail, on lui fit aussitôt comprendre que cette pièce était commune à tous les officiers. « Il reçut la communication avec soumission et bonne humeur. » Lorsqu'il parut sur le pont, tête nue, les officiers anglais restèrent couverts. Quelle nécessité d'être polis envers un officier en demi-solde? Napoléon, qui n'avait jamais eu l'habitude de rester plus de vingt minutes à table, était fatigué de la longueur des repas anglais et, quand il avait pris son café, remontait sur le pont « de façon assez peu civile », pense l'amiral, en exprimant le désir que les autres demeurassent à table : « Je suppose, dit tout haut Cockburn, que le général n'a pas lu lord Chesterfield. » Cette fine ironie n'est pas perdue pour les Français qui composent la petite cour de Napoléon. Une des dames, sans perdre un moment, riposte avec beaucoup d'à-propos et de vigueur. Cette dame aurait pu faire observer que l'amiral avait, de son côté, bien mal lu lord Chesterfield, car il n'est point de pratique qui soit plus nettement condamnée par le célèbre moraliste que celle de s'attarder à table pour boire. « Il est clair, remarque l'amiral, qu'il a une propension à jouer, de temps à autre, au souverain, mais je ne le permettrai pas. » Il continue à exécuter ce programme disciplinaire et note, quelques jours plus tard : « Je n'ai pas beaucoup vu le général Buonaparte aujour-d'hui, car, comme il paraissait encore disposé à essayer de prendre des airs d'importance, qui ne conviennent pas (*inclined to try to assume again improper conse-quence*), j'ai dû, avec intention, le tenir à distance encore plus qu'à l'ordinaire. » Ne dirait-on pas un dompteur de lions? Nous étions loin des temps du Prince Noir, alors qu'un autre souverain de France était notre prisonnier!

Montchenu, lui-même, le commissaire français, dont les idées, en ce qui touche le traitement à infliger à Napoléon, sont des plus rigoureuses, est d'avis que Cockburn se conduisit un peu cava-lièrement avec le prisonnier. Il répète les paroles de Napoléon : « Qu'on m'enchaîne si l'on veut, mais que l'on me traite avec les égards qui me sont dus. »

Cockburn, jugeant d'après sa haute conception britannique du parfait gentilhomme, trouve que la nature de Napoléon « manque de raffinement », mais qu'il est aussi poli « que sa nature le lui permet ». En sorte que, le jour de la naissance de Napoléon, l'amiral a la condescendance de boire à sa santé : « Il a paru sensible à cette politesse. » Plus tard, l'amiral, avec un sentiment très délicat de la différence de leur situation respective, fait cette déclaration : « Je suis toujours prêt à faire la moitié du chemin, lorsqu'il semble se conduire avec la modestie qui lui convient et se rendre compte de sa position présente. » Enfin, Napoléon se conduit avec tant de sagesse qu'il obtient le suffrage suivant de l'amiral : « Pendant tout le temps du voyage, il a montré, à propos du vent et du temps qu'il faisait, beaucoup moins d'impatience et fait bien moins de difficultés qu'aucun autre membre de son escorte. » Il avait, pourtant, aussi bien qu'eux, des raisons pour se plaindre. A bord, ils étaient entassés comme des harengs dans un baril. Le *Northumberland* avait été, disait-on, arrêté au moment où il revenait des Indes, afin de conduire Napoléon. Toute l'eau qu'on avait à bord était allée aux Indes, assurait-on; elle était impure et jaunâtre, en même temps que peu abondante. L'avenir s'offrait à eux sous les couleurs les plus sombres. Un peu d'impatience eût été pardonnable, au moins de la part des deux dames françaises. Mais il semble qu'elles se montrèrent résignées, assez, du moins, pour ne pas mériter les critiques du sévère Cockburn.

L'amiral lui-même ne pouvait pas se sentir tout à fait à l'aise. Son équipage était dans un état de révolte à peine déguisé. Les marins refusèrent de lever l'ancre à Portsmouth, et il fallut, pour les y forcer, faire monter à bord une force militaire imposante. Impossible de donner une idée de leur langage et de leur attitude pendant le voyage: ils n'hésitaient pas un instant à frapper les *midshipmen*. On mit un factionnaire à la porte de l'Empereur pour empêcher les communications entre le prisonnier et l'équipage. Napoléon, prétend-on, dit à Cockburn qu'il était sûr que beaucoup d'entre eux prendraient son parti. L'éducation de Napoléon à faire et son équipage à dompter : on voit que sir George Cockburn avait une existence bien remplie.

Napoléon débarqua à Sainte-Hélène trois mois exactement après s'être rendu à Maitland. Mais il resta confié à l'amiral jusqu'à l'arrivée du nouveau gouverneur, car le gouverneur actuel, M. Wilks, outre qu'il était un employé de la Compagnie des Indes, n'était pas apparemment jugé à la hauteur des nouvelles fonctions, toutes spéciales, attachées à son poste, bien que Wellington soit d'avis que mieux eût valu le garder. Cockburn resta donc en charge jusqu'au mois d'avril 1816; à cette date, il fut remplacé par sir Hudson Lowe.

CHAPITRE V.

Il est peu de noms, dans l'histoire, aussi malheureux que celui de Lowe. S'il n'avait été choisi pour ce poste difficile et dangereux de gouverneur de Sainte-Hélène, à l'époque où Napoléon y fut relégué, il aurait pu traverser la vie et en sortir, paisible et honoré, comme tant d'autres officiers qui arrivèrent au même rang et eurent une carrière analogue. Sa malechance voulut qu'il acceptât une position où il était malaisé à quiconque et à lui impossible de réussir. C'était, nous semble-t-il, un homme à l'esprit étroit, ignorant, irritable, sans l'ombre de tact ou de sympathie. « Ses manières, dit Forsyth, son apologiste, n'avaient rien qui prévînt en sa faveur, même au jugement des amis les mieux disposés. » « Son œil, en me regardant, » dit Napoléon, la première fois qu'il le vit, « était celui d'une hyène prise dans un piège. » Lady Granville, qui le vit deux ans après qu'il avait quitté Sainte-Hélène, lui trouva la figure d'un démon. Nous sommes obligé d'ajouter que Lowe n'était pas ce que nous appellerions un gentleman dans la meilleure acception du mot. Mais des ministres qui auraient voulu voir Napoléon pendu ou fusillé, ne devaient pas, évidemment, chercher un homme d'un haut et généreux caractère pour être le geôlier de ses dernières années, et, l'eussent-ils cherché, ils n'auraient jamais trouvé un tel homme pour une pareille mission. Lowe était, néanmoins, un choix particulièrement déplorable, et cela pour une raison qui ne tenait pas à sa personne. Il avait commandé les *Corsican Rangers* (chasseurs corses), un régiment formé de sujets et de compatriotes de Napoléon en armes contre la France, et, par conséquent, au point de vue de ce souverain, un régiment de rebelles et de déserteurs. Ce fait le rendit particulièrement désagréable à l'Empereur, qui ne ménageait pas les dures allusions à ce sujet. Et ce n'était pas non plus un point en sa faveur d'avoir été chassé de Capri par le général Lamarque, qui n'avait, disait-on, que des forces inférieures aux siennes. Mais, en aucun cas, bien que ses intentions, croyons-nous, fussent bonnes, et quoiqu'il eût auprès de lui sa charmante jeune femme dont le tact aurait pu le guider, Lowe n'aurait réussi dans sa tâche.

En parlant ainsi, nous ne nous en rapportons pas uniquement à notre impression personnelle. Le verdict de l'histoire est presque uniformément hostile. En dehors de ses défenseurs officiels, nous ne connaissons que deux écrivains qui parlent favorablement de lui. L'un est Henry, un chirurgien militaire en garnison à Sainte-Hélène, qui fut l'ami et l'hôte de Lowe, et qui, soit dit en passant, donne une description admirable de la réception de son régiment par Napoléon. Henry, tout le long de ses deux volumes, montre une pieuse et universelle dévotion à tous les gouverneurs anglais, y compris Lowe lui-même. Il parle de sir Hudson comme d'un homme calomnié, quoiqu'il convienne que la première impression faite sur lui par la personne de Lowe fut plutôt défavorable, et quoiqu'il fasse allusion aux saillies de mauvais caractère, aux façons impolies et aux actes rigoureux qu'on lui attribuait. Tout cela est contre-balancé, dans l'esprit de l'auteur, par le talent que « déploya le gouverneur en démasquant les complots compliqués qui se tramaient perpétuellement à Longwood, et la fermeté avec laquelle il les déjouait par sa vigilance incessante, » etc. La vigilance, personne ne songe à la nier, mais il n'est nullement prouvé pour nous qu'il y ait jamais eu de complots à Longwood, si ce n'est pour faire passer des lettres en contrebande. Le témoignage n'a donc pas beaucoup d'importance ; prenons-le, néanmoins, pour ce qu'il vaut. L'autre autorité est l'auteur anonyme d'un roman appelé *Edward Lascelles*. On y voit les préjugés de l'auteur vaincus par l'hospitalité du gouverneur. Dans les deux cas, le charme personnel de lady Lowe semble avoir produit son effet. Ce sont là de faibles protections. De l'autre côté, nous avons Walter Scott, malgré ses idées préconçues en faveur du torysme le plus exalté et du gouvernement de lord Liverpool : « Il faudrait, dit Scott, un vigoureux plaidoyer de la part de sir Hudson Lowe pour nous amener à croire qu'il était l'homme rare, le haut caractère auquel, comme nous l'avons déjà dit, une aussi importante mission aurait dû être confiée. » L'apologiste attitré de Lowe lui-même, dont le zèle et le dévouement à son client ne seront mis en doute par aucun de ceux qui ont survécu à la lecture de son ouvrage, ne peut s'empêcher d'exprimer un blâme. En une circonstance, il dit, en propres termes, que la façon d'agir de Lowe était inopportune et maladroite, et, dans plusieurs occasions, sa désapprobation n'est pas moins évidente. Alison, autre partisan également fervent de la même doctrine politique, dit que Lowe « était un choix malheureux. Ses manières étaient brusques, désobligeantes et son genre de caractère n'était pas propre à adoucir les souffrances imposées à l'Empereur durant sa captivité ». — « Sir Hudson Lowe, dit le duc de Wellington, était un choix détestable. Il manquait à la fois d'éducation et de jugement. C'était un sot qui ne connaissait rien du monde, et, comme tous les hommes qui ne connaissent pas le monde, il était soupçonneux et jaloux. » Une telle opinion, dans la bouche de Wellington, vaut la peine d'être retenue, car ce n'était pas un ennemi généreux et il pensait que Napoléon n'avait pas lieu de se plaindre. Du reste, il est certains témoins d'une grande valeur qui connaissaient Lowe parfaitement et qui se trouvaient sur les lieux : c'est leur appréciation qui doit, pour nous, faire autorité. Nous voulons parler de l'amiral sir Pulteney Malcolm, commandant de la station, et des commissaires étrangers. Malcolm était du même parti; il servait les mêmes chefs et ne semble avoir trahi le gouverneur en quoi que ce soit. Mais cela n'empêchait pas sir Hudson Lowe de se quereller avec lui. Malcolm s'aperçut, comme nous l'avons dit plus haut, que l'île était couverte des espions du gouverneur, que la conduite de Lowe à son égard n'était pas celle d'un gentleman, qu'il le soumettait, à propos de ses conversations avec Napoléon, à un interrogatoire conçu dans un esprit de suspicion peu honorable. Ils se séparèrent de la façon la moins amicale du monde.

Les commissaires étaient hostiles à Napoléon et désiraient vivre en bons termes avec Lowe. Mais ce n'était pas possible. Le Français, Montchenu, était le mieux disposé des trois. Voici, cependant, ce qu'il écrit : « Je ne serais pas étonné d'apprendre bientôt que sa petite tête a succombé sous le poids énorme de la défense d'un rocher inaccessible, défendu par une armée de terre et de mer.... Ah! quel homme! Je suis convaincu qu'avec toutes les recherches possibles on ne retrouverait pas son pareil. »

L'Autrichien Sturmer dit qu'il aurait été impossible de faire un plus détestable choix. Il eût été difficile de rencontrer en Angleterre un homme plus gauche, plus extravagant et plus désagréable. « Je ne sais par quelle fatalité sir Hudson Lowe finit toujours par se mettre mal avec tout le monde. Accablé du poids de la responsabilité dont il est chargé, il s'agite, se tourmente sans cesse, et éprouve le besoin de tourmenter les autres. » Il écrit encore, à propos de Lowe : « Il se rend odieux. Les Anglais le craignent et le fuient, les Français s'en moquent, les commissaires s'en plaignent, et tout le monde s'accorde à dire qu'il a l'esprit frappé. » Balmain, le commissaire russe, était un des hôtes les mieux reçus chez sir Hudson Lowe et finit par épouser sa belle-fille. Mais il ne cesse pas de s'égayer aux dépens de cet infortuné fonctionnaire.

« Le gouverneur n'est pas un tyran, mais il est incommode et d'une déraison à n'y pas tenir. » Il dit ailleurs : « Lowe ne peut s'entendre avec personne et ne voit partout que traîtres et trahisons. » Lowe n'aimait pas les commissaires parce qu'ils représentaient une autorité différente de la sienne. Lorsqu'ils lui adressaient la parole, il ne répondait pas. Il était, avec eux, impoli, grossier, au delà de toute expression. Il est vrai que le fait, en lui-même, ne prouverait pas qu'il fût incapable de remplir ses fonctions.

Une de ses fantaisies, en ce qui regarde les commissaires, est trop extraordinaire pour n'être pas rapportée ici. Il s'obstinait à leur parler anglais. Montchenu, qui ne savait pas un mot de cette langue, se plaignit. Sur quoi Lowe, qui écrivait facilement en français, offrit de correspondre dans la langue latine, « qui était la langue diplomatique du seizième siècle ».

« La garde de Napoléon, dit Scott,... demandait un homme d'une force d'esprit extraordinaire, incapable de faire céder, fût-ce un instant, son jugement devant ses sentiments, en état de découvrir et de réfuter sur-le-champ les sophismes qu'on pourrait employer pour le détourner de l'honnête et courageux accomplissement de son devoir. Mais, à ces qualités si rares il aurait fallu joindre des qualités presque aussi rares : un absolu sang-froid et une générosité d'âme qui, forte de son honneur et de son intégrité, aurait pu envisager avec calme, avec pitié, jour par jour, heure par heure, les effets produits sur un être extraordinaire par tant de causes diverses, qui le torturaient, l'affolaient, le tenaient dans un perpétuel état d'irritation. » Cette définition, passablement prolixe et ampoulée, ne s'applique certainement pas à Lowe. La vérité est qu'il était persécuté par une sorte de monomanie de conspiration et d'évasion. Il était méticuleux jusqu'à la folie. Son manque de tact est à peine croyable. Les pages de sa volumineuse biographie pourront nous fournir des traits de caractère suffisants pour prouver combien il était déplacé dans un poste qui demandait du discernement et de la délicatesse.

Montholon offre à Montchenu quelques haricots à planter, des blancs et des verts. A un esprit ordinaire, la chose semble banale et d'ordre assez vulgaire. Mais l'esprit du gouverneur n'était pas un esprit ordinaire. Il flaire un complot : il soupçonne, dans ces innocents légumes, une allusion au drapeau blanc des Bourbons et à l'uniforme vert habituellement porté par Napoléon. Il écrit gravement à Bathurst : « Ces haricots blancs et verts ont-ils rapport au drapeau blanc des Bourbons et à l'uniforme du général Bonaparte, ainsi qu'à la livrée des domestiques de Longwood ? Je ne puis me prononcer sur ce point ; mais le marquis de Montchenu aurait agi, ce me semble, de façon plus convenable en n'acceptant ni les uns ni les autres, ou, tout au moins, il eût dû se borner à demander seulement les blancs. » « Sir H. Lowe, dit Forsyth, jugea que l'affaire avait quelque importance et en entretint encore Lord Bathurst dans une autre lettre. » On voit que Forsyth peut s'égayer tout doucement à l'occasion.

Prenons un autre exemple. Un jeune prêtre corse est envoyé à l'exilé. Comme tous les autres, il s'ennuie affreusement, d'autant plus qu'il ne peut, dit-on, ni lire ni écrire. Il veut se distraire en montant à cheval et, tout naturellement, il cherche à faire son apprentissage de cavalier hors de la vue des spectateurs. Mais il porte un habit qui ressemble un peu à celui de Napoléon, quoiqu'il n'y ait aucun rapport dans le reste du costume. Tout cela est rapporté au gouverneur dans les plus grands détails, et c'est ce que Forsyth appelle « une tentative pour jouer le personnage de Napoléon et tromper la surveillance de l'officier de service. Ce n'est pas une coïncidence insignifiante que, ce même jour, Bonaparte ne quitta pas un instant sa maison ». Nous ne savons pas au juste jusqu'à quel point Lowe prit cet incident au sérieux. Autant qu'on peut le voir d'après le récit de Forsyth, il en fut grandement ému. Le fait que les essais d'équitation d'un jeune prêtre pussent être pris pour une tentative de représenter Napoléon, à l'âge et de la corpulence que l'on sait, montre l'effet que peut produire la peur, à l'état chronique, dans un esprit où le soupçon s'est logé et est devenu une monomanie.

Les enfants de Bertrand vont déjeuner chez Montchenu. Le petit garçon, apercevant un portrait de Louis XVIII, demande « qui est ce gros pouf ». On le lui dit et il crie : « C'est un grand coquin! » pendant que sa sœur Hortense montre une aversion peu surprenante pour la cocarde blanche, symbole du parti qui avait ruiné sa famille et condamné son père à mort. Les propos innocents de ces petits enfants sont rapportés religieusement par le consciencieux gouverneur pour l'édification du ministre.

Balmain enregistre, dans le même ordre d'exagérations, un mot de Lowe qui peint l'homme. « Le docteur O'Meara, dit le gouverneur, a commis des fautes impardonnables. Il a répété aux gens de là-bas (à Longwood) ce qui se passait dans la ville, dans le pays, à bord des navires. Il allait à la chasse aux nouvelles pour eux, et leur faisait bassement sa cour. Et puis, il a donné à un Anglais, au nom de Napoléon et en secret, une tabatière. Quelle infamie! Et n'est-ce pas abominable, à ce grandissime Empereur, de violer ainsi les règlements? » Ceci n'est point de la charge, c'est parfaitement sérieux.

Il semble que Lowe finit par perdre à peu près la tête sous le sentiment de sa responsabilité et la conscience qu'il était un objet de moquerie, à la fois pour les Français et pour ses collègues, tandis que son prisonnier ne cessait d'attirer la curiosité et l'admiration, et demeurait, au fond, maître de la situation. Il rôdait misérablement autour de Longwood, comme s'il n'osait s'en éloigner, quoique Napoléon refusât de le recevoir. Ils n'eurent que six entrevues en tout, et toutes durant les trois premiers mois de son entrée en fonctions. Pendant les cinq dernières années de la vie de Napoléon, ils n'échangèrent jamais une seule parole.

Sur cette question des rapports directs et personnels, Napoléon avait raison. Lowe lui déplaisait à la fois comme homme et comme son geôlier. D'où il résulte que, lorsqu'ils étaient en présence l'un de l'autre, Napoléon perdait le sang-froid d'une façon déplorable: or, c'était une humiliation à laquelle, le moment passé, il était très sensible et que, pour cette raison, il désirait vivement s'épargner. Quatre jours avant leur terrible conversation du 18 août 1816, qui devait être la dernière, Napoléon déclare, avec un parfait bon sens et un sentiment très droit, qu'il ne désire pas voir le gouverneur parce que, quand il est avec lui, il dit des choses qui compromettent son caractère et sa dignité. Le 18, Lowe vient à Longwood. Napoléon se dérobe, mais Lowe insiste pour le voir, et le résultat justifie pleinement les appréhensions de Napoléon et sa défiance de lui-même. Dès que la crise est passée, Napoléon revient à ses premières dispositions et regrette amèrement, pour les raisons qu'il avait données précédemment, d'avoir reçu le gouverneur. Il décide qu'il ne le verra plus et s'en tient, heureusement pour lui, à cette décision.

Pourtant, avec cette manie soupçonneuse, il est curieux de remarquer que Lowe était impuissant à surveiller les gens de sa propre maison. Balmain est convaincu — et il fournit des preuves à l'appui — que tout ce qui se passait chez le gouverneur était connu presque immédiatement à Longwood.

Nous avons dit que Lowe manquait de tact à un degré incroyable. Un de ses premiers actes fut d'inviter Napoléon à dîner. Nous donnons le texte de cette invitation, comme un admirable échantillon de ce manque de bon sens et de convenance qui le caractérisait. « Si les arrangements du général Bonaparte ne s'y opposent pas, sir Hudson et lady Lowe le prient de vouloir bien venir dîner chez eux lundi, à six heures, pour se rencontrer avec la Comtesse. Ils prient le comte Bertrand de lui faire part de cette invitation et de leur transmettre sa réponse. » Bertrand transmet cette invitation à l'Empereur, qui se contente de dire : « C'est trop sot ; point de réponse ! » La « Comtesse » était lady Loudon, femme de lord Moira, gouverneur général des Indes. L'homme capable d'inviter celui qui, l'année précédente, occupait le trône de France, à « rencontrer la Comtesse » à sa table, n'était pas fait pour remplir avec succès des fonctions d'une exceptionnelle difficulté. Sir Hudson regardait Napoléon comme un général anglais « en disponibilité », et pensait lui faire une faveur en le priant de dîner avec « la Comtesse ». De plus, pour rendre ses avances encore plus agréables, le gouverneur donnait à Napoléon un titre que celui-ci, — il le savait à merveille, — estimait une insulte pour lui-même et pour la France. Cependant, trois mois après, Lowe, toujours dans le même esprit d'hospitalité et sans se rebuter de l'échec qu'il avait essuyé, pria Bertrand d'inviter l'Empereur à une soirée qu'il donnait pour la naissance du Prince Régent. Cette fois, Bertrand se refusa à transmettre le message. Lady Lowe eut le bon sens de dire gaîment : « Il ne veut pas venir chez moi; je trouve qu'il a parfaitement raison. »

Il est inutile, croyons-nous, de multiplier ces exemples, ou de nous étendre davantage sur ce triste sujet des infirmités morales et des défauts d'Hudson Lowe. La justice nous oblige à remarquer que Napoléon fut vengé de son ennemi par la mauvaise fortune qui le poursuivit. Il fut froidement approuvé par son gouvernement, mais, en dépit de toutes ses sollicitations, obtint fort peu de chose. Sa récompense, en somme, fut maigre et peu satisfaisante. George IV, à un lever, lui octroya une vigoureuse poignée de main et on lui donna un régiment à commander. Quatre ans après, il fut mis à la tête des troupes de Ceylan. Ce fut tout. Trois ans plus tard, il retourna en Angleterre, espérant une meilleure aubaine, et il s'arrêta en route à Sainte-Hélène. Il trouva Longwood abandonné déjà aux plus vulgaires usages. On ne pouvait y accéder qu'en traversant un parc à cochons. La salle de billard était une grange. La chambre où Napoléon était mort avait été convertie en étable. Toute trace du jardin où l'Empereur avait travaillé de ses mains, et qui avait été l'occupation, la consolation de ses derniers jours, avait disparu. C'était à présent un champ de pommes de terre. Quels qu'aient pu être les sentiments de Lowe en contemplant ce tableau de désolation et d'infamie, il n'était pas destiné à trouver en Angleterre un spectacle beaucoup plus encourageant. Il alla d'abord rendre visite à son ancien patron, lord Bathurst, qui lui conseilla de retourner au plus vite à Ceylan. Il alla ensuite chez le duc de Wellington et sollicita la promesse du gouvernement de Ceylan, en cas de vacance. Le duc répondit qu'il ne pouvait faire aucune promesse avant que la vacance se produisît. Il ajouta, d'une façon passablement équivoque, qu'aucune raison politique ne l'empêcherait d'employer sir Hudson Lowe là où il pourrait rendre d'utiles services. Alors, Lowe demanda une pension, mais le duc répondit — cette fois sans la moindre équivoque — que le Parlement ne la voterait jamais et que M. Peel ne consentirait jamais à la proposer. C'était là une assez pauvre manière de consoler un homme que Wellington déclarait injustement traité. Quand il eut accompli son temps de commandement à Ceylan, il ne reçut ni commandement ni pension. Que valaient, au juste, ses services? Nous n'en savons rien, mais il nous semble que ses chefs furent bien durs pour lui.

Avec la publication du livre d'O'Meara une occasion s'offrait à Lowe de justifier sa conduite. Il prit la résolution de s'adresser à la justice dans ce but. Il s'assura le concours de Copley et de Tindal, qui lui conseillèrent de rechercher dans le livre les passages les plus diffamatoires pour assigner l'auteur et réclamer une enquête criminelle. C'était plus facile à dire qu'à faire, « étant donné l'art particulier avec lequel l'ouvrage avait été écrit ». ... « La vérité et le mensonge, disait Lowe, étaient si adroitement mêlés, » qu'il trouva « extrêmement difficile d'opposer à aucun passage du livre une négation absolue et formelle. » La difficulté fut telle, en effet, qu'il mit un temps énorme à y songer. O'Meara avait publié son volume en juillet 1822. Ce ne fut pas avant la fin de 1823 que l'avocat de Lowe vint demander au tribunal une enquête criminelle. Les juges décidèrent que la demande était introduite trop tard. Le plaignant eut à payer les frais et sa réputation ne fut pas vengée. Il n'essaya plus rien pour se justifier. Mais, d'après l'expression de son biographe et admirateur, « il fatigua le gouvernement de ses prières pour obtenir justice, alors qu'il avait en mains tous les moyens nécessaires pour défendre sa réputation. » Ces « moyens » étaient perdus, apparemment, dans une masse énorme de papiers, qui furent remis, d'abord à sir Harris Nicolas et ensuite à M. Forsyth.

Mais quand parut enfin son apologie, la mauvaise chance de sir Hudson, à ce qu'il semble, ne l'avait pas encore abandonné. Il y avait neuf ans qu'il était mort quand Forsyth publia la *Captivité de Napoléon à Sainte-Hélène*, qui devait venger cette mémoire tant insultée et si négligée. L'ouvrage est en trois gros volumes; il représente le résumé des innombrables paperasses de Lowe, condensées par cet honnête auteur que Brougham, en souvenir d'un précédent livre, appelait « mon cher Hortensius ». Le résultat des efforts de Forsyth est, il faut en convenir, un amas de documents impénétrable, une chose pleine d'ennui à propos d'une époque qu'on aurait cru qu'il était impossible de rendre ennuyeuse : un livre indigeste couronné par un index stérile. Nous ne demandons pas mieux que d'attribuer les défauts du livre au héros plutôt qu'au biographe. Ce n'est pas notre affaire; mais, en tant que défense de Lowe, à quoi bon un plaidoyer qu'on ne peut lire? M. Seaton, en creusant dans cette mine de Forsyth, en a tiré les matériaux d'un livre où il y a plus de vie et qui peut servir à la réfutation d'O'Meara.

Enfin, si mauvais qu'il soit, l'ouvrage de Forsyth aura rendu aux chercheurs un double service. Il offre un arsenal de documents qui ont trait à ces événements, et il fournit les moyens de contrôler et de mettre dans tout leur jour la mauvaise foi et les mensonges d'O'Meara.

CHAPITRE VI.

LA QUESTION DU TITRE.

En discutant le caractère de Lowe, on ne peut manquer de soulever d'autres questions : les griefs de Napoléon, considérés en eux-mêmes, et le degré de responsabilité que ces griefs doivent faire peser sur le gouverneur. Ces griefs peuvent être rangés en trois groupes : le titre, le budget, la garde du prisonnier. La question du titre est, de beaucoup, la plus importante des trois. Car ce ne fut pas seulement la source d'où découla la moitié des ennuis de la captivité, mais elle devint un obstacle insurmontable aux relations personnelles, un empêchement absolu pour toute discussion amiable des autres griefs.

Nous avons donné le texte complet de la malencontreuse lettre par laquelle Lowe invitait Napoléon à dîner. C'était, de toute façon, une sottise, mais le gouverneur devait savoir qu'elle contenait une phrase qui devait immanquablement empêcher Napoléon d'en tenir compte. Elle le désignait sous le nom de général Bonaparte. Napoléon considérait cette appellation comme une insulte. Lorsqu'il avait débarqué dans l'île, Cockburn lui envoya une invitation à un bal, adressée au « Général Bonaparte ». En la recevant des mains de Bertrand, Napoléon avait dit au grand-maréchal : « Il faut renvoyer cela au général Bonaparte; la dernière fois que j'ai entendu parler de lui, ce fut à la bataille des Pyramides et à celle de Mont-Thabor ».

Mais, d'ordinaire, il ne traitait pas cette affaire aussi gaiement. Ce n'était pas, disait-il, qu'il tînt particulièrement à son titre d'empereur. Mais, dès qu'on avait l'air de le mettre en question, son devoir était de le maintenir. Nous ne pouvons, en ce qui nous concerne, concevoir sur quoi l'on se fondait pour lui disputer ce titre. Il avait été reconnu comme empereur par toutes les puissances de l'Europe, la Grande-Bretagne exceptée. La Grande-Bretagne elle-même l'avait reconnu comme premier consul ; elle s'était montrée prête à signer la paix avec lui deux fois, à Paris et à Châtillon. Il avait été sacré par le Pape en personne; il avait été solennellement couronné deux fois, comme empereur et comme roi. Toutes les consécrations que peuvent donner au titre impérial la tradition, la religion, la diplomatie, il les avait reçues et il avait été le plus puissant empereur qu'eût vu le monde depuis Charlemagne. En France, les titres qu'il avait donnés, ses maréchaux, ses ducs, ses chevaliers, tous étaient reconnus. C'était reconnaître implicitement la souveraineté d'où ils étaient sortis. Les commissaires nommés pour accompagner Napoléon à l'île d'Elbe, avaient l'ordre exprès de lui donner le titre d'empereur avec tous les honneurs dus à ce rang. Wellington avait l'habitude, lorsqu'il envoyait un message à Joseph, simple créature temporaire de Napoléon, de le traiter en roi. Il semble donc impossible de deviner pour quelle raison, à moins que ce ne fût dans un esprit de mesquine taquinerie, nos ministres refusaient de reconnaître l'entrée de Napoléon dans la famille des rois. Car ainsi que le cardinal Consalvi le déclarait à Vienne, en 1814, « il ne faudrait pas supposer que le pape soit allé à Paris pour consacrer et couronner un homme de paille ». Mais ce refus était la clef de leur politique, ils s'y obstinaient énergiquement. C'est là un critérium qui peut montrer la sagesse et la portée d'esprit de ce ministère. Dans l'acte que le Parlement vota pour le « retenir en prison de manière plus effective, » on a grand soin de le désigner sous le nom de Napoléon Buonaparte, comme pour nier qu'il eût jamais été Français. Ce serait navrant, si ce n'était grotesque.

Cockburn avait résolument inauguré, à son bord, cette solennelle bouffonnerie. Peu après le débarquement, il répondit, dans les termes que voici, à une lettre au cours de laquelle le comte Bertrand mentionnait le nom de l'Empereur : « Monsieur, j'ai l'honneur de vous accuser réception de votre lettre en date d'hier. Cette lettre m'oblige à vous expliquer officiellement que je n'ai point connaissance d'un empereur quelconque demeurant dans cette île, ni d'une personne revêtue de cette dignité ayant, comme vous me le dites, voyagé avec moi sur le *Northumberland*. Pour ce qui vous concerne, ainsi que les autres officiers de distinction qui vous ont accompagné ici…, » et il continue sur ce ton. Napoléon était un de ces « officiers de distinction » ! Cockburn envoie complaisamment cette correspondance à Bathurst, avec une note où il est question du général Buonaparte, car il suppose que « par le mot d'Empereur, M. Bertrand entendait désigner cet individu ». C'en est trop, même pour Forsyth !

Lowe continua cette enfantine affectation avec une fidélité scrupuleuse. Hobhouse envoya à Napoléon son livre sur les Cent-Jours, avec cette dédicace sur la première page : « *Imperatori Napoleoni* ». Quoique l'inscription, interprétée littéralement, signifiât simplement « Au général Bonaparte », Lowe crut de son devoir de l'intercepter. A cette occasion, il posa un principe. Il avait permis que des lettres, adressées « à l'Empereur » lui fussent remises lorsqu'elles émanaient de ses parents ou de ses anciens sujets, « mais ceci venait d'un Anglais »! Un certain M. Elphinstone, reconnaissant pour les soins donnés à un frère blessé à Waterloo, lui envoya de Chine un jeu d'échecs. Lowe fit des difficultés pour les laisser passer, parce qu'on y voyait un N couronné. Nous serions tenté de demander si le linge de Napoléon, marqué, comme il l'était, du chiffre proscrit, fut admis à l'honneur d'être blanchi à Sainte-Hélène.

Il serait facile de multiplier les exemples de la puérilité de Lowe à cet égard. Nous n'en ajouterons qu'un seul. Trois semaines avant sa mort, le prisonnier envoya, en signe de souvenir, aux officiers du 20e régiment la *Vie de Marlborough* par Coxe. Malheureusement, le titre impérial était inscrit ou gravé sur la première page, et le présent fut refusé sur l'ordre du gouverneur. Il est probable qu'à l'heure où nous sommes le 20e régiment ne serait pas fâché de posséder la *Vie* d'un des plus grands généraux anglais donnée par le plus grand des généraux français[1].

Il est humiliant d'avoir à ajouter que cette mesquine persécution dura plus longtemps que Napoléon lui-même. Sur le cercueil de l'Empereur, ses serviteurs voulaient inscrire ce simple nom, Napoléon, avec le lieu et la date de sa naissance et de sa mort. Sir Hudson Lowe refusa son consentement, à moins que l'on n'ajoutât le nom de Bonaparte. Mais les serviteurs de l'Empereur ne purent accepter une désignation que l'Empereur n'avait jamais voulu admettre. De sorte que le cercueil ne porta point de nom. Cela semble incroyable, mais cela est.

Sur quoi se fondait le gouvernement anglais pour prendre une attitude si peu digne et si peu généreuse? Scott nous donne les raisons de cette conduite avec le ton douloureusement apologétique de son Caleb Balderstone, lorsqu'il sert le souper d'Edgar Ravenswood[2]. Les voici, paraît-il :

« Il n'y avait aucune raison pour que la Grande-Bretagne, par pitié ou par courtoisie, accordât à son prisonnier un titre qu'elle lui avait refusé *en droit*, alors même qu'il était, *en fait*, le maître de l'Empire français. » La phrase serait plus exacte si on lui donnait la forme suivante (et, dans ce cas, elle se réfuterait toute seule) : « Il n'y avait aucune raison pour que la Grande-Bretagne, alors qu'elle n'avait rien à

1. On est heureux d'apprendre que les officiers refusèrent de s'incliner devant l'injonction de Lowe. Ils en appelèrent au commandant en chef. Celui-ci répondit qu' « un tel cadeau, offert par Napoléon à un régiment anglais, lui faisait grand plaisir », et il fit rendre au régiment le volume timbré aux armes impériales. (*History of the XXth Regiment*, p. 167.) — *Note communiquée par l'auteur.*

2. Dans *La Fiancée de Lammermoor*.

gagner en échange, donnât à son prisonnier un titre qu'elle avait été parfaitement disposée à reconnaître, lorsqu'il y avait quelque profit à tirer de cette concession. » En effet, elle avait régulièrement accrédité les lords Yarmouth et Lauderdale pour traiter avec lui en 1806. L'Empereur et son représentant sont officiellement reconnus dans les protocoles du Congrès de Châtillon, où Napoléon et le Prince Régent envoyèrent des plénipotentiaires, et où, sans la défiance, ou le fatalisme, ou la folie de Napoléon, ils eussent l'un et l'autre signé la paix. Il y a donc quelque chose qui rappelle le cas de l'autruche dans l'acte de l'Angleterre, lorsqu'elle dénia le titre d'empereur à Napoléon. Et, en présence des souvenirs de 1806 et de 1814, on trouve un peu violente, pour ne rien dire de plus, l'affirmation de Scott lorsqu'il prétend que « jamais, à aucune occasion, soit directement, soit indirectement, la Grande-Bretagne n'avait reconnu le droit de son prisonnier à être considéré comme prince souverain ». Auprès de qui accrédite-t-on des plénipotentiaires, si ce n'est auprès des souverains ou des républiques? Et qui a le droit de les envoyer à un Congrès diplomatique, si ce n'est ces mêmes autorités? Faut-il croire que, quand Yarmouth et Lauderdale se rendirent à Paris munis de leurs pleins pouvoirs, ou quand Castlereagh et Caulaincourt, à Châtillon, comparèrent leurs lettres de créance, le gouvernement anglais n'a pas alors, indirectement, sinon directement, reconnu Napoléon comme empereur? A qui donc Yarmouth et Lauderdale avaient-ils affaire en 1806? Avec qui traitait Castlereagh en 1814? On nous assure, et de bonne source, qu'au moment des négociations pour la paix d'Amiens, les Anglais se déclarèrent prêts à reconnaître le premier Consul comme roi de France. Napoléon fit la sourde oreille. Pasquier, un critique impartial, fait remarquer qu'à Châtillon, l'Angleterre, qui avait si longtemps et si obstinément refusé de reconnaître Napoléon comme Empereur des Français, se montra, parmi les puissances, la plus désireuse de traiter avec lui, comme avec un souverain dont la légitimité eût été établie par des titres irrécusables.

Auprès de qui et en quelle qualité était accrédité sir Neil Campbell à l'île d'Elbe? Par le protocole du 27 avril 1814, la Grande-Bretagne avait reconnu l'île d'Elbe comme souveraineté indépendante. Qui donc en était le souverain? Était-ce Bonaparte? Mais sir Neil signa officiellement des documents qui le désignaient comme S. M. l'Empereur Napoléon.

Il est vrai que l'Angleterre avait le droit de se rappeler avec un juste orgueil que, lorsque tout le continent s'était incliné devant lui, elle seule n'avait jamais plié le genou et qu'elle avait refusé de le reconnaître comme empereur. C'était là un triomphe de sa politique et un des plus amers désappointements de Napoléon. Mais n'est-il pas également vrai que ce fait même lui donnait la plus magnifique occasion de déployer une magnanimité qui ne lui eût rien coûté et qui l'aurait élevée plus haut encore, en accordant, comme une faveur, à un ennemi vaincu le titre d'honneur qu'elle n'avait jamais reconnu comme un droit au triomphant dominateur de l'Occident?

« Le motif véritable, nous dit Scott, était bien autrement profond. Une fois reconnu empereur, il

s'ensuivait qu'il devait être traité comme tel sous tous
les rapports. Ainsi il eût été impossible de faire exécuter les règlements qui étaient absolument nécessaires pour assurer la garde du prisonnier. »

Pour que les ministres eussent jugé une telle raison « profonde », il fallait qu'ils ne le fussent guère
eux-mêmes. Car, à toute prétention qu'eût pu mettre
en avant Napoléon, il eût été facile d'opposer, s'il en
avait été besoin, des précédents tirés de son propre
règne. Selon nous, on aurait pu soutenir, — et la
thèse eût été aussi exacte que flatteuse pour Napoléon, — que les circonstances, comme le prisonnier,
étaient sans précédents dans l'histoire. Jamais, auparavant, la paix et la sécurité de l'univers n'avaient
réclamé comme première et indispensable condition
l'incarcération d'un seul individu. Mais, pour un gouvernement épris des précédents, il eût suffi d'alléguer
le cas du roi d'Espagne, Ferdinand, interné à Valen-
çay dans la plus sévère des réclusions. Napoléon
aurait pu répondre qu'il n'avait jamais reconnu Ferdinand comme roi, et pourtant il l'était, en vertu de
l'abdication de son père, par l'acquiescement des
Espagnols et par droit héréditaire. La réponse de
Napoléon n'aurait fait que préparer des arguments à
nos ministres. Ils eussent fait remarquer qu'eux non
plus ne l'avaient jamais reconnu.

Mais il y avait un précédent encore plus important.
Il existe un souverain dont les prétentions dominent
les royaumes, les empires, qui s'élève autant au-dessus
des trônes et des princes de la terre que ceux-ci, à
leur tour, s'élèvent au-dessus de leurs propres sujets.
Le Pape revendique une autorité qui ne le cède qu'au

gouvernement divin, si, même, elle ne s'identifie avec lui. Il se prétend le vice-régent et le représentant de Dieu sur la terre, celui qui donne et retire les couronnes. Napoléon se glorifiait d'être un monarque revêtu de la consécration religieuse. Or, cette consécration, il l'avait reçue du Pape. Et, pourtant, ce personnage auguste, source et dispensateur de la souveraineté, se vit, sans avoir été dépouillé de son caractère sacré, mis en prison par Napoléon, non pas comme Napoléon le fut lui-même, mais comme le sont les malfaiteurs dans les lieux ordinaires de détention. On ne perdit point le temps, alors, à discuter la question du respect dû à une tête couronnée, pas plus qu'on ne songea un moment à nier la dignité pontificale. Le porteur du triple diadème fut mis sous clef par Napoléon, parce que cela entrait dans sa politique d'agir ainsi ; absolument comme Napoléon fut mis en prison, dans l'intérêt et pour la sûreté de la coalition européenne.

Nous pensons donc que Napoléon avait démontré d'une manière convaincante qu'il ne considérait pas comme impossible d'emprisonner un souverain ou de tenir un souverain en prison sans accepter ses prétentions aux immunités attachées à ce titre. Il n'aurait donc eu, sur ce point, à opposer à nos gouvernants aucun argument qu'ils n'eussent pu aisément discuter.

« Mais, demande sir Walter Scott, si on le reconnaissait comme empereur des Français, de quel pays, alors, Louis XVIII était-il le roi ? » Ici, nous retrouvons l'excellent serviteur des Ravenswood. C'est la queue du gigot de mouton que Scott nous sert là, et il enchérit encore sur son Caleb.

D'abord, Napoléon ne prit jamais le titre d'empereur de France et, à Sainte-Hélène, ne demanda qu'à être appelé simplement « l'Empereur Napoléon ». Il ne pouvait entrer dans la pensée de personne que ce titre causât le moindre préjudice au souverain effectif de la France, car ce titre n'impliquait aucune désignation territoriale. Il eût pu être concédé à l'empereur de l'île d'Elbe.

D'ailleurs, des ministres anglais ne pouvaient se retrancher derrière un argument plus absurde. Car ils représentaient le seul gouvernement qui se fût jamais rendu coupable de l'usurpation qu'ils faisaient semblant de redouter. Pendant plus de quarante ans, leur souverain actuel s'était intitulé roi de France, quoique, pendant les trois quarts de ce temps, Louis XV et Louis XVI eussent, en fait, occupé le trône de France. Pendant trente-trois années, — jusqu'en 1793, — il y avait eu à la fois deux rois de France et, des deux, le roi de la Grande-Bretagne était l'agresseur et le prétendant, sans l'ombre d'un droit. Le roi d'Angleterre avait renoncé à son titre français sous le Consulat, lorsque l'Union avec l'Irlande rendit nécessaire l'adoption d'une nouvelle formule. Peut-être le désir de se concilier Napoléon y entrait-il pour quelque chose. Mais l'objection spéciale présentée par Scott n'en avait pas moins la plus mauvaise grâce du monde, venant des ministres de George III ou de tout autre souverain anglais postérieur à Édouard III. Pures questions de forme et d'étiquette, dira-t-on. Mais toute cette discussion du titre ne roule pas sur autre chose.

On·peut s'étonner que Scott, l'antiquaire, eût

oublié ces détails. En tout cas, il est heureux pour les ministres anglais qu'ils n'aient pas employé cet argument avec Napoléon, qui se serait jeté comme un faucon sur une prétention si facile à retourner contre eux. De plus, il leur aurait rappelé qu'il avait conservé à Charles IV les titres et les prérogatives de la royauté, bien qu'il eût placé son frère Joseph sur le trône d'Espagne.

Scott, que nous citons textuellement parce que ses raisonnements sur ce sujet sont particulièrement nets et faciles à suivre, refuse à Napoléon le titre d'empereur, non seulement au point de vue de la France, mais au point de vue de l'île d'Elbe. « En violant le traité de Paris Napoléon renonçait implicitement à ses droits sur la souveraineté de l'île d'Elbe; et les Alliés étaient si loin de reconnaître sa reprise de possession de la souveraineté en France, que le Congrès de Vienne le déclara hors la loi. » Nous ne connaissons aucun acte par lequel Napoléon ait, formellement ou implicitement, renoncé à l' « empire » de l'île d'Elbe. Lorsqu'il débarqua au golfe Jouan, nous devons supposer qu'il était, au point de vue du droit strict, l'empereur de l'île d'Elbe faisant la guerre au roi de France. Mais, de toutes façons, c'est un enfantillage qui ne vaut pas la peine d'être discuté.

Il est parfaitement vrai que le Congrès de Vienne a mis Napoléon hors la loi. « En violant la convention qui l'avait établi à l'île d'Elbe, Bonaparte a détruit le seul titre auquel fût attachée son existence... Les puissances, en conséquence, déclarent que Napoléon Bonaparte s'est placé en dehors de la société civile et politique, et qu'il s'est livré à la vindicte publique

comme ennemi et perturbateur du repos universel. »
C'est là un véritable anathème en abrégé. L'excommu-
nication papale du moyen âge ou la sentence du
Sanhédrin qui condamnait Spinoza, étaient plus pro-
lixes, mais non plus effectives. Malheureusement, la
première violation du pacte qui l'établissait à l'île
d'Elbe ne vint pas de Napoléon, mais des Alliés.

La primordiale, l'indispensable nécessité pour Napoléon, soit à l'île d'Elbe, soit partout ailleurs, c'était de
subsister. A cet effet, les signataires du traité avaient
stipulé qu'il recevrait une pension annuelle de deux
millions de francs, inscrite au Grand-Livre de France,
que sa famille toucherait un revenu de deux millions
et demi, que son fils serait reconnu héritier des duchés
de Parme, Plaisance et Guastalla, et qu'il prendrait
d'ores et déjà le titre de prince de ces États. Aucune
de ces stipulations, dont son abdication était le prix,
n'avait été observée lorsque l'Empereur quitta l'île
d'Elbe. Ni lui ni sa famille n'avaient touché un sou.
Les empereurs de Russie et d'Autriche, ainsi que lord
Castlereagh, pressèrent Talleyrand d'exécuter le
traité. Ils insistèrent sur ce point, comme sur une
question d'honneur et de bonne foi. Talleyrand ne
put que répondre vaguement qu'il y avait du danger
à fournir des fonds qui pourraient être employés à
subventionner des intrigues. A son maître, il se con-
tenta d'insinuer que les puissances paraissaient
sérieuses dans leurs remontrances, et qu'il y aurait
peut-être moyen d'imaginer un arrangement par
lequel on amènerait l'Angleterre à fournir cet argent.
C'est, comme on le voit, une histoire d'ignominie et
de promesses violées, mais Napoléon n'y a trempé en

rien. Lorsque vint l'échéance et que le payement du subside fut réclamé en son nom, le gouvernement français ne répondit même pas. Napoléon, à Sainte-Hélène, n'indiqua pas moins de dix violations, importantes et incontestables, de la convention, commises à son préjudice par les Alliés.

Lafayette, ennemi passionné de l'Empire, déclare que la politique des Bourbons semblait avoir pour but constant de pousser Napoléon à un coup de désespoir. On volait les Bonaparte, écrit-il. Non seulement on ne payait pas à Napoléon l'indemnité stipulée, mais les ministres se vantaient d'avoir violé les engagements pris envers lui. On demanda — Lafayette insiste sur ce point en dépit des contradictions — son transfert à Sainte-Hélène, et on en donna insidieusement avis à Napoléon, comme si ce plan eût été à la veille de s'exécuter. Des projets d'assassinat furent soumis au gouvernement et en reçurent un bienveillant accueil. Mais nous aurions pu nous dispenser de rappeler ces circonstances, qui n'ont rien à voir avec les stipulations du traité. Tout ce que nous voulons établir, c'est que ce sont les Alliés qui violèrent le traité de Fontainebleau, et non pas Napoléon ; que, tout au contraire, il l'observa fidèlement et que ce fut seulement en présence de la non-exécution flagrante du traité qu'il quitta l'île d'Elbe et débarqua en France. En fait, il était parfaitement fondé à soutenir qu'en conséquence de l'inexécution du traité, il était chassé de l'île d'Elbe par la famine. Nous ne prétendons pas que ce fût là son seul, ou même son principal motif, pour quitter l'île. Nous voulons seulement opposer cet argument à l'assertion des Alliés, qui l'ont mis hors la loi sous prétexte qu'il avait foulé aux pieds la convention. S'il était correct, en droit international, de le mettre hors la loi pour violation du traité, tous les souverains alliés auraient mérité également d'être mis hors la loi.

D'ailleurs, après la promulgation du décret de mise hors la loi, la situation s'était modifiée au profit de Napoléon, car la France, par un plébiscite, avait sanctionné ce qu'il avait fait. C'est la mode de se moquer des plébiscites, et ils ne donnent pas toujours un verdict auquel on puisse se fier. Mais c'était alors la seule manière de connaître l'opinion de la France, la seule forme de ratification à laquelle il fût possible de recourir. La volonté de la nation amnistia ou approuva le retour, de même qu'elle permit aux Bourbons de se retirer en silence, sans qu'un bras se levât pour les arrêter ou pour les défendre. C'eût été, peut-être, attendre un peu trop de la coalition que de supposer qu'elle pourrait prendre un instant en considération un fait aussi insignifiant que la volonté de la nation. Mais on a peine à s'expliquer pourquoi l'élu de la nation devait être placé hors de l'humanité, alors que l'homme qu'elle avait rejeté, celui qui avait violé sciemment et volontairement le traité de Fontainebleau, était remis sur le trône en grande pompe.

Mais, dira-t-on peut-être, si le gouvernement anglais, en cette circonstance, eut une conduite mesquine et méprisable, la conduite de Napoléon ne fut-elle pas plus mesquine encore et plus méprisable ? N'aurait-il pas dû s'élever au-dessus de ces misérables discussions ? Que lui importait ? Son nom, sa gloire, n'avaient rien à redouter. Est-ce que Bacon se plaindrait de ne pas être connu sous le nom de vicomte Saint-Albans? Personne songera-t-il jamais à demander, comme l'a dit Pitt, si Nelson était comte, vicomte ou baron?

Ce point de vue est loin de nous déplaire. Nous admettrons sans la moindre difficulté que Napoléon était monté à un faîte dans l'histoire qui domine dè bien haut la région des titres, et que le nom du général Bonaparte, le jeune aigle qui arracha le cœur du sein de la gloire pour s'en repaître, vaut, à nos yeux, plus que le titre de premier consul ou d'empereur. Nous nous rappelons que Charles-Quint, lorsqu'on vint lui annoncer que la Diète avait accepté son abdication, dit ces mots : « Dorénavant, le nom de Charles me suffira, car je ne suis plus rien. » A partir de ce jour, il voulut qu'on lui adressât la parole, non comme à l'empereur, mais comme à un homme privé. Il employait des cachets dont il s'était servi dans sa jeunesse, sans couronne, sans aigle, sans Toison d'or ni autre insigne. Il refusa des fleurs qu'on lui avait envoyées, parce qu'elles étaient contenues dans un panier qui portait la couronne impériale.

Mais, d'autre part, il faut songer que Napoléon était, dans toute la force du terme, — comme Napoléon III l'a dit de lui-même, — un empereur parvenu. Peu importait à Charles-Quint, l'héritier de la moitié du monde et le descendant de cent rois, de quel nom il serait appelé après son abdication, car rien ne pouvait le dépouiller de son sang ni de sa naissance. Et puis, Charles voulait se faire moine. Il avait quitté la terre. Son regard était au ciel; il avait perdu le monde entier pour gagner son âme. Mais, quand il s'agit du second fils d'un petit avocat d'Ajaccio, qui avait beaucoup d'enfants et peu de revenus, les mêmes considérations ne peuvent s'appliquer et les mêmes pensées ne pouvaient venir.

Les habitudes, les sensations de la souveraineté lui étaient plus précieuses, plus essentielles, à lui qui les avait conquises par des efforts surhumains, qu'elles ne pouvaient l'être à ceux qui les avaient héritées, sans discussion et sans difficulté. Cette idiosyncrasie, il la porta jusqu'à un degré qui leur eût semblé absurde. Le titre d'empereur de l'île d'Elbe a, en lui-même, quelque chose de burlesque. Dans sa hutte de Longwood, le grand-maréchal Bertrand dépasse quelques-uns des personnages sur les lèvres desquels Offenbach a mis ses couplets. Des princes nés dans la pourpre s'en seraient aperçus et auraient reculé devant le ridicule que de tels rapprochements ne pouvaient manquer de faire retomber sur les vénérables attributs de la souveraineté véritable. Mais, pour Napoléon, le titre d'empereur représentait le point culminant de son éblouissante carrière, et il refusa de s'en dessaisir sur l'ordre d'un étranger et d'un ennemi.

Si c'était là tout ce qu'on peut alléguer pour sa justification, ce serait, en vérité, bien peu de chose. Mais ce n'est là qu'une faible partie des raisons à faire valoir. Napoléon voyait les choses de plus haut. Il considérait, — avec raison, croyons-nous, — que lui refuser le titre d'empereur, c'était insulter la nation française, c'était lui dénier insolemment le droit de choisir son chef, c'était vouloir rayer des pages glorieuses de l'histoire des Français, supprimer les dix magnifiques années de son règne. S'il n'était pas empereur, disait-il, il n'était pas davantage le général Bonaparte, car la nation était tout aussi libre de l'élire son souverain qu'elle l'avait été de le faire général. Il n'avait pas plus de droit à l'un de ces titres qu'à l'autre. Nous croyons donc qu'en réclamant son titre impérial comme une affirmation du droit souverain et de l'indépendance du peuple français, il s'était placé sur un terrain solide.

Quand nous disons que sa position est solide, nous devrions dire qu'elle est inattaquable. Scott emploie une page singulièrement malencontreuse à se demander pourquoi Napoléon, qui voulait s'installer en Angleterre et y vivre incognito, comme Louis XVIII y avait si longtemps résidé, sous le nom de comte de Lille, n'aurait pas aussi bien vécu incognito à Sainte-Hélène. « Il semble, dit-il dédaigneusement, que Napoléon considérât cet abandon de sa dignité comme une trop grande concession de sa part envers le gouverneur de Sainte-Hélène. » Voilà une phrase qui a tout lieu de nous surprendre lorsque nous nous rappelons la situation exceptionnelle de Scott, à qui lord Bathurst, ancien secrétaire d'État au département des colonies, avait permis de consulter la correspondance de sir Hudson Lowe avec les ministres du roi. La vérité est que Napoléon proposa, d'une manière formelle et après mûre réflexion, de prendre le nom de « colonel Muiron » ou de « baron Duroc ». C'était en septembre ou octobre 1816, et l'Empereur, à cette occasion, rappelait une proposition identique qu'il avait adressée à Cockburn, huit mois auparavant, par l'intermédiaire de Montholon. Cette seconde proposition répondait à une lettre de Lowe à O'Meara, datée du 3 octobre, dans laquelle il était dit : « S'il (Napoléon) désire adopter un nom supposé, que n'en propose-t-il un? » Napoléon le prit au mot et, par là, le mit à jamais dans son tort. La négociation continua pendant plusieurs semaines par l'intermédiaire d'O'Meara. Une ou deux fois, les hautes parties contractantes parurent sur le point de s'entendre; mais nous sommes persuadé que Lowe n'avait qu'un but : gagner du temps afin d'en référer à son gouvernement. Si nous en croyons Montholon, Lowe suggéra le titre de comte de Lyon, qui fut rejeté par Napoléon. « Je puis, dit-il, emprunter le nom d'un ami, mais je ne puis me déguiser sous un titre féodal. » Cela semble très raisonnable, mais il avait un motif meilleur encore à donner. Ce même titre avait déjà été discuté au moment de leur arrivée à Sainte-Hélène, et Napoléon n'avait pas paru éloigné de l'accepter, jusqu'au moment où Gourgaud avait fait observer que « cela prêterait au ridicule, les comtes de Lyon étant des chanoines », et que l'Empereur ne pouvait prendre pour son *incognito* un titre ecclésiastique. L'argument était décisif. Cependant le gouverneur avait consulté le ministère. Dans quels termes, nous ne le savons, car une des particularités de la confuse compilation de Forsyth, c'est qu'il ne donne jamais que les réponses de Bathurst. Dans cette circonstance la réponse fut vraiment extraordinaire. Napoléon avait proposé un moyen simple et inoffensif de mettre fin à une cause perpétuelle de froissement, qui, d'ailleurs, créait un obstacle insurmontable à tout échange de communications : car le gouverneur considérait comme non avenu tout document qui faisait mention du titre impérial, et Napoléon ne tenait aucun compte des autres. « Au sujet de la proposition faite par le général Bonaparte, écrit Bathurst, je n'aurai probablement aucune instruction à vous donner. Il semblerait dur de la refuser, et elle pourrait créer de grands embarras si on l'acceptait formellement. » Nous ne pouvons deviner la nature des embarras que prévoyait le secrétaire des colonies. Forsyth, cependant, grâce aux ressources dont il disposait, a été assez heureux pour pénétrer la pensée du ministre. Il n'y a que les monarques, paraît-il, qui aient le droit de prendre l'*incognito*, et les ministres ne pouvaient reconnaître à Napoléon, même de cette façon indirecte, un privilège qui appartient aux souverains. Ce privilège, beaucoup de voyageurs en font usage; les criminels eux-mêmes le mettent largement à profit. Il eût été aussi raisonnable de défendre à un propriétaire campagnard de se faire appeler « sir » par son garde-chasse, sous prétexte qu'on donne ce nom aux princes, que de refuser à Napoléon la permission de prendre un nom supposé, sous prétexte que les souverains (et bien d'autres !) en prennent un lorsqu'ils voyagent *incognito*. Nous restons donc dans l'incertitude, d'autant plus que c'est Lowe qui avait invité Napoléon à se servir de ce privilège. Mais Napoléon avait ainsi montré sa bonne volonté; il ne pouvait faire davantage; le blâme et la responsabilité, pour toutes les difficultés que pouvait faire naître encore la question du titre, ne doivent donc retomber ni sur Napoléon, ni même sur Lowe, mais sur les ministres de George IV.

Lowe avait fait, pour résoudre la difficulté, une suggestion qui caractérise bien son manque de tact. Il proposait d'accorder à Napoléon le titre d'Excellence, « dû à un feld-maréchal ». Cette intelligente tentative n'ayant pas réussi, il trancha le nœud gordien à sa manière, abandonna le « général », le remplaça par « Napoléon » et appela l'Empereur « Napoléon Bonaparte », comme on dirait John Robinson.

CHAPITRE VII.

LA QUESTION D'ARGENT.

De la question du titre, — sur laquelle nous avons
dû nous étendre, parce que c'est d'elle que vinrent
toutes les difficultés, — nous passons à la question
financière. C'est la plus dégoûtante de toutes ; mais,
heureusement, nous pouvons la traiter plus brièvement, parce qu'elle est subordonnée aux autres. La
question du titre, par exemple, influe sur la question
d'argent. Nos gouvernants auraient pu soutenir que,
si Napoléon devait être traité comme un monarque
qui a abdiqué, il était en droit de réclamer un large
train de maison. Or, la guerre avait coûté très cher, et
il fallait que le prisonnier n'occasionnât pas trop de
dépense. L'objet le plus dispendieux dans le budget
de Napoléon, c'était sir Hudson Lowe lui-même, qui
recevait douze mille livres de traitement. Napoléon et
sa suite (en tout cinquante et une personnes), devaient
coûter huit mille livres. S'il voulait quelque chose de
plus, c'était à lui de le payer à ses frais. La dépense
réelle paraît s'être élevée à quinze ou seize mille
livres par an. Lowe reconnaît que les besoins personnels de Napoléon se bornaient à très peu de chose ;
mais, dans l'île, tout était rare et cher, « monté à des

prix extravagants ». Le gouverneur fit remarquer, en conséquence, qu'il était impossible de s'en tenir au minimum fixé par Bathurst. Il eut la grandeur d'âme d'élever la pension du prisonnier au niveau de la sienne. Il la fixa à douze mille livres, et, en fait, une certaine latitude fut laissée au delà de cette somme. Il n'est que juste de dire que, sur ce point, Lowe se montra un peu moins incapable de générosité que Bathurst, son chef officiel.

Mais, dans l'intervalle, beaucoup d'incidents étaient survenus. Lowe avait reçu l'ordre de réduire à huit mille livres les dépenses de ces cinquante et une personnes, et cela dans l'endroit du monde où tout était le plus cher, et où, d'après tous les témoignages, les articles de tout genre, même les objets de consommation, coûtaient trois ou quatre fois leur valeur ordinaire. Il écrit à Montholon au sujet de la quantité de viande et de vin consommée par les personnes de la maison. Napoléon nous semble avoir, à cette phase de l'affaire, traité la question avec une parfaite convenance. Il dit : « Qu'il fasse comme il voudra, pourvu qu'il ne m'en parle pas et qu'il me laisse tranquille. » Sir Walter Scott lui-même regrette que le sentiment impérieux du devoir à remplir ait poussé Lowe à entretenir l'Empereur de questions semblables. « Nous aurions souhaité, dit-il, que le gouverneur évitât d'entrer avec Napoléon lui-même dans la discussion des dépenses auxquelles donnait lieu sa détention. » L'Empereur posa la question nettement : « Il marchande ignominieusement notre existence, » observe-t-il. Et quand Bertrand, pour restreindre les dépenses de la domesticité, demande un état en double des objets fournis à l'Empereur par le gouvernement, Napoléon l'en blâme : « Pourquoi mettre les Anglais dans la confidence de notre intérieur? L'Europe a toutes ses lunettes dirigées sur nous; le gouverneur va le savoir; la nation française se déshonore de toute manière. » En même temps, Napoléon ne dédaigna pas de faire venir son intendant, — il n'avait pas dédaigné d'en faire autant lorsqu'il était sur le trône, — et il examina ses comptes. Il essaya de réaliser et réalisa, en effet, quelques retranchements; mais il ne pouvait discuter ces détails d'intérieur avec son geôlier.

Alors, nouvelle lettre de Lowe. Napoléon visite la table de ses serviteurs et trouve qu'ils ont à peine de quoi manger. Nous n'avons ici d'autre autorité que celle de Las Cases; mais on peut conjecturer, sans trop d'invraisemblance, que la cuisine avait voulu faire une réfutation pratique des nouvelles économies introduites dans la maison. Quoi qu'il en soit, Napoléon donne l'ordre de mettre son argenterie en pièces et de la vendre. Montholon discute en vain pour la sauver, et n'obéit qu'à moitié. Trois lots d'argenterie sont vendus à un tarif fixé par Lowe. Montholon fait servir le dîner de Napoléon dans de la faïence ordinaire. Napoléon est honteux de lui-même : il ne peut manger sans dégoût, et, pourtant, c'est dans de la vaisselle de ce genre qu'il prenait tous ses repas lorsqu'il était petit. « Il faut convenir, dit-il, que nous sommes de grands enfants. » En effet, il montre une joie enfantine lorsque, le lendemain, Montholon avoue sa désobéissance et lui rend les pièces d'argenterie auxquelles il tient le plus, parfaitement intactes. La vente d'argenterie avait désarmé Lowe. Il exprima le plus vif regret, dit Montholon. Évidemment, il avait peur de la désapprobation qu'un pareil scandale pouvait attirer sur lui. En tout cas, Napoléon resta maître du champ de bataille, et on ne le tourmenta plus au sujet de l'argent. Bien entendu, toute l'affaire était une comédie. Napoléon n'avait pas besoin de vendre une seule cuiller. Il avait des fonds considérables à Paris, et même à Sainte-Hélène. Pourtant, nous ne pouvons guère le blâmer. En cette affaire, il luttait contre le gouvernement britannique, et il nous serait difficile d'admettre que le gouvernement britannique eût raison contre lui. Dans ce duel, les armes lui faisaient défaut; sa suprême ressource, c'était, par un moyen quelconque, de frapper les imaginations, d'émouvoir le monde. Il obtenait ce résultat quand il brisait son argenterie à coups de marteau. Le fait ne pouvait manquer d'être connu dans toute l'île; il n'était pas au pouvoir de Lowe de le tenir secret. Bientôt, ce serait chose de notoriété publique en Europe. Impuissant, paralysé comme il l'était, c'est lui qui avait gagné la bataille, et nous ne saurions nous défendre d'un sentiment d'admiration en comparant la pauvreté des moyens et l'importance du résultat.

Un peu plus tard, il essaya le même effet sur une moins vaste échelle. Le combustible vint à manquer à Longwood et Napoléon ordonna à Noverraz, son valet, de briser son lit et de le brûler. L'incident causa une émotion profonde parmi les *yamstocks*, (c'est le surnom qu'on donnait aux habitants de l'île), et la tyrannie du gouverneur, ajoute gravement Gourgaud, « en est à son dernier soupir ».

Évidemment, les coups de théâtre n'étaient pas en

dehors de ses habitudes. Comme tous les grands hommes, il avait une vive imagination, et cette imagination le rendait extrêmement sensible à l'effet scénique. Lorsqu'il était sur le trône, il avait fait beaucoup d'essais dans ce genre, presque toujours avec succès. Il aimait à dater ses bulletins de victoire du palais d'un roi vaincu ; il s'abandonnait à une colère théâtrale devant un cercle d'ambassadeurs épouvantés ; il jouait, pendant des semaines entières, le rôle d'ami de cœur avec un autre souverain. Il étudiait ses costumes avec autant de soin que pourrait le faire un metteur en scène de notre temps. Il faisait placer dans les rangs, à un point déterminé, des vétérans sur lesquels on lui avait fourni des détails biographiques, et il les ravissait en leur montrant qu'il était au fait de leurs services. Metternich prétend que les nouvelles de victoires étaient préparées avec la même habileté. On faisait adroitement circuler des rumeurs de défaite ; les ministres prenaient un air embarrassé et abattu ; puis, quand l'anxiété publique était à son comble, le canon tonnait tout à coup pour annoncer un nouveau triomphe. Ces effets étaient généralement heureux. La campagne de Russie nous en fournit deux exemples qui sont plus douteux. L'un des deux prête tout au moins à la critique ; l'autre produisit un vrai sentiment de répulsion. Au milieu des terribles angoisses de son séjour à Moscou, assiégé par l'incendie et la famine, guetté par l'hiver et par la déroute, il dicta et envoya en France un plan détaillé de réorganisation du Théâtre-Français. Il s'agissait, on le comprend, de pénétrer son état-major de l'aisance et de la liberté de son esprit, et, en même temps, de persuader à la France que l'administration de l'Empire était conduite, de Moscou, avec la même régularité et la même énergie qu'elle eût pu l'être à Paris. Plus tard, lorsqu'il eut à confesser d'effroyables catastrophes, il termina le lugubre récit du 29ᵉ bulletin par ces mots : « La santé de l'Empereur n'a jamais été meilleure. » Il calculait que cette phrase le montrerait comme le demi-dieu supérieur à l'adversité, et maintiendrait la France dans l'idée qu'après tout la santé de l'Empereur était la seule chose importante ; que les armées pouvaient passer et disparaître pourvu que lui fût vivant. Peut-être y avait-il là comme une réminiscence de ce caractère sacré dont Louis XIV s'était efforcé de revêtir sa personne. En tout cas, on y sentait s'affirmer une individualité débordante, gigantesque. Nous avons, dans nos propres annales, quelque chose d'analogue, quoique à un degré bien différent et avec une toute autre conception. On dit que le texte du fameux ordre du jour de Nelson, avant la bataille de Trafalgar : « L'Angleterre compte que chacun fera son devoir, » avait d'abord été rédigé ainsi : « Nelson compte que chacun fera son devoir. » La personnalité qui se manifestait chez l'amiral, au moment de gagner sa suprême victoire, avait paru sublime ; le genre humain fut révolté lorsque le général qui avait conduit un peuple au-devant du désastre parut ne songer qu'à lui-même, au milieu de la catastrophe. — Hé bien, peut-être le genre humain n'était-il pas tout à fait juste. La personnalité s'était développée, chez Napoléon, avec une telle puissance, qu'il n'était plus capable de s'en dépouiller, alors même qu'il eût dû, pour obéir aux circonstances, la dissimuler. Et il ne faut pas oublier qu'au témoignage de ceux qui prirent part à cette campagne de Russie, tous n'avaient qu'une inquiétude, qu'une question aux lèvres : « Comment va l'Empereur ? La santé de l'Empereur est-elle toujours bonne? »

Sur cette question de la dépense, O'Meara met dans la bouche de Napoléon des réflexions que nous sommes disposé à croire authentiques, parce qu'elles témoignent d'un bon sens éminent. « Vos ministres, par leur maladroite et scandaleuse parcimonie, nuisent à leur propre intention, qui est qu'on parle de moi le moins possible, que l'on m'oublie. Leurs mauvais traitements, et la conduite de cet homme, sont cause que toute l'Europe parle de moi. Il y a encore des millions d'êtres humains qui s'intéressent à moi. Si vos ministres avaient été sages, ils auraient donné carte blanche pour cette maison. C'était la meilleure manière de se tirer d'un mauvais pas; cela faisait taire toutes les plaintes et... cela n'aurait guère coûté que seize ou dix-sept mille livres par an. »

Nous aurions peut-être pardonné au gouvernement la mesquinerie de sa politique financière envers Napoléon si, en une mémorable circonstance, elle ne s'était surpassée. Napoléon avait demandé certains livres, principalement en vue d'écrire ses mémoires. Le gouvernement fournit les volumes comme une faveur qui n'était pas, sans doute, incompatible avec « l'absolue sécurité de sa personne ». Mais on lui adressa la facture, ou plutôt une demande de remboursement. Napoléon donna l'ordre à Bertrand de ne point payer sans qu'on fournît un compte détaillé.

Lorsqu'il mourut, les livres furent saisis sur l'ordre de Lowe et vendus à Londres pour quelques centaines de livres, moins du quart de la somme qu'ils avaient coûté. Le prix avait été primitivement quatorze cents livres, mais Napoléon avait considérablement ajouté à leur valeur. Beaucoup de ces volumes, dit Montholon, étaient couverts de notes de la main de Napoléon ; presque tous portaient la trace du travail auquel il s'était livré en les lisant. Si l'on avait conservé au pays la propriété de ces précieux volumes, nous aurions été tenté de fermer les yeux sur leur origine et leur histoire. Mais la politique du gouvernement, qui ne savait même pas être économe dans son avarice, ni sauver les *pence* en gaspillant les guinées, perdit à la fois honneur et profit.

CHAPITRE VIII.

LA GARDE DU PRISONNIER.

Le dernier groupe de griefs se rapporte à la garde du prisonnier. Le premier objet des gouvernements coalisés était, naturellement, d'empêcher que Napoléon pût, en aucune façon, s'échapper de sa reclusion et recommencer à troubler le monde. C'est pourquoi ils choisirent l'île la plus lointaine qui se présenta à leur esprit et s'appliquèrent à la convertir en une vaste forteresse. Les étrangers pouvaient à peine dissimuler leur amusement lorsqu'ils voyaient Lowe ajouter sentinelle sur sentinelle et batterie sur batterie, pour rendre encore plus inaccessible un lieu déjà imprenable. Et, pourtant, même avant de quitter l'Angleterre, il avait avoué à Castlereagh qu'il ne voyait aucune chance possible d'évasion pour Napoléon, sauf le cas d'une révolte de la garnison. Il n'en augmenta pas moins les précautions prises, dans une fantastique proportion. Las Cases, dans une lettre interceptée à Lucien, décrit ces précautions d'une manière fort amusante, et prétend que les postes établis sur les pics étaient presque constamment perdus dans les nuages. Montchenu, le commissaire français, déclare que, dès qu'on avait vu un chien passer quelque part, immédiatement on plaçait un factionnaire, ou deux, à l'endroit suspect. Il revient très souvent là-dessus, bien qu'en cette matière il considérât que sa responsabilité, son intérêt, ne le cédaient qu'à ceux du gouverneur lui-même. Il énumère avec une précision émouvante les mesures de sûreté. La plaine de Longwood, où résidait Napoléon, est, dit-il, séparée du reste de l'île par un effrayant abîme qui l'entoure complètement, et cet abîme n'est traversé que par une étroite langue de terre qui n'a pas plus de vingt pieds de large, et dont la pente est si raide que, si le reste de l'île était aux mains de dix mille hommes, cinquante suffiraient pour les empêcher d'arriver à Longwood. Ce chemin est l'unique moyen d'accès. En dépit de ces difficultés, le 53e régiment, avec un parc d'artillerie et une compagnie du 66e, est campé auprès du mur où il y a une porte. Plus loin, du côté de la ville, il y a un poste de vingt hommes, et toute l'enceinte est gardée par de petits détachements placés en vue les uns des autres. Le soir, le cordon de sentinelles se resserre tellement qu'elles se touchent presque. Ajoutez à cela qu'il y a une station télégraphique au sommet de chaque colline, de sorte qu'en une minute, deux au plus, le gouverneur peut recevoir des nouvelles de son prisonnier, partout où il se trouve. Il est donc évident que l'évasion est une impossibilité absolue et, si le gouverneur la laissait faire, la façon dont la mer est gardée serait un obstacle insurmontable, car, de tous les points d'observation, un navire qui s'approche peut être signalé à soixante milles de la côte. Lorsqu'on en aperçoit un, on tire un coup de canon. Deux bricks de guerre croisent incessamment autour de l'île, jour et nuit ; une frégate monte la garde aux deux seuls points où il soit possible d'effectuer un débarquement. A ce propos, remarquons qu'aucun navire, — si l'on excepte quelques navires anglais munis d'autorisations, tels que les vaisseaux de guerre et les bateaux chargés d'approvisionner l'île, — n'était autorisé à communiquer avec la terre.

On voit donc combien étaient peu justifiées les terreurs morbides du gouverneur. Il eût pu relâcher un peu sa surveillance et laisser Napoléon libre de galoper à son gré sur ce rocher stérile, sans avoir éternellement derrière lui un officier d'ordonnance. Sa santé s'en serait, à coup sûr, mieux trouvée. Peu après son arrivée à Sainte-Hélène, Napoléon se livra à une gaminerie qui — en y joignant la remarque qu'elle inspire à l'amiral Cockburn — éclaire la question. L'Empereur, Bertrand et Gourgaud sortent à cheval, escortés du capitaine Poppleton. Bertrand prie Poppleton de ne pas tant s'approcher. L'Empereur et Gourgaud enlèvent leurs montures et perdent Poppleton, qui, paraît-il, n'était pas brillant cavalier. Désespéré, il retourne et fait son rapport. L'amiral rit et ne voit dans l'affaire qu'une simple farce, « une espièglerie de sous-lieutenant ». Il ajoute : « C'est une bonne leçon pour vous ; mais de danger, il n'y en a pas. Mes croisières sont si bien établies autour de l'île que le diable lui-même n'en sortirait pas ! » C'est précisément ce que Lowe avait dit à Castlereagh.

Plus tard, quand la maladie retint Napoléon chez lui, le gouverneur s'alarma. Le prisonnier était-il bien véritablement dans la maison ? Ou n'était-il pas en train de se glisser, par quelque ravin abrupt, vers un

bateau sous-marin qui l'attendait? Lowe résolut
d'adopter une ligne de conduite énergique et qui ne
prêtât à aucune erreur. Le 29 août 1819, il écrivit à
« Napoléon Bonaparte » une lettre par laquelle il
informait le personnage en question que l'officier d'ordonnance avait l'ordre de le voir chaque jour, quoi
qu'il arrivât, et qu'il était libre d'employer tels moyens
qu'il jugerait à propos pour surmonter les obstacles
mis à l'accomplissement de son devoir. Toute personne
de la suite de Napoléon qui résisterait à l'officier et
l'empêcherait d'entrer, serait immédiatement enlevée
de Longwood et tenue responsable de ce qui pourrait
s'ensuivre. Si, à dix heures du matin, l'officier n'avait
pas encore vu Napoléon, il devait entrer dans le vesti-
bule et pénétrer de vive force dans la chambre du
prisonnier. Fier langage, en vérité! Napoléon répond, par l'intermédiaire de Montholon, que, s'il faut
choisir entre la vie dans des conditions ignominieuses
et la mort, il n'hésite pas, et que celle-ci sera la
bienvenue. Par là, il entend, comme il l'avait déjà dit,
qu'il résistera à l'officier par la force. Qu'arrive-t-il?
Le 4 septembre, Lowe retire les instructions données.
Forsyth oublie de dire un seul mot de l'incident. Mais
Montholon nous fournit toutes les pièces, et il serait
bien difficile de croire à des faux. Et nous savons que
l'affaire n'eut pas de suites, si ce n'est que le malheureux officier d'ordonnance fut encouragé à de nouveaux efforts et mena une existence lamentable. Pour
voir le prisonnier, il en vint à de telles extrémités
qu'on alla jusqu'à lui conseiller d'avoir recours au
trou de la serrure. Quelquefois, il est plus heureux et
réussit à apercevoir un chapeau qui pourrait couvrir

la tête de Napoléon. Quelquefois, il jette un coup d'œil à travers une fente et aperçoit le prisonnier dans son bain. Dans une de ces occasions, Napoléon l'aperçut, sortit de la baignoire et marcha vers la cachette du capitaine dans un état d'effrayante nudité. Mais, en général, l'infortuné capitaine revenait bredouille de cette étrange chasse.

« 3 avril. Napoléon continue à demeurer invisible. Je n'ai pas réussi à l'apercevoir depuis le 25 du mois dernier.... 19 avril. Je suis allé voir encore Montholon et je lui ai dit que je ne pouvais apercevoir Napoléon. Il a paru surpris et m'a dit qu'eux m'avaient vu.... Je suis resté aujourd'hui douze heures sur mes jambes, m'efforçant de voir Napoléon Bonaparte avant d'y parvenir, et j'ai eu beaucoup de jours pareils depuis que je suis de service à Longwood.... 23. Je crois bien que j'ai vu aujourd'hui Napoléon Bonaparte en train de repasser ses rasoirs dans son cabinet de toilette. » Le malheureux capitaine Nicholls dit encore dans son rapport : « Je suis obligé de demander la permission de remarquer qu'hier, pour l'exécution de mon service, j'ai dû rester debout plus de dix heures, m'efforçant d'apercevoir Napoléon Bonaparte, soit dans son petit jardin, soit à l'une de ses fenêtres; mais je n'ai pu y réussir. Durant tout cet espace de temps, j'étais exposé aux regards et aux observations non seulement des domestiques français, mais des jardiniers et des gens de service de Longwood. *Très souvent*, j'ai eu des journées semblables depuis que je suis chargé de cette surveillance. »

C'est là qu'en étaient descendus, à force de maladresse, le despotique gouverneur et les ministres,

ses chefs. Il ne s'agissait plus de donner des ordres :
« Faites ceci, faites cela; » l'officier de Lowe
avait à mener l'existence d'un mouchard, et d'un
mouchard malchanceux, dont riaient les domestiques,
et que le prisonnier, invisible derrière ses jalousies,
suivait d'un œil moqueur. Napoléon avait gagné la
partie, surtout grâce aux gauches manœuvres de ses
adversaires.

A la fin le prisonnier devint tellement invisible
qu'au dire d'un officier qui se trouvait en garnison
dans l'île à l'époque de la mort de l'Empereur, la
première question des habitants de Sainte-Hélène,
lorsque les journaux arrivaient d'Europe, était celle-
ci : « Quelles nouvelles de Bonaparte? »

Y eut-il de sérieuses tentatives pour faire évader
Napoléon de Sainte-Hélène? Nous en doutons. En une
certaine circonstance, après avoir reçu des dépêches
de Rio-Janeiro, Lowe doubla, et même tripla, le
nombre des sentinelles décrites par Montchenu! Le
gouvernement français avait découvert « un plan
vaste et compliqué » pour s'emparer de Pernambuco,
où, disait-on, 2000 exilés étaient rassemblés. Avec
cette force, on devait tenter un coup, dont la nature
n'était pas expliquée, pour mettre Napoléon en liberté.
Un certain colonel Latapie avait la gloire, paraît-il,
d'être l'inventeur de cette bourde « vaste et compli-
quée ». Un vaisseau sous-marin, — l'éternel cauchemar
du gouvernement anglais, — capable de se tenir au
fond de la mer pendant toute la journée et d'employer
la nuit à des manœuvres d'une activité extraordinaire,
se construisait par les soins d'un contrebandier
appelé Johnstone, « homme d'une audace peu com-

mune », et ami, croyait-on, d'O'Meara. Mais la structure du navire excita le soupçon et il fut confisqué par le gouvernement britannique avant d'être achevé. Notre grand romancier écossais raconte toute l'aventure sans l'ombre d'un sourire. On construisait un autre vaisseau sous-marin, d'après le « système Sommariva », à Pernambuco, où la plupart de ces légendes ont pris naissance.

Si l'on peut en croire Maceroni, — mais on sait combien le personnage est sujet à caution, — O'Meara, aussitôt rentré en Angleterre, fit de grands préparatifs pour délivrer Napoléon. « Nous appelâmes à notre aide, dit Maceroni, la puissance de la vapeur. Des officiers anglais s'offrirent pour solliciter une permutation et échanger leur garnison européenne contre un poste à Sainte-Hélène. Mais je ne puis entrer dans les détails. » On comprendra que nous regrettions cette réserve. Pourtant, Maceroni est plus explicite sur la question d'argent, qui fit, d'après lui, avorter la grande entreprise. En effet, on se trouva enfermé dans un cercle vicieux. La mère de l'Empereur était prête à donner toute sa fortune à ceux qui auraient tiré son fils de prison. O'Meara avait besoin immédiatement d'argent comptant pour exécuter son projet. Impossible, disait-il, de rien faire sans argent. L'argent, disait-elle, ne pouvait être donné qu'en payement, quand l'entreprise aurait réussi. Ainsi finit le complot, s'il avait jamais existé. A cette époque, les Bonaparte étaient sur leurs gardes lorsqu'on leur apportait un nouveau plan d'évasion, avec la demande de fonds qui en était l'inévitable corollaire.

Par bonheur, Forsyth nous a conservé quelques-uns de ces projets qui effrayèrent tant nos ministres et leur représentant à Sainte-Hélène. Deux lettres anonymes, stupides et inintelligibles, adressées à des négociants de Londres ; une autre, contenant « d'obscures allusions à Sainte-Hélène, Philadelphie et Cracovie », adressée à un habitant de cette dernière ville ; des renseignements relatifs à certain navire rapide qu'on équipait dans la rivière d'Hudson pour le compte d'un nommé Carpenter : telles sont les informations qui inspirent à notre gouvernement les plus méticuleuses précautions. Forsyth lui-même s'interrompt dans son récit à propos de je ne sais quel mystérieux navire, et remarque que ce devait être le *Flying Dutchman*, le vaisseau-fantôme. A la fin, une nuance tragique se mêle à la farce. Quelques mois seulement avant la mort, Bathurst exprime la conviction que Napoléon médite de s'évader. En effet, l'évasion suprême était proche.

D'autre part, le témoignage de Montholon est net et clair. Le capitaine d'un navire offrit, à deux reprises, d'emmener Napoléon dans un bateau. Il demandait un million de francs, payable au moment où l'Empereur mettrait le pied sur le sol américain. Napoléon, sans un moment d'hésitation refusa d'examiner cette offre. Montholon est convaincu qu'il ne l'aurait accueillie en aucun cas, quand même il eût été possible à un bateau d'accoster au seul point d'embarquement, et quand même Napoléon eût réussi, comme il l'aurait fallu, à se tenir caché toute la journée dans un ravin et à descendre, la nuit, jusqu'à la côte, au risque de se rompre le cou cent fois dans l'opération.

De son côté, « le comte Las Cases propose à l'Empereur un plan d'évasion. Le général Gourgaud croit à la possibilité de la réussite. L'Empereur discute les chances, mais dit nettement que, fussent-elles toutes favorables, il ne se refuserait pas moins à une tentative d'évasion ». Sur quoi, Montholon écrit dans son journal ces lignes significatives : « Un plan d'évasion est soumis à l'Empereur. Il l'écoute sans intérêt et demande le Dictionnaire historique. »

Nous ne croyons pas davantage, nous l'avons déjà dit, que Napoléon ait eu un instant la pensée de s'évader déguisé en garçon de restaurant, ou dans un panier de linge sale. En 1818, le gouvernement russe, dans un mémoire adressé aux plénipotentiaires du Congrès d'Aix-la-Chapelle, prétendit qu'un projet d'évasion praticable avait été soumis à l'Empereur. C'était au moment où les armées alliées venaient d'évacuer le sol de la France. On ajoutait que l'Empereur avait ajourné l'exécution du projet. C'est Gourgaud qui avait affirmé le fait, et il faut, probablement, reconnaître là une de ces légendes fantastiques avec lesquelles cet officier s'amusait à chatouiller la crédulité, toujours prompte à s'émouvoir, de sir Hudson Lowe.

Napoléon souhaitait-il réellement de s'échapper? Nous avons sur ce point les plus sérieuses raisons de douter.

Où s'enfuir? Les États-Unis de l'Amérique du Nord, le lieu qu'il avait primitivement choisi, étaient le seul refuge possible. Or, il était persuadé qu'il y serait assassiné par les émissaires du gouvernement des Bourbons. A toutes les offres d'évasion, sa réponse invariable était, d'après Montholon : « Je ne serais pas six mois en Amérique sans être assassiné par les sicaires du comte d'Artois. Voyez à l'île d'Elbe : est-ce qu'on n'a pas organisé mon assassinat? Sans ce brave Corse que le hasard avait placé comme maréchal-des-logis de gendarmerie à Bastia et, qui m'a fait prévenir du départ pour Porto-Ferrajo du garde du corps qui a tout avoué à Drouot, j'étais assassiné. D'ailleurs, il faut toujours obéir à sa destinée. Tout est écrit là-haut. Il n'y a que mon martyre qui puisse rendre la couronne à ma dynastie. Je ne vois en Amérique qu'assassinat ou oubli. J'aime mieux Sainte-Hélène. » On vient encore lui proposer un plan d'évasion et, de nouveau, il insiste sur l'argument dynastique : « Il vaut mieux pour mon fils que je sois ici. S'il vit, mon martyre lui rendra la couronne. »

Pour un homme d'âge moyen, corpulent et alourdi, tenter de s'échapper d'un rocher solitaire, gardé par des forces considérables et surveillé par des croiseurs vigilants, afin de gagner, après un long et périllleux voyage sur l'Océan, une contrée où il s'attendait à être assassiné, semble, en tout état de cause, un projet parfaitement absurde. Cependant, telles sont bien là les conditions dans lesquelles se présentait l'idée d'évasion. Nous les avons plutôt atténuées, car nous n'avons pas encore parlé du principal obstacle.

Napoléon était usé. Il avait posé la loi, avec une netteté admirable, pour les autres et pour lui-même, quand il avait dit, à Austerlitz, à propos d'un de ses généraux : « Ordener est usé. On n'a qu'un temps pour la guerre. J'y serai bon encore six ans; après quoi moi-même je devrai m'arrêter. » Chose étrange : son jugement s'est trouvé littéralement exact. Il s'é-coule six ans et un mois d'Austerlitz à la campagne de

Russie, qu'il aurait évitée s'il avait observé la règle formulée par lui-même. Il est à remarquer que, pendant toute l'année 1812, et, notamment à la bataille de Borodino où il parut si abattu, les officiers attachés à sa personne, comme Ségur, notèrent chez lui une diminution considérable de santé et d'énergie. Ségur semble attribuer la morbide et fiévreuse activité qui le jeta dans cette fatale campagne à une maladie constitutionnelle. Quelques passages saillants du journal de Duroc, son serviteur et son ami intime, qui ont trait aux premiers événements de cette guerre, nous ont été conservés et confirment l'opinion exprimée par Ségur. « 7 août. L'Empereur a été physiquement très souffrant; il a pris de l'opium préparé par Méthivier : « Duroc, il faut marcher ou mourir. Un Empereur meurt debout et, alors il ne meurt pas.... Il faut en finir avec cette fièvre de doute. » Quand il revint, le changement fut encore plus visible. Chaptal, qui observait son maître en homme de science, dit que le changement était considérable. En 1809 Napoléon était devenu gros, et, dès ce moment, dans une certaine mesure, la décadence avait commencé. Après Moscou, Chaptal nota une transformation bien plus grande encore. On remarquait quelque chose de défectueux dans la suite de ses idées. Sa conversation était toute en exclamations incohérentes, en saillies d'imagination. Ce n'était plus la même force de caractère, la même passion et la même puissance de travail; monter à cheval le fatiguait. Une somnolence l'envahissait avec les plaisirs de la table. Il est vrai que, quand il fut traqué, poussé à bout, il se battit en désespéré et dirigea une merveilleuse campagne défensive en 1814. Mais c'était le dernier éclair de génie du conquérant. Il ne cessa pas, sans doute, d'être un grand capitaine. Il pouvait encore faire des plans dans son cabinet, mais, sur le champ de bataille, il n'était plus si actif, si formidable. La supériorité sans rivale de sa jeunesse avait disparu.

A l'île d'Elbe recommença la dégénérescence physique. Une activité terrible était devenue nécessaire à son existence. L'énergie refoulée, le changement qu'il avait fallu imposer à toutes ses habitudes, altérèrent sa santé. De gros il devint obèse; ce fut le grand changement qui frappa ses adhérents lorsqu'ils le revirent aux Tuileries en mars 1815. Lui-même se servit de ce fait comme d'un argument pour prouver qu'il avait changé aussi de caractère, et la façon dont il le fit semble une réminiscence de Shakespeare. Se frappant l'abdomen des deux mains, il demanda : « Est-ce qu'on est ambitieux quand on est gras comme moi? » Il n'avait plus cet « air hâve et affamé », indice de l'homme « dangereux » qui « pense trop ». On ne tarda pas à s'apercevoir, d'ailleurs, que sa santé était atteinte. Son frère Jérôme le trouva malade; son autre frère, Lucien, déclara nettement que son état était sérieux, grave même; il a consigné par écrit, à ce sujet, certains détails qui n'ont pas été imprimés; il assura plus tard à Thiers que son frère souffrait alors d'une maladie de vessie. Thiers possédait d'autres témoignages dans le même sens, quoiqu'il pense, — et M. Henri Houssaye est de son avis, — que l'énergie déployée par Napoléon dément l'hypothèse d'une maladie véritable. Savary atteste qu'il pouvait à peine rester en selle sur le champ de bataille. Lavalette, qui le vit le soir où il quitta Paris pour la Flandre, dit qu'il souffrait alors cruellement de l'estomac. En tout cas, il était bien évident que le Napoléon qui revenait en mars 1815 était très différent du Napoléon qui était parti en avril 1814.

Nous irons jusqu'à risquer cette opinion que, quand il revint de l'île d'Elbe, il se rendait compte que sa carrière de conquérant était terminée. A l'île d'Elbe, il avait eu, pour la première fois depuis qu'il était arrivé au pouvoir, le loisir d'apprécier avec calme, et de sang-froid, sa situation, de se rappeler sa propre maxime sur le court espace de temps pendant lequel on peut faire heureusement la guerre. Il comprenait donc, croyons-nous, que la période des conquêtes était passée pour lui. Mais cela ne veut pas dire que son tempérament impérieux et passionné aurait jamais pu se couler dans le moule d'un souverain constitutionnel, ou qu'il aurait su se restreindre, lui et son armée, à une paix durable. Avec ses maréchaux, il n'aurait eu probablement aucune difficulté. Mais ses prétoriens auraient été plus malaisés à satisfaire. D'ailleurs, sa frontière rétrécie, mutilée, eût été un spectacle douloureux et un aiguillon. Dans l'autre plateau de la balance, mettez l'épuisement partiel de son peuple et le sien : deux faits qu'il ne pouvait longtemps se dissimuler.

Pendant les Cent-Jours, quoiqu'il montrât ce qu'on eût, chez tout autre, appelé de l'énergie, il avait cessé d'être Napoléon. C'était un autre homme, un homme condamné. « Je ne puis m'empêcher de croire », dit Pasquier qui était en contact direct et constant avec son entourage, « que son génie, comme sa force physique, était dans une décadence profonde. » Il se laissait tracasser par sa nouvelle législature et montrait une sorte de passivité, symptôme nouveau chez lui et très significatif. On dit, — c'est Sismondi qui nous l'affirme, — que ses ministres, à leur grand étonnement, le trouvaient constamment endormi sur un livre. Une des autres caractéristiques nouvelles et bizarres de cette période de sa vie, c'était une tendance à tenir des propos sans fin, qui devaient absorber beaucoup de temps précieux et qui trahissaient une perplexité secrète, tout à fait étrange chez lui. Même à la veille de Waterloo, sur le champ de bataille, à la stupéfaction de Gérard et de Grouchy, il perd des heures à leur parler de la politique de Paris, de la Chambre et des Jacobins. Cette manie de disserter venait en partie, dit Mollien, de la lassitude qui s'emparait de lui après quelques heures de travail. Quand il éprouvait cette sensation de fatigue, à laquelle il n'était pas habitué, il demandait à la parole un repos et une diversion. Mais la preuve frappante de sa métamorphose c'est sa manière d'agir envers Fouché. Il n'eut pas l'énergie nécessaire pour le traiter comme il eût fallu. Quand il repassait cette époque à Sainte-Hélène, son grand regret était de ne pas l'avoir fait pendre ou fusiller. Mais, pendant les Cent Jours, depuis le moment où il arrive à Paris jusqu'à celui où il met le pied sur le pont du *Bellérophon*, il est trompé par Fouché, trahi par Fouché et, probablement, livré aux Anglais par Fouché. Napoléon supporte tout cela avec patience, quoiqu'il sache à quoi s'en tenir. Il s'arrête à un parti qui combinait les inconvénients de tous les partis pos-

sibles. Il avertit Fouché que ses intrigues sont décou-
vertes et le garde au ministère de la police.

Enfin, il secoue la poussière de Paris, de son parlement et de ses trahisons; il va rejoindre son armée.
On pourrait espérer que, dans l'atmosphère de la
bataille, il va ressaisir sa force, mais il n'en est rien.
La combinaison stratégique par laquelle il lança, rapidement et sans bruit, son armée dans les Flandres,
était, sans doute, digne de ses meilleurs jours. Mais,
quand il arriva au siège des opérations, sa vitalité,
toujours en éveil, autrefois surhumaine, l'avait abandonné. Lui, jadis si préoccupé de recueillir des nouvelles précises de l'ennemi, semblait se soucier à
peine de demander ou de recevoir des informations
sur les mouvements des alliés. Lui, autrefois rapide
comme la foudre, n'avait plus conscience de la valeur
du temps. Cette prodigieuse célérité de mouvement
était l'essence même de ses anciennes victoires. Or le
matin de Ligny et le jour d'après il perdit des heures
précieuses, et, avec elles, peut-être, le succès de la
campagne. Il a lui-même reconnu que, s'il n'avait pas
été si fatigué, il aurait dû passer à cheval la nuit qui
précéda Waterloo. En fait, il monta à cheval à une
heure du matin et resta en selle jusqu'à l'aube.

Enfin vient la suprême bataille. Napoléon semble la
suivre avec une sorte d'apathie. Il assiste à la catastrophe et remarque froidement : « Il paraît qu'ils
sont mêlés ». Puis, mettant son cheval au pas, il
s'éloigne du champ de bataille.

Il retourne à Paris, et là il est le même homme. Il
arrive à l'Élysée à six heures du matin, le 21 juin. Il
est reçu sur le perron par Caulaincourt, dont le bras

tendre et fidèle le soutient pendant qu'il pénètre dans le palais. L'armée, dit-il, avait fait des prodiges, mais une terreur panique l'a saisie ; tout a été perdu. Ney s'est conduit comme un insensé ; il m'a fait massacrer toute ma cavalerie. » Quant à lui, il est suffoqué, épuisé. Il se jette dans un bain chaud et convoque ses ministres. Lavalette le vit ce matin-là, et donne de son apparence une description navrante, qui parle aux yeux : « Sitôt qu'il m'aperçut, il vint à moi avec un rire épileptique, effrayant. « Ah ! mon Dieu ! « mon Dieu ! » dit-il en levant les yeux au ciel, et il fit deux ou trois tours de chambre. Ce mouvement fut très court. Il reprit son sang-froid, et demanda ce qui se passait à la Chambre des députés. » Plus tard, il a reconnu qu'il aurait dû se rendre droit aux Chambres, tout botté et couvert de boue comme il était, les haranguer, essayer l'effet de sa personnalité magnétique, et, si elles s'étaient montrées réfractaires, finir la séance à la Cromwell. Il admet aussi qu'il aurait dû faire fusiller Fouché immédiatement. Au lieu de cela il tient un conseil des ministres d'où Fouché qui siège à son côté, envoie des messages à l'opposition parlementaire pour la rallier. A mesure que le conseil se prolonge le résultat des manœuvres du traître devient manifeste. C'est un moment de détresse suprême et de désespoir. Ses partisans fidèles, les princes de sa maison, le supplient de montrer de l'énergie. Napoléon demeure engourdi, pétrifié. Sa voiture est là, tout attelée, prête à le conduire aux Chambres : il la congédie. En présence de l'opposition, de l'intrigue, de la trahison, il est passif ; il ne trouve rien à faire. Enfin, à une seconde réunion du conseil, il signe automatiquement son abdication. Aussitôt son antichambre se vide, le palais devient un désert.

Cependant, au dehors, les soldats et la multitude l'appellent à grands cris; ils le supplient de ne pas les abandonner, mais d'organiser et de diriger la résistance nationale. Un mot de lui, dit son frère, et ses ennemis de l'intérieur n'existaient plus. C'est là une exagération, car Lafayette avait mis à profit le temps perdu par Napoléon et s'était assuré le concours de la garde nationale. Pourtant, l'enthousiasme était formidable et aurait pu ouvrir la voie à une révolution triomphante, s'il avait plu à l'Empereur de l'utiliser dans ce sens. En tout cas, Fouché et ses satellites s'en alarmèrent, et ils donnèrent à l'Empereur un avertissement. Et lui, à l'instant, quitte sa capitale et ses amis. Il envoie sa voiture vide au milieu de ses partisans, comme s'ils étaient ses ennemis, et s'échappe à la hâte dans une autre voiture.

Il se retire à la Malmaison où il est, de fait, un prisonnier. Il ne bouge pas; il ne donne plus d'ordres; il passe son temps à lire des romans. Il ne prendra de mesures ni pour fuir ni pour résister. Une même journée résout le dilemme. Il est amené à offrir ses services comme général au gouvernement provisoire. La réponse qu'il reçoit est un ordre de quitter la France. Sans un mot il obéit. Un quart d'heure après il est parti.

Arrivé à Rochefort, même apathie, même indécision, même inconscience du prix qu'ont les minutes qui s'écoulent. Il semble que s'il avait agi avec promptitude il avait des chances sérieuses de passer en Amérique. Son frère Joseph lui en avait offert le moyen. Joseph, qui ressemblait beaucoup à l'Empereur, proposait de prendre sa place pendant qu'il s'échapperait sur le navire américain à bord duquel lui, Joseph, parvint à s'enfuir. Mais Napoléon déclara qu'un déguisement, quel qu'il fût, était au-dessous de sa dignité. Il avait été, pourtant, d'un avis différent lors de son départ pour l'île d'Elbe. D'ailleurs, il aurait pu essayer de s'échapper sur un vaisseau neutre (de nationalité danoise), ou sur un chasse-marée, ou sur une frégate. Quelques jeunes officiers de marine s'offrirent à servir d'équipage à un chasse-marée, ou à un canot à rames, qui aurait trouvé moyen de percer le blocus. Mais c'est encore la frégate qui offrait les meilleures chances de succès, et Maitland, dans son récit, reconnaît que ces chances étaient considérables. Il y avait alors à l'île d'Aix deux frégates françaises, sans parler de vaisseaux de moindre tonnage. Un des capitaines était douteux, sinon hostile. Mais l'autre implora Napoléon de risquer l'aventure. Il attaquerait le vaisseau anglais pendant que l'Empereur s'échapperait avec l'autre frégate. En d'autres temps l'Empereur n'aurait pas hésité à confier César et sa fortune à cette chance de salut qui se présentait. Mais on eût dit qu'il était sous l'influence de quelque charme malfaisant. Il louvoyait, il lanternait, convoquait les personnes de sa suite pour délibérer avec elles sur le meilleur parti à prendre; il permettait à un ennemi vigilant de suivre tous ses mouvements; il faisait, en un mot, tout ce que, peu d'années auparavant, il eût trouvé méprisable s'il l'avait vu faire à un autre. Enfin, il est incapable d'agir, il se rend à bord du *Bellé-rophon* et, là, s'assoupit sur le pont en lisant une page d'Ossian. Sa suite confesse à Maitland que son énergie physique et mentale l'a en grande partie abandonné.

Une fois seulement, durant ce voyage, il parut secouer sa léthargie. C'était le matin, au lever du jour. Comme le vaisseau rangeait l'île d'Ouessant, les hommes de garde, à leur surprise indicible, virent l'Empereur sortir de sa cabine et s'acheminer avec quelque difficulté vers la poupe. Arrivé là, il demanda à l'officier de quart si cette côte était bien Ouessant. Puis, prenant un télescope, il demeura le regard fixé vers la terre. Il resta là, sans bouger, de sept heures jusqu'aux approches de midi. Ni les officiers du navire, ni les personnes de sa suite lorsqu'elles le virent absorbé ainsi, ne se permirent de troubler sa douloureuse contemplation. A la fin, lorsque la côte s'effaça à l'horizon, il se retourna, cachant de son mieux son visage navré, et s'accrocha au bras de Bertrand, qui le soutint jusqu'à sa cabine. C'est la dernière fois qu'il vit la France.

A Sainte-Hélène son engourdissement devint, naturellement, plus prononcé. Lui-même en était stupéfait. Il passait des heures dans son lit ou dans son bain. Bientôt, il prit l'habitude de ne s'habiller que tard dans l'après-midi. Il était surpris de sentir qu'il était mieux dans son lit, lui qui trouvait autrefois la journée trop courte pour l'action.

Tel était l'homme qui, au jugement du gouvernement anglais et de sir Hudson Lowe, était capable de se glisser le long d'une falaise inaccessible, sans être aperçu par des sentinelles partout présentes, et de passer, sans que personne pût dire comment, à travers un cordon de croiseurs vigilants, pour aller, encore une fois, bouleverser l'univers! On peut dire, sans crainte d'erreur, que Napoléon, eût-il réalisé l'impossible et réussi à s'évader, n'eût jamais pu troubler sérieusement le monde, si ce n'est par son nom et son souvenir[1]. Mais cette évasion était chose impraticable. Quand même on lui aurait donné la liberté de parcourir l'île tout entière, quand même on aurait fait disparaître tous les factionnaires, il ne pouvait songer un moment, dans l'état physique où il se trouvait, et si l'on suppose une surveillance ordinaire et la présence de croiseurs gardant bien la côte, à quitter l'île, à moins que le gouverneur ne fût de connivence avec lui. Napoléon a pu quelquefois espérer qu'il sortirait de Sainte-Hélène, mais, — nous en sommes convaincu, — il ne crut jamais une évasion possible. Gourgaud rapporte un projet de ce genre, mais c'était une plaisanterie lancée par l'Empereur, après le dîner, au milieu des rires. Le peu d'espoir qu'il conservât, il le fondait sur l'action de l'opposition dans le Parlement ou sur l'avènement au trône de la princesse Charlotte. Aussi pria-t-il Malcolm et Gourgaud d'exposer à cette princesse tous ses sujets de plainte.

Napoléon avait le pouvoir, lorsqu'il lui plaisait, de vivre en pleine illusion. Pendant la campagne de Russie, par exemple, il avait donné ordre à ses maréchaux d'opérer avec des armées qu'il savait ne plus exister. Ils se récriaient, et lui, alors, de dire simplement : « Pourquoi m'ôter mon calme? » Lorsque les Alliés envahirent la France, il déclarait compter beaucoup

1. Scott discute ce point et donne à ce sujet une anecdote qui amusa fort Napoléon lui-même. Un grenadier qui le vit débarquer à Sainte-Hélène, s'écria : « On nous disait qu'il se faisait vieux. Le diable l'emporte! Il a encore quarante campagnes dans le ventre. »

sur l'armée du maréchal Macdonald. « Voulez-vous passer mon armée en revue? dit le maréchal au comte Beugnot. Ce ne sera pas long. Elle se compose de moi-même et de mon chef d'état-major. Comme matériel : quatre chaises de paille et une table de sapin. » Pendant la campagne de 1814, l'Empereur expliquait ses plans à Marmont. Le maréchal devait faire telle et telle chose « avec son corps de 10 000 hommes ». Toutes les fois que l'Empereur répétait ce chiffre, Marmont l'interrompait pour dire qu'il n'en avait que 3000. Napoléon s'entêta jusqu'au bout : « Marmont, avec ses 10 000 hommes. » Le plus curieux exemple en ce genre est donné par Méneval. « Lorsque l'Empereur, dit-il, additionnait les chiffres de ses soldats, il faisait toujours des erreurs dans l'addition et grossissait invariablement le total. » Ainsi, à Sainte-Hélène, nous croyons qu'il s'était persuadé à lui-même qu'il serait mis en liberté si lord Holland devenait premier ministre, ou si la princesse Charlotte montait sur le trône. Quelquefois même il se déclara convaincu que les frais de sa détention détermineraient le gouvernement britannique à le relâcher. On apportait quelquefois à Longwood des bruits extraordinaires qui étaient probablement dus à l'imagination des nouvellistes de Jamestown. Un jour, par exemple, O'Meara informe Napoléon que la Garde impériale s'est retirée dans les Cévennes et que toute la France est en insurrection; quant à l'effet produit par cette nouvelle à sensation, on nous apprend seulement que l'Empereur a fait une partie de reversi. Un autre jour, c'est Montholon qui revient de Jamestown où il a lu les journaux. Il déclare que la France entière demande l'Empereur, que tout se lève en sa faveur et que la Grande-Bretagne est à son dernier soupir. Nous doutons fort que Napoléon ait attaché la moindre foi à des rapports de ce genre. Nous croyons qu'il gardait bien peu d'espoir, de quelque nature que ce fût. Mais le peu qu'il en avait conservé reposait sur la princesse Charlotte et sur lord Holland, parce que lui et — ce qui était bien plus important — lady Holland avaient embrassé sa cause avec enthousiasme ; la princesse Charlotte, partie parce qu'elle était censée avoir exprimé de la sympathie pour lui, et partie, peut-être, parce qu'elle avait épousé le prince Léopold, qui avait demandé à être son aide de camp. « Ma foi, dit l'Empereur, celui-là est bien heureux que je ne l'aie pas nommé aide de camp lorsqu'il me l'a demandé, car s'il l'avait été il ne s'assoirait pas sur les marches du trône d'Angleterre. »

Il y avait une cause de danger qui était parfaitement connue de Lowe, ainsi que du commissaire français, et à laquelle il était difficile de parer : c'était la fascination qu'exerçait personnellement le prisonnier. Montchenu ne cesse de déplorer ce fait inquiétant. On ne quitte jamais Napoléon, dit-il, sans éprouver le plus grand enthousiasme. « Si j'étais à votre place, disait-il à Lowe, je ne permettrais pas à un seul étranger de visiter Longwood, car ils le quittent tous transportés de dévouement et ils rapportent ce sentiment-là en Europe. » « Ce qui m'a frappé c'est l'ascendant énorme que cet homme, entouré de gardes, de rochers, de précipices, a encore sur les esprits. Tout à Sainte-Hélène se ressent de sa supériorité. Les Français tremblent à son aspect et se croient trop heureux de le servir.... Les Anglais n'en approchent plus qu'avec timidité. Ceux-mêmes qui le gardent briguent un regard, un entretien, un mot. Personne n'ose le traiter en égal. » Ces symptômes alarmants étaient rapprochés d'un autre symptôme qui ne l'était pas moins : les manières séduisantes du prisonnier. Il entrait dans une ferme, s'asseyait pour causer avec les habitants; ceux-ci le recevaient avec une joie mêlée de respect. Il parlait même aux esclaves et leur donnait de l'argent. Un peu plus, et on allait l'adorer. Le gouverneur était effrayé, à en perdre l'esprit, de ce nouveau et indéfinissable danger qui menaçait la sécurité de l'île. C'est pourquoi il se hâta de rétrécir les limites du domaine de Napoléon, de façon qu'aucun cultivateur n'y pût demeurer.

CHAPITRE IX.

LORD BATHURST.

Le commissaire russe, après avoir passé près de trois ans à Sainte-Hélène, écrivait à son gouvernement : « Il n'y a rien de plus absurde, de plus impolitique, de moins généreux et de moins délicat que la conduite des Anglais envers Napoléon. » Il ne serait pas juste, pourtant, ni équitable, d'imputer à Lowe ou à Cockburn la responsabilité de ces ignominies, ou de leur attribuer le principe général d'après lequel l'Empereur fut traité. Ils ne faisaient qu'exécuter à la lettre, et de façon grossière, une sordide et brutale politique. Ce sont les ministres anglais qui sont responsables, ensemble et séparément, pour le traitement que subit Napoléon et que, chose assez étrange, les partisans de Lowe ont condamné comme les autres. « Le grand coupable, dit le plus énergique avocat de Lowe, ce fut le gouvernement anglais, dont la conduite, considérée en elle-même, fut absolument dépourvue de dignité, en même temps qu'elle manquait de loyauté et de justice envers sir Hudson Lowe. » Mais on cesse de s'étonner lorsqu'on se rappelle qui étaient ces ministres, et ce qu'ils étaient. M. Vandal, dans un des plus éloquents passages de son beau livre, fait remarquer que la victoire finale de la Grande-Bretagne sur Napoléon était le triomphe de l'obstination sur le génie. « Les hommes qui gouvernaient à Londres, jetés par la maladie de George III dans un chaos de difficultés, placés entre un roi fou et un régent décrié, en butte aux attaques virulentes de l'opposition, à la révolte des intérêts lésés, aux plaintes de la Cité, entourés d'un peuple sans pain et d'un commerce aux abois... désespérèrent parfois de maintenir Wellesley sous Lisbonne. Cependant, dans ce péril extrême, aucun d'eux ne songe à céder, à solliciter, à accepter même la paix, à sacrifier l'orgueil et la cause britanniques, et rarement des hommes d'État ont opposé, à la violence déchaînée des événements, aux assauts réitérés du sort, plus admirable exemple de sang-froid et de flegmatique courage. Quels sont donc ces hommes? Parmi eux, pas un ministre d'un grand renom, d'un passé glorieux, d'une intelligence supérieure : les successeurs de Pitt... n'ont hérité que de sa constance, de son opiniâtreté et de ses haines. Sachant qu'ils portent en eux les destinées de la patrie et celles du monde, ils puisent dans ce sentiment une vertu d'énergie et de patience qui les égale aux plus grands. » Liverpool, Eldon, Bathurst, Castlereagh et Sidmouth, étaient des hommes dont il est impossible de dire que leurs noms brillent dans l'histoire. Ils avaient, du moins, senti qu'ils devaient lutter énergiquement jusqu'au bout; soutenus dans toute cette lutte par les victoires de leurs marins, par la robuste résignation de leurs compatriotes et, finalement, par des succès militaires, ils étaient venus à bout de l'épreuve et en étaient sortis victorieux. Mais la victoire ne leur avait pas appris à être magnanimes. Ils s'étaient emparés de leur grand ennemi; leur premier désir était que quelqu'un leur rendît le service de le pendre ou de le fusiller à leur place : faute de quoi, ils se résolurent à le mettre sous clef, comme un *pickpocket*. Ce qu'ils voyaient le plus clairement, c'est qu'il leur avait coûté déjà beaucoup d'ennuis et beaucoup d'argent, et qu'il devait maintenant leur en coûter le moins possible. C'étaient des hommes honnêtes, agissant d'après leurs lumières : on peut seulement regretter que les hommes fussent si médiocres et les lumières si troubles.

Le ministre spécialement chargé de mettre cette politique à exécution était lord Bathurst, secrétaire d'État pour les deux départements réunis de la guerre et des colonies. Qui était Bathurst?

Il est difficile de le dire. Nous savons qu'il était le petit-fils de ce lord Bathurst qui fut nonagénaire et qui, soixante ans après son élévation à la pairie, fut promu au rang de comte. C'est ce Bathurst qui, dans le dernier mois de sa vie, à quatre-vingt-dix ans, s'attira, de Burke, la fameuse apostrophe que l'on sait. Nous savons encore que notre Bathurst, le Bathurst de 1815, était le fils du second lord Bathurst, qui fut le plus incapable des lords chanceliers. Quant à lui, il était un de ces produits bizarres de notre système politique, qui trouvent le moyen d'occuper les charges les plus en vue et de rester parfaitement obscurs. Il avait dirigé le Foreign Office. Maintenant, il était et devait demeurer quinze ans secrétaire d'État. Pourtant, on a beau fouiller nos dictionnaires biographiques les plus minutieux, on ne trouvera rien de plus que la sèche énumération de ses emplois officiels, la date de sa naissance et celle de sa mort.

A présent, il était responsable de Napoléon. Il fit comprendre à Lowe, en termes positifs, que l'Empereur devait être traité, jusqu'à nouvel ordre, comme prisonnier de guerre; mais qu'on devait lui accorder « toutes les libertés compatibles avec la sécurité absolue de sa personne ». Il fit alors voter par le Parlement un acte, nécessaire peut-être, mais d'une sévérité draconienne. Tout sujet anglais qui aiderait à faire évader Napoléon, ou qui, après son évasion, lui prêterait son concours en mer, serait passible de mort, et le bénéfice de clergie ne serait point admis en sa faveur. Lowe, disons-le en passant, faisait de fréquentes allusions à cet acte pour en tirer de délicates railleries à l'adresse des commissaires : « Après tout, disait-il, je n'ai pas le droit de vous pendre. » Cependant, Bathurst serrait l'écrou tous les jours davantage. La table et l'entretien de la maison de Napoléon ne devaient pas excéder huit mille livres. C'était à lui de payer tous ceux qui l'avaient suivi, officiers et valets. Le service devait être immédiatement réduit de quatre personnes. Comme on n'indiquait ni le nom ni la qualité de ces quatre personnes, il était clair que l'on désirait, tout simplement, supprimer quatre bouches à nourrir. Après quoi, l'on persuaderait aux autres de le quitter, sous prétexte que leur présence ajoutait considérablement aux dépenses.

On peut donc présumer que « toute la liberté, compatible avec la sécurité de sa personne », qui lui avait été laissée de communiquer avec quelques compatriotes et d'être servi par ses propres domestiques, allait être, autant que possible, supprimée. De plus, Lowe devait rendre les liens du prisonnier plus étroits que n'avait fait Cockburn. Aucune lettre ne parviendrait à Napoléon sinon par l'intermédiaire de Lowe. La faculté que l'amiral avait accordée à Bertrand de donner des cartes d'admission, autorisant les personnes qui venaient voir Napoléon à traverser le cordon des factionnaires, lui fut retirée. Tous les Français appartenant à la maison de l'Empereur, eurent à signer une déclaration par laquelle ils promettaient de se soumettre aux règlements dont leur maître était l'objet. Ainsi de suite. Bathurst attachait une grande importance à enfermer Napoléon dans une sorte d'enceinte, close par une grille qu'il envoya d'Angleterre et qui était destinée à mettre le sceau à toutes les précautions prises. « Nous considérons, écrit-il, que c'est un point très important, surtout en attendant l'arrivée de la grille de fer, de s'assurer, à une heure avancée de la soirée et le matin de bonne heure, que le prisonnier est en sûreté. » Mais il semble qu'on trouva difficile de pousser la contrainte trop loin. Car l'intérêt inspiré par le captif était extrême. Le public se disputait les moindres miettes d'information venant de Sainte-Hélène. L'avidité, à cet égard, devint telle, qu'il était presque impossible d'empêcher la presse de s'emparer des lettres les plus intimes provenant de là-bas. Une dame qui revenait de Sainte-Hélène en 1817 raconte que, lorsqu'elle débarqua à Portsmouth, les passagers furent assaillis par une foule appartenant à toutes les classes de la société, qui semblait prête à les mettre en pièces pour obtenir des renseignements sur le prisonnier. A peine furent-ils arrivés à l'hôtel, que des étrangers fondirent sur eux avec des portraits de Napoléon, afin de savoir si ces portraits étaient ressem-

blants. C'est pour cette raison que le livre de Warden, qui ne valait rien, eut un succès fou. Et celui
de Sanini, qui ne valait pas mieux, obtint une vogue
semblable. Il eut sept éditions en quinze jours : du
moins, c'est l'auteur qui l'affirme.

Lord Holland souleva un débat à la Chambre des
Lords sur la façon dont était traité Napoléon. Et à
partir de ce moment il règne un ton plus humain
dans les prescriptions de Bathurst. La lettre qu'il écrivit à Lowe un mois après le débat est conçue dans un
esprit qu'on pourrait presque qualifier de poli. « Vous
pouvez l'assurer que vous êtes disposé à rendre sa
situation plus agréable en lui fournissant toutes les
publications nouvelles.... Il serait bon, je crois,
d'ajouter qu'il n'existe dans ce pays aucun parti pris
de lui refuser satisfaction en ce qui touche le service
de sa table et, particulièrement, la consommation du
vin. » Plus tard, dans la même année, il permet de
dépasser le maximum de 12 000 livres, « si cette
somme est reconnue insuffisante pour entretenir la
maison d'un officier général de distinction ». Napoléon, on le voit, a reçu de l'avancement. De général
en retrait d'emploi il est promu officier général de
distinction.

Il semble que Bathurst fût digne de Lowe, comme
Lowe était digne de Bathurst. Tous deux paraissent
avoir eu le même idéal en matière de tact et de bon
goût.

En veut-on un exemple? La plaie de Sainte-Hélène,
ce sont les rats. Le secrétaire d'État écrit à ce sujet
au gouverneur : « Vous recevrez une lettre particulière de M. Goulburn relative aux graves désagré-

ments que lui causent (à Napoléon) les nombreux rats dont la maison est infestée. Il y a quelque chose de comique dans cette plainte, venant d'un monarque déchu, *et le fait semble en contradiction avec la sagacité qu'on prête à ces animaux.* Aussi n'est-il guère probable que l'on ait choisi, pour le mettre en avant, un pareil sujet de doléances, à moins d'y être forcé. Il est cependant possible que le grand nombre de ces animaux cause un ennui réel. *Bien que j'aie lieu de croire que leur multiplication est due à la négligence de ses domestiques, — négligence qu'il encourage probablement,* — il me paraît convenable, à tous les points de vue, de faire une enquête sur l'étendue du mal et d'y porter remède. » Nous ne pouvons nous rappeler aucune plainte de Napoléon à ce sujet, bien que sa maison fût remplie de ces dégoûtantes bêtes. Mais ce fait n'ôte rien de leur saveur aux spirituelles plaisanteries du secrétaire d'État que nous avons mises en italiques. Peut-être trouvera-t-on, cependant, qu'il va un peu loin lorsqu'il insinue que l'Empereur, — si délicat en ces matières, — encouragea volontairement la négligence de ses serviteurs, dans l'intention de pousser à la multiplication des rats.

Quand Napoléon se meurt, Bathurst fait entendre une note vraiment sublime. « S'il est réellement malade, écrit-il, ce sera peut-être une consolation pour lui d'apprendre que les nouvelles répétées qui se sont répandues sur le déclin de sa santé n'ont pas été reçues ici avec indifférence. Vous transmettrez donc au général Buonaparte l'expression du vif intérêt avec lequel Sa Majesté a accueilli le rapport de sa maladie, et du désir qu'éprouve Sa Majesté de lui faire donner tous les soulagements que sa situation comporte. Vous assurerez le général Buonaparte qu'il n'est point d'allégement, résultant d'un surcroît de soins médicaux ou de quelque arrangement compatible avec la sûreté de sa personne (et Sa Majesté ne peut entendre par là donner aucune espérance d'un transfert,) que Sa Majesté ne soit désireuse d'accorder, etc. » C'était le comble, le dernier mot, le *nec plus ultra* de Bathurst. Par bonheur, lorsque ce rare morceau arriva à Sainte-Hélène, le prisonnier était allé là où la sympathie de Georges IV, exprimée par Bathurst, ne pouvait plus l'atteindre. Scott croit que cette lettre eût été pour lui une consolation. Une telle appréciation ne se discute pas.

Toute cette correspondance, du moins ce que nous en avons lu, est sordide, lamentable.

Il faut, sans doute, songer à l'épuisement de cette guerre, aux sommes énormes qu'elle avait coûtées ; il faut faire la part du désir bien naturel qu'on avait de ne pas laisser s'échapper le grand perturbateur de la paix publique. Tout cela admis, il nous semble à nous, sur la fin du siècle où ces événements se passèrent, qu'il y eut là un mélange de bassesse et de lâcheté ; mais la responsabilité de cet ignominieux épisode, de cette politique de mouchards et d'harpagons, n'est pas à Sainte-Hélène avec les Lowe et les Cockburn : elle est à Londres avec les Liverpool et les Bathurst, quoique les ministres aient essayé, comme on l'a vu, de se dégager de la sinistre renommée de Lowe, en lui faisant, à son retour, le plus glacial des accueils.

CHAPITRE X.

LES PERSONNAGES DU DRAME.

Les personnages de cette longue tragédie ne sont pas nombreux, et quelques-uns, — les Poppleton et autres semblables, — traversent seulement la scène, muets et impalpables comme des ombres. Par exemple, ce Poppleton dont le nom revient à chaque instant, nous ne savons rien de lui, si ce n'est qu'il remplit longtemps les fonctions d'officier d'ordonnance à Longwood, qu'il était un cavalier des plus médiocres, qu'il s'amusait quelquefois à déterrer des pommes de terre, et qu'en quittant Longwood il accepta en cachette une tabatière, comme présent d'adieu de Napoléon, un des plus grands crimes que Lowe pût inscrire dans son code particulier. Çà et là nous apercevons quelques silhouettes d'un relief bien accusé : ainsi l'amiral qui succéda à Malcolm et dont Napoléon nous a donné un croquis. « Il me rappelle ces petits patrons hollandais, toujours gris, que j'ai vus aux Pays-Bas, assis à table, une pipe aux dents, un fromage et une bouteille de genièvre devant eux .» Mais il est d'autres noms que l'on rencontre à chaque page des différents récits de Sainte-Hélène. Ce sont d'abord les membres de la petite cour de l'Empereur.

Parmi les personnes dont il n'a pas encore été question, Bertrand, le grand-maréchal, et sa femme, occupent naturellement le premier rang.

Bertrand a un grand mérite qui le distingue des autres : il n'a pas écrit de livre, il se tait. Agréable contraste avec Gourgaud et Las Cases, si abondants en confidences et si prodigues de révélations sur leur propre personne! Il semble que Bertrand fût un excellent officier. Napoléon a souvent répété que c'était le meilleur officier du génie qu'il y eût au monde. Mais cela pourrait bien avoir été dit pour taquiner Gourgaud. Il était dévoué à son maître, mais ne l'était pas moins à sa femme. Cette double allégeance, qui avait déjà amené des difficultés à l'île d'Elbe, lui causa des embarras perpétuels avec l'Empereur, qui s'en montra choqué jusque sur son lit de mort. En revanche Bertrand résista aux prières de sa femme qui le suppliait de ne pas accompagner l'Empereur à Sainte-Hélène. Il resta jusqu'au bout, non sans avoir songé plus d'une fois à s'éloigner. Dans son loyal silence, il reste la figure la plus sympathique de ce groupe qui entoure l'Empereur. Pour une raison ou pour une autre, il était l'objet de la haine particulière de Lowe, mais Henry, l'ami du gouverneur, et tous les autres témoins impartiaux, disent du bien de lui. Napoléon, à son lit de mort, ordonna à Bertrand de se réconcilier avec Lowe, et, en effet, il y eut une réconciliation après la mort de l'Empereur.

Mme Bertrand était, dit-on, une créole anglaise de naissance. Elle était, du côté anglais, nièce de lord Dillon, et, du côté créole, parente de l'impératrice

Joséphine. Son origine britannique avait été cause qu'à l'île d'Elbe on l'avait soupçonnée d'être sympathique aux Anglais. Mais il est impossible de découvrir chez elle la moindre trace d'une pareille tendance. Elle paraît avoir été une personne extrêmement séduisante. « C'était, dit une dame anglaise fixée dans l'île, une femme tout à fait attrayante et pleine de charme. Elle parlait l'anglais avec une aisance parfaite, mais avec un léger soupçon d'accent français. Elle était grande, d'extérieur imposant, mais elle se penchait légèrement, d'un mouvement élégant qui diminuait sa haute taille et ajoutait à sa grâce. Ses yeux noirs étaient brillants, doux, animés. Sa démarche était celle d'une jeune reine qui est habituée à exiger l'admiration, mais qui sait la gagner et la retenir. » Son caractère, pourtant, connaissait les orages de la passion créole. Lorsqu'elle apprit que Napoléon allait être conduit à Sainte-Hélène, elle se jeta dans la cabine de l'Empereur, fit une scène violente et essaya ensuite de se noyer. Tout cet épisode, y compris la tentative de suicide, n'a rien de précisément tragique. Comme elle avait déjà le corps à moitié sorti par la fenêtre de la cabine et que son mari la retenait de l'intérieur, Savary, qui avait une vieille animosité contre elle, criait au milieu de rires fous : « Laissez-la! mais laissez-la donc! » Maitland eut de fréquentes disputes avec elle quand elle était à bord du *Bellérophon* et cet état de guerre aboutit à une scène où, perdant le peu de patience qui lui restait, il lui déclara qu'elle n'avait pas le sens commun et la pria de ne plus lui adresser dorénavant la parole. Ce qui n'empêche pas que, plus tard, dans cette même journée, lorsqu'elle quitta le navire, elle vint vers le capitaine d'un air conciliant et amical, « qui lui faisait le plus grand honneur »; elle lui rappela ce qu'il avait dit le matin et ajouta qu'elle voulait quand même lui serrer la main, « car Dieu sait, conclut la pauvre dame, si nous nous reverrons jamais ! » Maitland la définit en deux mots « une bonne mère, une excellente épouse, avec une foule de qualités », quoique « peut-être un peu prompte à s'emporter ». Forsyth dit qu'elle paraît avoir gagné la bienveillance et l'affection de tous ceux qui la connaissaient. On a d'elle un joli mot. Elle eut un enfant à Sainte-Hélène, et le présenta à l'Empereur comme le premier Français qui fût arrivé à Longwood sans la permission de lord Bathurst. Mme de Montholon rapporte que, durant cette longue et morne captivité, elle vécut en parfaite intelligence avec cette charmante femme. Après le départ de Mme de Montholon elle resta deux ans sans avoir la compagnie d'aucune de ses compatriotes, et elle était obligée de demander l'agrément de Lowe quand elle éprouvait le besoin de voir un peu de monde. Personne n'avait fait de plus grands sacrifices que Mme Bertrand pour accompagner l'Empereur et son mari. Elle adorait le luxe et le monde. Elle était accoutumée à tenir une des premières places dans une cour splendide. Elle avait, à Trieste, joué les vice-reines pour son propre compte. Ses enfants, dont la beauté était merveilleuse, arrivaient à un âge où leur éducation aurait pu être sa grande préoccupation. Mais, la première émotion passée, elle prit sans se plaindre le chemin de cette Sibérie des Tropiques. Il semble qu'elle se soit appliquée à remplir le rôle de conciliatrice au milieu de cette cour si petite, et qui, pourtant, offrait un si vaste champ au déploiement de cette providentielle mission.

La personnalité de M. et de Mme de Montholon ne nous apparaît que vaguement, bien que leurs noms tiennent une large place dans les annales de la captivité. Montholon descendait d'une ancienne famille; il se prétendait, du droit de ses ancêtres, titulaire d'une pairie anglaise ou irlandaise. Un de ses aïeux avait, assure-t-on, sauvé la vie de Richard Cœur de Lion, et, en raison de cet exploit, avait été créé comte de Lee et baron O'Brien. Montholon était, — toujours d'après la même tradition, — l'héritier de ces titres, mais les recherches les plus minutieuses n'ont pu établir le fait. Quoi qu'il en soit, Napoléon l'avait connu quand il n'était encore qu'un enfant de dix ans. Lorsqu'il habitait en Corse avec sa mère, remariée à M. de Sémonville, il avait reçu des leçons de mathématiques de son futur souverain alors capitaine d'artillerie. Il s'était ensuite rencontré au collège avec Lucien et Jérôme, et avec Eugène de Beauharnais. Il avait donc été, on le voit, mêlé à toute la carrière de Napoléon, et il était, de plus, rattaché à l'Empire par le mariage de sa sœur avec le noble et chevaleresque Macdonald. C'était la curieuse destinée de Montholon d'avoir connu Napoléon durant les années obscures de sa jeunesse, d'avoir été associé aux splendeurs de l'Empire, de suivre son maître dans l'exil, de veiller près de son lit de mort avec la tendresse d'un fils, de vivre assez pour prendre part à la romanesque entreprise de Boulogne et pour partager la captivité du troisième Napoléon pendant le même nombre d'années qu'il avait partagé la captivité du premier. Il passa six ans de sa vie dans l'une de ces prisons et six ans dans l'autre. Il vit le rétablissement de l'Empire, que Gourgaud manqua de quelques mois. Mais Gourgaud — le fait est caractéristique — était opposé au Prince président.

Heureusement pour Montholon, son dévouement était un dévouement aveugle. Nous disons « heureusement », car il n'y avait de place dans la petite cour que pour un dévouement de cette nature. Après le départ de Las Cases il n'était pas difficile à Montholon de prendre la place vacante. En effet, l'attachement de Bertrand à sa femme et l'humeur désagréable de Gourgaud les rendaient incapables de se mettre sur les rangs. Ainsi, Montholon devint le familier par excellence, l'homme indispensable de l'entourage. Et pourtant lui aussi rêvait de partir. Bathurst écrivait, en 1820, sur un ton railleur, à propos de Bertrand et de Montholon : « Tous les deux sont sur le point de s'envoler, mais ils se surveillent l'un l'autre. » Montholon, en tout cas, aurait voulu accompagner sa femme, lorsqu'elle partit en 1819 ; il eut, à ce sujet, à lutter tous les jours contre Napoléon, qui le pria de rester. Nous le trouvons, neuf semaines avant la mort de son maître, discutant avec Lowe les noms de ceux qui pourraient prendre la place de Bertrand et la sienne auprès de l'exilé. Planat, on l'a déjà vu, était sur le point de se mettre en route pour venir lui succéder.

Quant à Albinie Hélène de Vassal, comtesse de Montholon, sans l'absurde jalousie de Gourgaud nous ne saurions d'elle que fort peu de chose. Pourtant elle a laissé des souvenirs intéressants de ses années d'exil. Nous apprenons, incidemment, par Méneval, que son mariage avec Montholon rencontra quelques difficultés. Elle avait déjà divorcé avec deux maris, tous deux vivants. L'Empereur défendit de publier les bans, mais donna ensuite à Montholon la permission d'épouser « la nièce du président Séguier ». Montholon avait joué son souverain, car la future épouse était la personne prohibée, sous une désignation différente. « C'est une femme tranquille, sans prétentions, dit Maitland. Elle ne donna point d'ennuis et parut décidée à tout accepter, pourvu qu'on lui permît d'accompagner son mari. » C'est elle qui se chargeait de faire de la musique pour l'Empereur et ses hôtes. Elle chantait des airs italiens, sans beaucoup de voix, et tapotait le piano.

Le marquis Emmanuel de Las Cases avait eu une carrière assez accidentée. Il était entré tout jeune dans la marine française et avait assisté au siège de Gibraltar. Nommé lieutenant avant l'âge de vingt et un ans, il recevait, bientôt après, le commandement d'un brick. La Révolution survint, et le jeune officier fut un des premiers à émigrer. Circonstance heureuse pour lui, en fin de compte, car ses souvenirs de Coblentz et de l'émigration avaient une saveur toute particulière pour Napoléon. De Coblentz il fut envoyé en mission secrète auprès de Gustave III, roi de Suède. De là le vent le poussa en Angleterre. Il fit partie de la désastreuse expédition de Quiberon, réussit à s'échapper et revint à Londres où il donna des leçons et publia un atlas historique qui lui rapporta quelque argent. Après le 18 brumaire il rentra en France, servit sous Bernadotte et devint chambellan et conseiller d'État

Lors de la première abdication il refusa de s'associer
au vote du conseil d'État qui déposait Napoléon, tout
en acceptant de Louis XVIII le grade de capitaine dans
la marine; puis il se retira en Angleterre. Il rentra à
Paris, naturellement, pendant les Cent Jours, et, après
la bataille de Waterloo, pria l'Empereur de l'emmener
à Sainte-Hélène. Plus âgé que son maître de trois ans,
il lui survécut vingt et un ans et mourut en 1842.

Nous donnons tous ces détails parce qu'ils expliquent
cette préférence, cause de tant de jalousies, dont il fut
l'objet. Las Cases appartenait à la vieille noblesse; il
avait servi dans la marine royale avant la Révolution;
il avait fait partie de l'émigration; il connaissait bien
l'Angleterre. Par tous ces motifs, il était en mesure de
satisfaire la curiosité insatiable de Napoléon sur certains aspects de l'existence dont il n'avait pu prendre
aucune expérience personnelle. D'ailleurs Las Cases
était un homme du monde. Il s'était battu, il avait joué,
il avait voyagé, il avait traversé toutes les situations,
essayé tous les rôles d'un exilé besogneux et plein de
ressources; il avait observé l'Empire et la Cour à un
point de vue beaucoup plus indépendant que Napoléon.
De plus, il adorait son maître, n'avait pas de secrets
pour lui, le regardait comme un être surhumain, un
être divin. Nous avons vu qu'il n'avait pas de scrupules
quand il s'agissait de servir l'Empereur. Il disait : « Napoléon est mon Dieu, » ou : « Je ne regrette pas mon
exil, puisqu'il me permet de vivre auprès de l'être le
plus noble de la création. » Il poussait la flatterie jusqu'à être sensiblement plus petit que l'Empereur. Il
va sans dire que la médaille avait son revers. Il humi-
liait son maître en ayant un mal de mer des plus vio-

lents à bord d'un vaisseau de guerre anglais, en dépit de son uniforme d'officier de marine, tout battant neuf, et du prodigieux saut qu'il avait fait d'un grade à un autre, après un quart de siècle passé à terre. Et puis, ses collègues le haïssaient : le surnom qu'ils lui donnaient était « le Jésuite ». La faveur que lui accordait Napoléon s'explique aisément pour nous par son expérience, par son contraste avec Bertrand, par trop conjugal, avec Montholon, beaucoup moins lettré, et avec l'impraticable Gourgaud : pour eux, cette faveur était un sujet de continuelle irritation. Son départ n'est pas très facile à comprendre. Il aurait pu revenir, mais ne s'en soucia pas; il s'enveloppait, à cet égard, dans des phrases vagues qu'il est malaisé aujourd'hui d'interpréter, et qui veulent dire, croyons-nous, que ses collègues lui avaient rendu l'existence impossible. Malgré tout, malgré ses faux impudents, malgré son manque de véracité, malgré le soupçon dont on ne peut s'affranchir qu'il était peut-être simplement un Boswell enthousiaste, à la piste de matériaux biographiques à publier, nous avons gardé, au fond de nous, une certaine sympathie pour le petit rhéteur si dévoué à son maître, et nous ne pouvons oublier qu'il voulait absolument remettre à Napoléon une somme de quatre mille livres, probablement son unique fortune. Il avait avec lui son fils, alors un tout jeune garçon, qui, plus tard, assaillit sir Hudson Lowe dans une rue de Londres, et essaya d'avoir un duel avec l'ancien gouverneur. Dix-neuf ans après la mort de Napoléon, le jeune homme retournait à Sainte-Hélène avec l'expédition chargée de ramener les cendres de l'Empereur; il devint sénateur sous Napoléon III.

Piontkowski reste une figure mystérieuse. Simple soldat dans les lanciers polonais, il avait suivi Napoléon à l'île d'Elbe et reçut l'épaulette en récompense de sa fidélité. Au moment où le gouvernement anglais refusait à Gourgaud la permission d'emmener son vieux domestique, à Las Cases celle de se faire rejoindre par sa femme, il envoya Piontkowski, dont la présence n'était ni demandée ni désirée, à la suite de Napoléon. S'il faut en croire les autres habitants de Longwood, Gourgaud s'aperçut immédiatement qu'il ne disait pas la vérité et que ses assertions, en ce qui concernait ses campagnes, étaient mensongères. Napoléon ne savait rien de lui, n'avait aucune sympathie pour lui et montrait à son égard une méfiance fort naturelle. Lorsqu'il fut parti, l'Empereur exprima ouvertement le soupçon que cet homme était un espion; Las Cases le désigne dédaigneusement comme « le Polonais ». Il disparut, après neuf mois, aussi brusquement qu'il s'était montré, les poches bien garnies, à ce qu'il semble. Nous ne croyons pas que ce fût un espion, mais son apparition et son rôle à Longwood demanderaient à être éclaircis.

« Les jeunes filles nées dans cette île sont extrêmement jolies, » dit un témoin qui vivait à Sainte-Hélène, à l'époque où l'Empereur y résidait, et nos différentes chroniques en disent long à ce sujet. Il y avait les deux Balcombe, miss Wilks, miss Robinson, connue sous le nom de « la Nymphe » et miss Kneipps, qu'on appelait « le Bouton de rose ».

Gourgaud fut passionnément amoureux de miss Wilks. « Voilà une femme! » s'écria-t-il lorsqu'il la connut pour la première fois. Aussitôt, son cœur fut pris : « Hélas! se disait-il, pourquoi suis-je prisonnier? » Bertrand a beau l'assurer qu'on le préfère aux autres prétendants, l'Empereur a beau le réconforter en lui disant qu'il ferait un bien plus beau mariage en France, rien n'y fait. Il voit s'éloigner le navire qui l'emporte, et soupire un désespéré : « Adieu, Laure! »

Tous les témoignages sont unanimes pour nous convaincre que, dans cette circonstance, Gourgaud avait bien placé ses affections. « Miss Wilks était alors dans tout l'éclat de la première jeunesse, et toute sa personne, son affabilité, ses manières élégantes et réservées, concouraient à faire d'elle la plus charmante et la plus admirable jeune fille que j'eusse jamais vue, ou que j'aie rencontrée depuis, dans mes pérégrinations à travers l'Europe, l'Asie et l'Afrique, pendant trente ans. » Tel est le témoignage rendu par une dame qui l'accompagnait, lors de sa première visite à Napoléon. L'Empereur n'était guère moins séduit que son aide de camp. « Il avait beaucoup entendu parler, dit-il en la saluant, de l'élégance et de la beauté de miss Wilks, mais il était convaincu maintenant que la renommée était restée en dessous de la vérité. »

Elle était la fille du colonel Wilks, gouverneur de l'île pour le compte de la Compagnie des Indes. Elle épousa plus tard le général sir John Buchan et elle a vécu jusqu'à quatre-vingt-onze ans. Elle est morte en 1888; elle aimait à raconter que Napoléon, au moment de son départ, lui avait donné un bracelet, et que, quand elle avait dit son regret de quitter l'île, il avait répondu : « Ah! mademoiselle, je voudrais bien être à votre place! »

Napoléon donnait des noms de fantaisie aux lieux et aux gens. Il y avait certain vallon paisible qu'il avait surnommé la Vallée du Silence. Mais, ayant découvert qu'une jolie fille y demeurait, il la rebaptisa la Vallée de la Nymphe.

La « Nymphe » était la fille d'un fermier, une charmante fille d'environ dix-sept ans. Son nom était Marianne Robinson; sa sœur avait épousé un capitaine Jordan, du 66ᵉ régiment, en garnison à Sainte-Hélène. Warden lui a consacré une page de son livre; il raconte que les visites de l'Empereur à la petite ferme devinrent si fréquentes que les cancans de Jamestown donnèrent l'éveil au père. A partir de ce moment, il défendit à sa fille de se montrer quand l'Empereur venait les voir. C'était là une sotte histoire; cependant, Napoléon ne crut pas inutile de la démentir dans les *Lettres du Cap*. Il ne lui avait jamais parlé qu'une fois, — était-il dit dans ces lettres, — en mauvais anglais et sans descendre de son cheval. Montchenu, qui avait l'imagination polissonne, se fait l'écho de cette fable et prétend que l'Empereur lui fit une déclaration, qu'il parlait beaucoup de sa beauté et qu'il excita ainsi la jalousie de miss Balcombe. Napoléon, cela est bien certain, a fait plus d'une visite à la « Nymphe », et, si nous en croyons Gourgaud, « elle insinua à l'Empereur qu'elle se promenait tous les matins ». Mais, bien loin de profiter de cette quasi-provocation, il plaisante Gourgaud sur sa nouvelle conquête, sorte d'accusation contre laquelle le brave officier ne pouvait jamais se défendre. Finalement, la Nymphe se marie et met fin, par là, à ces commérages. Son mari est un capitaine marchand, « un monsieur Edouard »,

(Edwards) qui a été attiré vers elle, — du moins on se plaît à le croire à Longwood, — par le bruit de l'admiration qu'elle inspirait à l'Empereur. « Il suffit que j'aie dit qu'elle était jolie, dit Napoléon, pour que ce capitaine tombe amoureux d'elle et l'épouse. » Napoléon ajoute un commentaire mystérieux : « Ce mariage prouve que les Anglais ont plus de décision que les Français, » remarque qui semble indiquer quelque velléité hésitante de la part d'un des officiers de la maison, probablement le capitaine Piontkowski. Elle amène son mari à Longwood; l'Empereur trouve qu'elle a l'air d'une nonne et que son mari ressemble étonnamment à Eugène de Beauharnais. Napoléon, selon son habitude, lui pose deux ou trois questions brutales et saugrenues. L'homme de mer rougit; l'Empereur le fait boire, et, après une heure et demie passée de cette manière, le couple prend congé. Au bout d'un moment, Napoléon les suit et veut absolument embrasser, non la Nymphe, mais son mari, parce que, dit M. Robinson, « il ressemble tellement à Joseph Bonaparte », il confondait, sans doute, avec Eugène. Sur cette sortie inattendue, la Nymphe disparaît et ne se montrera plus.

Il y avait encore une autre beauté, qu'on appelait le Bouton de Rose. Les éditeurs du journal de Gourgaud nous apprennent qu'elle s'appelait miss Kneipps. Elle fait des apparitions intermittentes, mais nous ne savons rien d'elle. Encore plus vague et plus indécise la silhouette d'une certaine miss Churchills. Nous savons seulement qu'il y eut, dans le large cœur de Gourgaud, une niche pour chacune d'elles.

De toutes ces jeunes filles, Betsy Balcombe est celle

dont le nom revient le plus souvent dans les annales de Sainte-Hélène. Vingt-trois ans après la mort de Napoléon, elle a, sous son nom de femme mariée (Mrs Abell), publié ses souvenirs. Son père, M. Balcombe, était une manière de fournisseur en tous genres, — par politesse on disait quelquefois un banquier, — et une légende qui avait cours dans l'île, faisait de lui un fils naturel de George IV. Napoléon habita la villa de M. Balcombe pendant qu'on préparait Longwood pour le recevoir et c'est alors qu'il fit la connaissance de ses deux filles. Betsy, la plus jeune des deux, n'avait que quinze ans. Toutes deux parlaient français, mais Betsy était la plus jolie et plaisait davantage à Napoléon. Elle représentait un type tout à fait nouveau pour lui, un hardi gamin en jupons, qui disait et faisait tout ce qui lui passait par la tête, suivant la fantaisie du moment. Elle a raconté dans son livre les farces qu'elle faisait et qui devaient sembler à l'Empereur une nouveauté piquante. Elle lui donnait des gifles, elle lui prenait son épée et l'attaquait. Mais l'entourage était choqué, on n'en sera pas surpris, des libertés qu'elle prenait avec le maître, et Napoléon lui-même finit par s'en fatiguer. Il traite toute cette famille de « canaille » et de « misérables ». Il y eut une flirtation qui tint toute l'île en suspens. Le major Ferzen épouserait-il Betsy? « Non, dit Napoléon, c'est impossible que le major se dégrade à ce point-là! » Et pourtant, à de rares intervalles, elle l'amusa jusqu'au bout. Quelques semaines avant le départ de Betsy pour l'Europe, l'Empereur envoya aux deux sœurs deux assiettées de bonbons que Lowe les obligea de rendre, et c'est sur ce dernier souvenir, caractéristique de Sainte-Hélène et de son tyran, que la famille Balcombe s'embarqua pour l'Angleterre, sur le même bateau qui emmenait Gourgaud.

Quoique les moustiques fussent également très tracassiers, l'élément principal de la population c'était encore les rats, plus redoutables que des régiments, que le canon, que Lowe lui-même. Là-dessus, il n'y a qu'un cri. « La quantité de rats qui existe à Longwood, dit O'Meara, est quelque chose d'incroyable. Je les ai vus en troupe, comme des poulets, autour des rebuts de la cuisine. Les planchers et les cloisons qui séparaient les chambres étaient percés de trous dans toutes les directions. Il est difficile, à qui ne l'a entendu, de s'imaginer le bruit que font ces animaux lorsqu'ils courent du haut en bas des cloisons et galopent en bandes dans les greniers. » Très souvent O'Meara est obligé de se défendre contre eux avec ses bottes et son tire-bottes. Quand l'Empereur était à dîner, ils couraient autour de la table, sans s'inquiéter de personne. Lorsque Napoléon prend son chapeau dans l'armoire, un énorme rat s'en échappe et se sauve entre ses jambes. Le fléau de l'île, dit Sturmer, ce sont les rats; les sauterelles d'Égypte ne sont rien à côté. Les habitants ne peuvent rien contre eux. Un esclave qui couchait dans une galerie eut un morceau de la jambe emporté. Pareille chose arriva à l'un des chevaux de l'Empereur. Bertrand fut sérieusement mordu à la main pendant son sommeil. Le soir, il était nécessaire de protéger les enfants contre leurs attaques. De loin, ce fléau pouvait paraître insignifiant, ou même comique, à Bathurst; il n'en était pas moins une odieuse aggravation aux petites misères de Longwood. Du reste,

Bathurst n'était pas le seul à s'en égayer. Parmi les basses caricatures, à l'aide desquelles certains journalistes français essayaient de salir leur souverain déchu, il en est plus d'une qui fait allusion à ce sujet : Napoléon reçu par le peuple de Sainte-Hélène, c'est-à-dire par les rats ; Napoléon octroyant une constitution aux rats ; Napoléon gardé pendant son sommeil par un rat factionnaire. Ainsi de suite. Inutile de nous étendre sur ces plaisanteries.

CHAPITRE XI.

LES COMMISSAIRES.

Dans ce drame lugubre, comme dans presque toutes les affaires humaines, la comédie a sa place et la farce même se glisse. La comédie, c'est sir Hudson Lowe qui se charge de la fournir, avec ses haricots et ses jetons. La farce, c'est l'histoire des commissaires.

Par le traité du 2 août 1815, il avait été stipulé, à la prière de Castlereagh, qui ne manqua pas de s'en repentir, que l'Autriche, la Russie et la Prusse « nommeraient des commissaires pour se rendre et habiter dans la place que le gouvernement britannique aura assignée pour la résidence de Napoléon Buonaparte, et qui, sans être responsables de sa garde, s'assureront de sa présence ». Par l'article suivant les cabinets signataires se proposaient d'inviter le roi très chrétien à envoyer un fonctionnaire semblable. La Prusse, par un judicieux mélange de clairvoyance et d'économie, se dispensa de mettre à profit le privilège qui lui était conféré. Les autres cours se hâtèrent de nommer leurs représentants. Ces commissaires n'avaient, on le remarquera, qu'un seul et unique devoir à remplir : « s'assurer de la présence de Napoléon ». Il est bon d'observer que pas un des commissaires ne le vit jamais face à face, sauf l'un d'eux qui fut admis à contempler son cadavre.

Un jour, le commissaire russe crut le voir, du champ de courses, debout sur le perron de sa résidence. Le même jour, le commissaire autrichien, caché dans un fossé et armé d'un télescope, aperçut un homme en tricorne qu'il jugea devoir être l'Empereur. Le commissaire français jouit du même aperçu télescospique, mais, comme il resta jusqu'à la mort de Napoléon, il eut la bonne fortune de voir ses restes. Là se borne le compte rendu de ce qu'ils ont fait pour accomplir leur mission, qui était « de s'assurer de sa présence ».

Il leur restait donc des loisirs considérables; ils les employèrent à causer avec le gouverneur, à lui dire des injures, à le tourmenter en lui faisant sentir une autorité rivale de la sienne. Lui les traitait en conséquence. Il assura l'Autrichien, — et c'est encore un trait qui le caractérise, — qu'il avait fouillé Vattel, Grotius et Puffendorff sans réussir à trouver, dans toute l'histoire diplomatique, une situation comparable à la leur. Il aurait pu ajouter : ni à la sienne. Mais c'était là une pauvre consolation pour des hommes qui voulaient voir Napoléon, ne fût-ce qu'un moment, et à qui cette satisfaction était refusée. Ils rôdaient vainement autour de Longwood. L'Empereur s'amusait à les regarder derrière ses stores et envoyait quelquefois vers eux des personnes de sa suite pour recueillir quelques nouvelles. Mais ce n'était pas encore là ce que les commissaires étaient venus chercher.

Un jour, Napoléon les invita à déjeuner, non comme

personnages officiels, mais comme hommes privés. Il
ne doutait pas que leur curiosité ne l'emportât sur
l'étiquette et sur l'opposition du gouverneur. Le repas
eût manqué un peu d'agrément, car il avait passé la
matinée à préparer une sorte de harangue qu'il voulait leur adresser. Mais ils ne parurent point. Il atten-
dit jusqu'à cinq heures et reçut alors, par ordonnance,
un refus en termes hautains, basé sur « les conve-
nances », de la part de l'envoyé russe et de l'envoyé
autrichien. Montchenu n'envoya aucun message, mais
c'est sans doute dans cette circonstance qu'il est censé
avoir fait l'héroïque réponse : « Allez dire à votre
maître que je suis ici pour le surveiller et non pour
diner avec lui! » Ni Montchenu ni ses collègues ne
retrouvèrent l'occasion qu'ils avaient dédaignée. Ce fut
leur dernière, leur unique chance.

Montchenu, le commissaire français, est celui qui
se prenait le plus au sérieux et c'est pourquoi, de
cette ridicule commission, il était, de beaucoup, le
plus ridicule. On dit que sa nomination avait été la
vengeance de Talleyrand pour tout ce qu'il avait eu à
subir de l'Empereur. « C'est la seule vengeance que
je veuille tirer des procédés de Napoléon à mon égard;
du reste, elle est terrible; quel supplice pour un
homme de la trempe de Bonaparte d'être obligé de
vivre avec un bavard ignorant et pédant! Je le connais,
il ne résistera pas à cet ennui, il en sera malade et en
mourra à petit feu. » Comme nous l'avons vu, cette sub-
tile vengeance manqua son effet, puisque Montchenu
ne réussit pas à infliger une seule fois sa présence
au prisonnier. Au début de sa vie, il avait connu
Napoléon lorsqu'il était officier subalterne à Valence,

dans un régiment dont Montchenu était lieutenant-colonel. A cette époque, ils avaient été en rivalité auprès de Mlle de Saint-Germain dont ils cherchaient à gagner le cœur. Elle leur préféra à tous deux M. de Montalivet qu'elle épousa. Il semble qu'à Sainte-Hélène il gardait encore cette disposition à l'amour, et ses conversations, telles que Gourgaud nous les rapporte, paraissent n'avoir consisté qu'en observations indécentes et en conseils immoraux. Il essaya d'embrasser une Mrs. Martin qui nous est inconnue. Il envoya à lady Lowe une déclaration d'amour en huit pages, qu'elle proposa à Gourgaud de lui montrer. Sa fatuité n'avait d'égale que sa vanité. Il se vantait, d'une manière générale, de ses succès auprès des dames anglaises. Il en avait connu, disait-il, quelque chose comme quatre mille; il donne à entendre qu'elles n'avaient pas été cruelles. Montchenu paraissait avoir conservé des souvenirs agréables de Valence. Il interrogea Gourgaud sur les amours récentes de Napoléon. Il avait pour l'Empereur certaines prévenances, lui envoyait des journaux et autres choses semblables. De son côté, Napoléon avait gardé de Montchenu un souvenir peu flatteur. « Ah! je le connais, dit-il; c'est un vieux fou, un vieux radoteur, un général de carrosse qui n'a, de sa vie, entendu un coup de fusil. Je ne veux pas le voir. » Ce qu'il y a de pire dans cette description, dit le commissaire russe, c'est qu'elle est exacte. D'autres jours, Napoléon l'appelle « imbécile, pauvre imbécile, vieux singe ». Et encore : « C'est un de ces hommes qui contribuent à accréditer l'idée que tous les Français sont des saltimbanques de naissance. » Plus tard, l'Empereur menace de jeter dehors le vieux marquis, s'il ose se présenter à Longwood, non parce qu'il est le commissaire français, mais à raison de certains articles qu'il a signés. Montchenu est un sujet de moquerie universelle. Tout Paris s'était amusé à ses dépens ; un de ses compatriotes, très haut placé, l'avait défini « un bavard insupportable, complètement nul ». Jusqu'à Lowe qui plaisante sur lui. A cause de son empressement à accepter l'hospitalité et de sa répugnance à l'offrir, il avait reçu le surnom de « Monsieur de Montez-chez-nous ». Henry, qui était son médecin, eut, cependant, les rieurs contre lui. Il avait dressé un compte interminable de visites. Le marquis régla le mémoire par une lettre de remerciements.

Montchenu avait alors plus de soixante ans. Il avait été page de Louis XV. Entré dans l'armée avant la Révolution, il avait suivi les princes en exil. A la Restauration, il fit, en matière de grades militaires, un saut aussi étonnant que celui que Las Cases avait accompli dans le service naval. En décembre 1815, il fut désigné comme commissaire à Sainte-Hélène. Cette nomination avait pour lui, tout au moins, un avantage négatif : elle le mettait à l'abri de ses créanciers. Son devoir positif était « de s'assurer par ses propres yeux de l'existence de Bonaparte ». On l'a vu, ses « propres yeux » ne lui servirent à constater que la cessation de cette existence. Néanmoins, il partit animé d'intentions sérieuses et même héroïques. Il date sa première dépêche de Ténériffe. « J'ai l'honneur de vous informer, écrit-il à son chef, que je suis très décidé à ne pas me séparer de mon prisonnier tant qu'il vivra. » Il arrive le jour anniversaire de Waterloo, débarque en toute hâte et demande à être conduit sur-le-champ à Longwood, pour être en mesure d'envoyer à son gouvernement une attestation de l'existence de Napoléon par le même bateau, qui repart le lendemain. On le calme à grand'peine, mais il insiste auprès de Lowe : il est indispensable qu'il puisse affirmer qu'il a « vu » le prisonnier. Deux jours plus tard, — c'est le 20 juin, — le gouverneur demande au comte Bertrand si l'Empereur recevra les commissaires. « Ont-ils, demande Bertrand, apporté des lettres de leurs souverains pour l'Empereur? » « Non, ils sont venus, conformément à la convention du 2 août 1815, pour s'assurer de la présence de Napoléon. » Bertrand prendra les ordres de l'Empereur. « Ont-ils le texte de la convention? » Il y a un moment de terrible désarroi. Personne n'avait songé à apporter un exemplaire de la convention. Impossible d'en trouver un ; et, pourtant, c'est de cet instrument diplomatique qu'ils tirent leur autorité et leur existence officielle. Les commissaires ne savent à quel saint se vouer. Enfin, par un jeu de la fortune, après avoir fouillé partout pendant trois semaines, Sturmer découvre dans sa malle quelques fragments du *Journal des Débats*, dont il s'était servi pour emballer et qui se trouvaient contenir le précieux traité. Sous cette forme médiocrement imposante, il fut envoyé à Napoléon, qui répond, le 23 août, par l'intermédiaire de Montholon, en protestant contre ce document. Lowe communique aux commissaires un extrait de cette lettre, qui équivalait à un refus de les recevoir officiellement ; « Pendant ce temps, dit Lowe, ils meurent d'envie de le voir. » Bientôt ce désir tourne à la folie. Montchenu veut entrer de vive force dans la maison, avec une compagnie de grenadiers. On lui rappelle que Napoléon a juré de brûler la cervelle au premier qui pénétrera dans sa chambre sans sa permission. En attendant, il essaye de forcer l'entrée tout seul; un sergent l'expulse. A la fin, il est obligé de s'en tenir à une attitude de surveillance. Il se tient en embuscade, pour fondre sur les membres secondaires de la colonie française, dans l'espoir de les faire manger et, par suite, de les faire jaser. Il réussit jusqu'à un certain point dans cette dernière partie de son programme. Il se trouva dans des termes assez amicaux avec Gourgaud pour lui adresser de tendres adieux, en lui recommandant par-dessus tout de faire savoir à qui de droit quel épouvantable ennui c'était de vivre à Sainte-Hélène et combien, par conséquent, il était indispensable d'élever le traitement des commissaires à un minimum de 4000 livres sterling par an.

Montchenu se distinguait des autres commissaires par le fait qu'il possédait un secrétaire, mais cette distinction n'était pas toujours un avantage. Notre impression est que le secrétaire, M. de Gors, avait reçu mission de surveiller son chef. En tout cas, il faisait son rapport sur lui avec une franchise qui donne le vertige. Quand il avait fini de copier les dépêches de Montchenu, il les faisait suivre du commentaire le plus désobligeant. « Je suis fâché de le dire, pour M. de Montchenu, mais il est de mon devoir de déclarer que toutes les réflexions qu'il a faites sur ses deux collègues sont peu fidèles et sentent trop la personnalité. Il eût dû se montrer plus juste et plus impartial envers le comte de Balmain, le seul qui ait vraiment pris à cœur les intérêts communs du service, et qui lui ait sacrifié son repos et sa santé, par excès de zèle. M. de Montchenu n'aurait pas dû oublier que c'est au comte que la mission est redevable de tout ce qu'elle a fourni d'intéressant, et il n'a jamais pu se décider à faire, de concert avec lui, une simple visite aux habitants de Longwood. Il a beaucoup jasé, toujours blâmé ce qu'il ne faisait pas, et jamais agi quand il en était temps. Il s'est amusé à des disputes de préséance, et le pli est donné maintenant, de sorte que Longwood est un poste qu'on ne reprendra qu'avec mille difficultés. »

Inutile d'ajouter un seul mot à la description de Montchenu par le secrétaire de Montchenu.

Nous pouvons passer à celui des commissaires qui, dans l'opinion du secrétaire, brillait si fort quand on le comparait à son patron.

Le comte de Balmain, le commissaire russe, appartenait à la famille des Ramsays de Balmain, ou plutôt à une branche de cette famille, établie en Russie depuis cent vingt-cinq ans. Il débuta assez mal en se préparant à amener avec lui une jeune couturière parisienne dont le rôle n'aurait eu rien d'officiel; mais ce scandale paraît avoir été empêché par l'horreur que ses collègues manifestèrent en apprenant ce projet. Ce n'est pas qu'il eût tranché d'une manière trop criante sur les mœurs habituelles de Sainte-Hélène, car, si nous devons en croire nos chroniqueurs français, les hauts fonctionnaires de la flotte vivaient là avec leurs maîtresses, et les amours de Gourgaud lui-même, à en juger par ses sous-entendus, étaient aussi variés qu'ils étaient vulgaires.

Balmain semble avoir été, parmi les commissaires,

celui dont le jugement était le plus rassis et les manières le plus agréables ; Longwood chercha à l'attirer dans ses filets et n'y réussit point. « Le comte de Balmain, dit Sturmer, s'est acquis ici l'estime générale. Sa conduite contraste d'une manière frappante avec celle de M. de Montchenu. Il est rempli de modestie et n'agit qu'avec beaucoup de circonspection, en évitant soigneusement tout ce qui pourrait donner de l'ombrage au gouverneur. Obligeant par caractère et aimable sans prétention, il sait se faire aimer par tous ceux qui se trouvent en rapport avec lui. Il fait peu de cas de M. de Montchenú et ne s'en cache pas vis-à-vis de moi. » Ses instructions n'étaient pas identiques à celles de ses collègues, car voici ce qu'on lui prescrivait : « Dans vos relations avec Bonaparte, vous garderez les ménagements et la mesure qu'exige une situation aussi délicate, *et les égards personnels qu'on lui doit.* » On ne trouvera ni cette phrase, ni son équivalent dans les instructions données à ses collègues. Mais, ce qui était infiniment plus significatif que la phrase elle-même, c'est que les mots en italiques étaient soulignés de la main de l'empereur Alexandre. Une intention aussi marquée ne pouvait être perdue pour Balmain. Il déclara que la volonté de son maître lui imposait une réserve et une courtoisie à l'égard de Napoléon, qui l'obligeaient à se tenir à l'écart de certains procédés extraordinaires de Montchenu. Mais les mots soulignés par l'Empereur ne restèrent pas longtemps le principe dirigeant du gouvernement russe, car il présenta, au Congrès d'Aix-la-Chapelle, un memorandum qui aurait pu être écrit par Bathurst lui-même et où se révélait la haine inextinguible de Pozzo di Borgo.

Ce mémorandum demandait que Napoléon fût traité avec rigueur et surtout qu'il fût obligé, par la force s'il était besoin, à se montrer deux fois par jour aux commissaires et au gouverneur. Mais toutes les foudres, toutes les menaces de toutes les puissances européennes échouèrent à obtenir ce simple résultat. Napoléon ne se montra jamais et demeura maitre de la situation.

Balmain, pour son début à Sainte-Hélène, tomba amoureux de miss Bruck (ou Brook), qui ne voulut pas de lui. Finalement, il épousa miss Johnson, la belle-fille de sir Hudson Lowe, qui, plus tard, amusa la cour de Saint-Pétersbourg par ses excentricités et par son accent. Cette situation de prétendant, qui occupa les deux dernières années de son séjour à Sainte-Hélène, compliqua ses relations avec le gouverneur, car elle le gêna dans l'expression de ses opinions, sans empêcher de fréquents conflits avec le haut fonctionnaire; mais son témoignage, en ce qui concerne Lowe, n'en est que plus impartial et plus instructif. Tout circonspect qu'il fût, Balmain n'échappa point à cette atmosphère de mensonge qui enveloppe Sainte-Hélène d'une sorte de brouillard. Le 2 novembre, Montholon rapporte que l'Empereur envoie Gourgaud pour faire causer adroitement les commissaires qui, à sa connaissance, ont reçu des dépêches de leurs gouvernements. Gourgaud revient, d'après le récit de Montholon, rapportant un mensonge sans importance, qui semble provenir de Sturmer, et une confidence de Balmain que son souverain a chargé d'une communication pour Napoléon. Le journal de Gourgaud, remarquons-le, ne confirme pas ce récit. Montholon continue en racontant que, pendant les deux jours qui suivent, des communications sont constamment échangées avec le représentant de la Russie. L'Empereur dicte un document explicatif. Le 27 décembre Montholon nous apprend que l'Empereur est décidé à envoyer Gourgaud en Europe, car il ne peut oublier les souvenirs de Tilsitt et d'Erfurt, et c'est pourquoi il a le plus grand désir de faire des ouvertures à l'empereur Alexandre, « quoiqu'il n'y ait rien dans les communications de Balmain qui puisse justifier ses espérances ». A la date du 11 janvier 1818 le journal de Montholon contient ces mots : « Importante communication du comte Balmain, transmise par le général Gourgaud. Rêves d'un retour en Europe et d'une hospitalité royale en Russie. » Nous ouvrons le *Journal* de Gourgaud et nous y lisons que, ce jour-là, il s'efforça, sur le désir de l'Empereur, de trouver Balmain, mais ne put y réussir. Ni en ce passage, ni dans aucun autre, il ne fait allusion à une communication comme celle dont parle Montholon. C'est en vain que nous feuilletons les dépêches de Balmain : elles sont conçues dans un sens bien différent. Ce qu'était cette communication, échangée entre deux personnes qui ne paraissent pas en savoir le premier mot, c'est encore Montholon qui veut bien se charger de nous en instruire. Le 10 février 1818, il a un mot vague, relatif à des espérances fondées sur l'amitié fraternelle d'Alexandre et sur la probabilité de faire recevoir Gourgaud à la cour de Russie. Dans cette pensée, Napoléon dicte une réponse très étudiée à ce mystérieux message qui n'avait jamais été expédié ni reçu. Dans ce document il remercie l'empereur Alexandre, son frère, pour les assurances transmises par Balmain et l'hospitalité qu'il lui a offerte en Russie. Il répond ensuite à trois questions que l'empereur Alexandre avait ordonné à Balmain de poser, relativement à l'occupation du duché d'Oldenbourg en 1812, à la guerre contre la Russie et à la rupture des négociations pour le mariage russe. Napoléon conclut en proposant son alliance à l'empereur Alexandre, dans le cas où ce souverain se séparerait des Bourbons, et en se déclarant prêt à signer un traité de commerce avec la Grande-Bretagne, si c'était la condition indispensable d'une entente. Ce document fut, sans aucun doute, remis à Gourgaud pour sa gouverne. C'est, selon toute probabilité, le même document, en substance, que Bertrand, deux mois plus tard, essaya de remettre à Balmain et que Balmain refusa d'accepter.

Que signifie tout cela? Il est certain que Balmain ne fit aucune communication. Mettons de côté l'invraisemblance de la chose, le silence de Balmain et de Gourgaud, le prétendu auteur et le prétendu intermédiaire de la communication. L'empereur Alexandre, à ce moment, n'était guère d'humeur à inviter Napoléon en Russie ni à lui poser des questions d'histoire rétrospective. Bien loin de là : c'était l'année du congrès d'Aix-la-Chapelle où le gouvernement russe demanda que Napoléon fût gardé plus sévèrement. Nous pouvons donc, avec une entière certitude, rejeter l'histoire de la communication. Mais, alors, pourquoi Napoléon basait-il un document officiel sur un message qui n'avait jamais été transmis et pourquoi répondait-il à des questions qui n'avaient jamais été posées? L'explication semblerait être celle-ci : deux mois avant le départ de Gourgaud Montholon nous dit que l'Empereur s'est décidé à envoyer cet officier général en Europe pour faire appel à l'empereur Alexandre. Il est donc vraisemblable que, en prévision du départ de Gourgaud, l'Empereur désirait lui remettre un papier destiné à l'accréditer et qui fût de nature à être montré. Personnellement, il conservait vaguement l'espoir de gagner la sympathie de l'empereur de Russie, soit parce qu'il se rappelait l'ascendant qu'il avait autrefois possédé sur Alexandre, soit parce qu'il savait avec certitude que les instructions de Balmain contenaient une nuance favorable à son égard, soit enfin parce qu'il ne pouvait ignorer le peu de goût qu'éprouvait Alexandre pour les Bourbons et que les circonstances pouvaient amener de nouveaux arrangements qui placeraient un autre occupant sur leur trône mal affermi. L'objet important était donc, pour lui, de se justifier sur les questions qui avaient éloigné de lui l'empereur Alexandre. Le message qui était censé venir de ce souverain fournissait une occasion de produire ces explications. Parmi ceux qui liraient le document, beaucoup y verraient une réponse à une communication authentique, et enfin, si la lettre et son contenu arrivaient jamais à Alexandre, il serait facile d'expliquer le message et les questions qui s'y rapportaient par une conversation mal comprise. Il n'est même pas impossible, — quoique peu vraisemblable, — que Balmain eût adressé ces questions aux personnes de la suite par pure curiosité. Dans tous les cas, si la lettre était arrivée aux mains d'Alexandre, les choses eussent été alors trop avancées pour qu'on attachât beaucoup d'importance à l'irrégularité initiale.

étranges étaient les combinaisons de cette intelligence féconde en ressources et dénuée de scrupules. Nous n'avons pas la prétention de les suivre. Nous nous bornons à relater les faits et à faire des conjectures. Une chose est certaine : c'est qu'à ce moment Napoléon tenait à ne pas négliger une seule chance, même la plus lointaine. Et, ici, il ne faut pas perdre de vue que les intérêts de son fils étaient toujours présents à sa pensée. Un jour ou l'autre il pourrait être utile à la dynastie de tenter un effort pour faire disparaître le malentendu avec la Russie. Pendant ce temps, Balmain, le loyal et irréprochable gentilhomme qu'il paraît avoir été et qu'indique le ton de ses dépêches, suivait honnêtement son chemin, sans rien soupçonner de ces artifices, résolu à suivre invariablement la même ligne de conduite, qui était de tenir à distance Longwood et ses intrigues.

Lorsque Balmain quitta Sainte-Hélène, Montchenu, qui savait peut-être quelque chose de la sympathie de son secrétaire pour le commissaire russe, eut sur ce diplomate un jugement d'ensemble empreint d'une vengeresse sévérité. Il ne peut donner une idée de toutes ses extravagances, de son ineptie, de la faiblesse, de la bizarrerie de son caractère. Après quoi, il se compare à son collègue : Lowe disait fréquemment aux autres commissaires : « Eh ! messieurs, que ne faites-vous comme le marquis ! » Du moins, c'est le marquis qui le répète avec complaisance.

Le baron Barthélemy Sturmer était le commissaire autrichien. Il n'avait que vingt-huit ans lorsqu'il arriva à Sainte-Hélène, et il venait d'épouser une jeune Française aimable et jolie, qui tint Las Cases à distance, à la grande indignation de l'auteur du *Mémorial*, car il prétendait que Mme de Las Cases et lui l'avaient accablée de gracieux procédés, lorsqu'ils l'avaient connue à Paris. La position de Sturmer était, de toutes, la plus délicate : son gouvernement lui enjoignait à chaque instant de travailler d'accord avec Lowe. Or c'était chose impossible à exécuter.

Napoléon essaya d'établir des relations avec le représentant de son beau-père. Un jour, il fit demander si, en cas de maladie grave, il pourrait confier à Sturmer un message qui serait remis à l'empereur et à nul autre. Sturmer, très embarrassé, ne sut rien répondre, sinon qu'il en référerait à son gouvernement. Bien entendu, la réponse du gouvernement autrichien ne vint jamais. Sturmer fut rappelé en 1818, à la suggestion du gouvernement anglais, qui agissait sur les instances de Lowe. C'est à Montchenu que revint le privilège de cumuler les deux sinécures et de représenter à la fois la France et l'Autriche. Le marquis profita de l'occasion. Il demanda à son gouvernement de l'élever au grade de lieutenant-général, en lui accordant une décoration de haute valeur et une augmentation de 500 livres sterling par an. Il réclamait, en même temps, un traitement annuel de 1200 livres sterling du gouvernement autrichien. Comment furent accueillies ces modestes prétentions? L'histoire n'en sait rien, mais elle s'en doute.

Était-ce la diversité de leurs instructions? Était-ce l'influence maligne du climat? Étaient-ce les dispositions de leurs cours respectives? Il est impossible de dire que les commissaires formassent un ensemble harmonieux. Ils ne montraient de dispositions à s'en-

tendre que sur trois points. D'abord, le mépris pour
sir Hudson Lowe : là, ils étaient unanimes dans l'amertume. En second lieu, la cherté de Sainte-Hélène et,
par conséquent, l'insuffisance de leurs salaires : sur ce
point, accord parfait, au diapason de l'enthousiasme.
Troisièmement, l'effet du séjour sur leurs nerfs. « Pour
ma santé, écrit Balmain, elle continue à être mauvaise.
Je souffre beaucoup des nerfs, et le climat les affai-
blit. » Trois mois après, de nouvelles attaques ner-
veuses le chassent au Brésil. Mais ce n'est rien à côté
des nerfs de Sturmer. Six ou huit mois avant son
départ, Sturmer fut pris d'une sorte d'hystérie. Il
pleurait, il riait, sans savoir pourquoi. Enfin, les attaques devinrent si violentes qu'il fallait quatre hommes
pour le tenir quand il était en proie à ses accès, et
l'opium seul pouvait le calmer. Le climat, ou Lowe,
ou tous les deux à la fois, c'était trop pour le système
nerveux de ces malheureux diplomates.

CHAPITRE XII.

NAPOLÉON CHEZ LUI.

Aucune peinture de Sainte-Hélène à cette époque ne saurait être complète, si l'on n'essayait de donner, au moins, une esquisse de la figure principale ; d'autant plus que c'est, parmi les nombreuses images de Napoléon, la dernière que nous puissions posséder. Il existe plusieurs descriptions de son apparence physique à partir du moment où il passa dans les mains des Anglais ; mais elles sont trop longues et trop détaillées pour trouver place ici. Nous les renvoyons donc, celles, du moins, qui sont le plus pittoresques, à un appendice.

Quant à son habitation, Longwood n'était qu'une agglomération de baraques construites pour servir d'abris aux bestiaux. L'endroit était balayé sans cesse par les vents ; pas d'ombre, beaucoup d'humidité. Lowe lui-même ne peut en dire aucun bien, et il a dû jouir de cet étrange jeu de la fortune qui lui accordait la seule résidence agréable de l'île, avec douze mille livres de revenu, tandis que Napoléon vivait, avec huit mille, dans une ancienne étable.

Le maître de tant de palais, qui tant de fois avait couché en conquérant dans le palais des autres sou-

verains, était réduit maintenant à deux petites pièces
d'égales dimensions, — environ quatorze pieds sur
douze, et dix ou onze de hauteur. Conquêtes, gloire,
triomphes, dépouilles prises à l'ennemi, tout cela,
fondu, rétréci, tenait dans cet étroit espace. Chacune
de ces deux pièces était éclairée par deux petites
fenêtres qui regardaient le bivouac du régiment anglais.
Dans un coin était le petit lit de camp aux rideaux de
soie verte, où il avait dormi la veille de Marengo et
d'Austerlitz. Un paravent masquait la porte du fond ;
entre le paravent et la cheminée, un canapé où Napoléon passait la plus grande partie de sa journée, quoique ce meuble fût tellement couvert de livres qu'il
n'était guère commode d'y trouver place. Les murs
étaient tapissés de nankin brunâtre et, au milieu de
toute cette misère, une magnifique toilette, garnie
d'aiguières et de cuvettes d'argent, déployait sa splendeur inattendue. Mais la chambre avait d'autres ornements. C'étaient les épaves du naufrage où avaient
sombré sa famille et son empire. D'abord, — cela va
sans dire, — une peinture d'Isabey, représentant
Marie-Louise, qui vivait alors, heureuse et insouciante,
à Parme, dans les bras de Neipperg. Deux portraits du
roi de Rome par Thibault : ici à cheval sur un mouton,
là mettant sa pantoufle. Puis, un buste de l'enfant, une
miniature de Joséphine. Au mur de la chambre étaient
suspendus le réveille-matin du grand Frédéric, pris à
Potsdam, et la montre portée par le premier consul en
Italie, avec une tresse de cheveux de Marie-Louise en
guise de chaîne.

Dans la seconde chambre on voyait un bureau,
quelques rayons de bibliothèque et un autre lit.

L'Empereur s'y reposait dans la journée ou venait s'y coucher la nuit, en quittant le premier, lorsqu'il était agité et tourmenté par l'insomnie, comme il arrivait presque toujours. O'Meara donne une description pittoresque de Napoléon dans sa chambre à coucher. Il s'asseyait sur le canapé qui était couvert d'une étoffe blanche « Napoléon s'y allongeait, vêtu de sa robe de chambre blanche du matin, d'un pantalon à pieds également blanc. Sur la tête un madras rouge à carreaux, et le col de sa chemise ouvert ; point de cravate. Sa physionomie était triste et inquiète. Devant lui une petite table ronde avec quelques livres ; au pied gisaient en tas, pêle-mêle sur le tapis, les volumes déjà lus. » Son costume ordinaire était, cependant, un peu moins négligé. Il était habillé d'un uniforme de chasse vert, avec des boutons assortis, et, quand le drap fut usé, il le fit retourner plutôt que de porter du drap anglais. Des bas et des culottes de casimir blanc complétaient son costume. Il renonça à son uniforme des Chasseurs de la Garde six semaines après son arrivée dans l'île. Il conserva cependant le fameux petit chapeau, mais il déposa la cocarde tricolore avec une sorte de solennité deux ans après la bataille de Waterloo, en disant à son valet de chambre de la garder comme une relique ou en vue de jours meilleurs. Ces détails ne sont pas tout à fait insignifiants, car il apportait de la méthode et mettait une intention même dans ces petites choses. D'ailleurs, nous devons les connaître si nous voulons nous représenter Napoléon dans sa phase finale.

Comment avait-il arrangé sa vie ?

Il déjeunait seul à onze heures, s'habillait pour la

journée à deux heures environ, et dînait, d'abord, à sept heures. Plus tard, il mit le dîner à quatre heures. Il y eut un nouvel arrangement un peu avant le départ de Gourgaud. Le déjeuner au milieu du jour fut supprimé. Il y eut dîner à trois heures et souper à dix. Quelques jours après, le dîner est mis à deux heures. Gourgaud soupçonne ces changements d'être faits pour la convenance et dans l'intérêt de la santé de Mᵐᵉ de Montholon, mais il est probable qu'ils avaient surtout pour but de tromper l'ennui des longues journées ou de remplir le vide des longues soirées. Car l'Empereur passait presque toutes les journées dans sa hutte, lisant, écrivant, causant et, au milieu de tout cela, s'ennuyant à la mort.

De ce pauvre intérieur le monde ne voyait rien. Ce qu'il voyait était tout à fait différent. Napoléon, en effet, pour justifier ses prétentions au titre impérial, maintenait autour de lui autant de pompe extérieure que sa situation le permettait. Il sortait dans une voiture à six chevaux, un écuyer en grand uniforme galopant à chaque portière. Les six chevaux étaient, parfois, une cause de danger à cause des brusques tournants de la route et de l'allure qu'exigeait Napoléon, mais n'étaient pas, cependant, un simple luxe. L'état des routes, à Sainte-Hélène, était tel que les dames de l'entourage, lorsqu'elles se rendaient à un diner ou à un bal, devaient employer un équipage mérovingien, traîné par plusieurs attelages de bœufs.

L'étiquette, à l'intérieur, n'était pas moins rigoureuse. Bertrand, Gourgaud et Montholon, devaient rester debout pendant des heures, au point qu'ils en tombaient de lassitude. Certain jour, Napoléon parait contrarié d'un bâillement que Bertrand ne peut réprimer. Le grand-maréchal s'excuse en disant qu'il est resté debout plus de trois heures. Gourgaud, pâle et presque malade de fatigue, était obligé de s'appuyer contre la porte; Antommarchi, qui, pour le dire en passant, avait à endosser un habit de cour toutes les fois qu'il rendait visite à son malade, devait rester sur ses jambes, devant lui, si longtemps qu'il était tout près de s'évanouir. En revanche, si quelqu'un d'eux était assis avec l'Empereur et se levait en voyant entrer Mme de Montholon ou Mme Bertrand, il était rappelé à l'ordre. L'Empereur avait toujours attaché une grande importance à la question du cérémonial. Il dissertait à perte de vue sur ce sujet avec Las Cases. Il avait, durant les Cent Jours, noté le progrès des mœurs démocratiques à ce qu'un de ses ministres s'était levé pour prendre congé de lui, sans attendre qu'il lui en donnât la permission. Même au milieu de l'agonie de Rochefort, il remarqua un léger manquement à l'étiquette du même genre. Quand Gourgaud dit devant lui qu'en Chine le souverain est adoré comme un dieu, Napoléon observe gravement que c'est ainsi que cela doit être. A Sainte-Hélène, les gens de la petite cour qui lui restait mettaient un soin chevaleresque à observer scrupuleusement les moindres prescriptions de l'étiquette envers leur Empereur détrôné. Aucun d'eux n'entrait dans sa chambre sans y être appelé. S'ils avaient une chose importante à lui communiquer, ils sollicitaient une audience. Nul n'osait se joindre à lui pendant une promenade à moins d'y être invité. Tous restaient tête nue devant lui, jusqu'au jour où il s'aperçut que les Anglais avaient reçu l'ordre de rester couverts en lui parlant; alors il voulut que ses serviteurs en fissent autant. Aucun d'eux ne lui adressait le premier la parole si ce n'est dans le courant d'une conversation déjà engagée. Bertrand, dans une ou deux occasions, le contredit d'une façon si raide que l'Empereur en fit la remarque et lui dit qu'il n'aurait jamais osé se comporter ainsi aux Tuileries. Bertrand encourut aussi le déplaisir de l'Empereur en ne dînant pas régulièrement tous les jours à la table impériale, suivant sa charge de grand-maréchal, car sa femme désirait l'avoir à dîner quelquefois avec elle. Toutes les choses de ce genre qui sentaient le relâchement et la négligence contrariaient sérieusement Napoléon. Des bagatelles, qui lui auraient peut-être échappé à Paris, dans le grand tourbillon, le choquaient à Sainte-Hélène; elles lui rendaient sensible le changement de sa position. Il y avait aussi l'éternelle question du titre. Bertrand pouvait bien avoir parfois des défaillances dans l'observance de l'étiquette; mais il n'oublia jamais d'expédier les lettres, écrites au nom de son maître, dûment scellées et avec toutes les formes du grand-maréchal du palais de l'Empereur, quoiqu'il n'y eût pas grand-chose à Sainte-Hélène qui pût rappeler l'un ou l'autre. Le dîner de Napoléon était servi, en grande pompe, dans de la vaisselle d'or et d'argent, par ses domestiques français, vêtus de leur riche livrée vert et or. Au début, on avait donné à Napoléon, pour son service, douze marins anglais qui portaient la même livrée. Mais ils disparurent avec le *Northumberland*, à l'équipage duquel ils appartenaient. Lowe offrit de les remplacer par des soldats; l'Empereur déclina cette offre. Une place restait vide à côté de lui : c'était celle de l'Impératrice. Mais elle fut donnée plus d'une fois à des dames privilégiées.

Le menu comportait une grande quantité de plats. L'Empereur mangeait avec appétit et pressait quelquefois un hôte de distinction d'accepter telle ou telle friandise. Comme toujours, le repas durait peu. Aux Tuileries c'était une affaire de vingt minutes; à Sainte-Hélène on accordait cinq minutes de grâce à Bertrand pour croquer autant de bonbons qu'il en voulait. Et, dans les premiers jours de Longwood, l'Empereur, au dessert, envoyait chercher un volume, quelque tragédie française qu'il lisait tout haut.

Beaucoup trouveront ridicule cette pompe mesquine. Pour nous, nous ne pouvons nous empêcher d'éprouver une sympathie mélancolique pour ces braves serviteurs, qui ne s'inquiétaient pas de savoir ce que Napoléon était à d'autres yeux, mais s'obstinaient à voir en lui leur souverain.

Et, ici, comment ne pas remarquer la singulière composition de la petite cour? Montholon, comme son biographe nous en instruit, était grand-veneur héréditaire de France sous l'ancienne monarchie, et Louis XVIII, à la première Restauration, offrit de lui rendre cette charge. Las Cases était un émigré. Gourgaud était le frère de lait du duc de Berry. Des quatre, Bertrand était le seul qui n'eût absolument aucune attache royaliste.

L'unique plaisir dans la vie du prisonnier, c'était l'arrivée des livres. Il s'enfermait avec eux dans sa hutte pendant des jours et des jours, s'y baignait, s'en régalait, en faisait une vraie débauche. De toutes façons il préférait rester dans la maison. Il haïssait tout ce qui rappelait la prison : les sentinelles, l'officier d'ordonnance, la chance de rencontrer Lowe. En restant chez lui, dit-il à Gourgaud, il conserve sa dignité; en effet, il est toujours empereur et ne saurait vivre autrement. Il tâche donc de prendre de l'exercice à l'intérieur. Lowe rapporte un jour que l'Empereur s'était fait construire un cheval de bois fait de poutres croisées. Il s'asseyait à l'une des extrémités de la poutre, tandis qu'un contrepoids très lourd était suspendu à l'autre extrémité, et il imprimait à l'appareil un mouvement de bascule. Ces remèdes ne réussissaient pas. Le manque d'exercice le rendait malade; il avait des attaques de scorbut, ses jambes enflaient, et il avait alors une sorte de satisfaction maladive à constater que ses souffrances étaient l'effet des restrictions imposées par le gouverneur. Puis, pendant la dernière année, de nouveau, il voulut vivre. Il monta quelquefois à cheval, mais sa principale occupation ce fut son jardin. Entouré d'une équipe de terrassiers chinois, on le voyait planter, creuser, remuer la terre. Un grand artiste, dit Montholon, aurait trouvé un sujet digne de son pinceau dans ce puissant conquérant, chaussé de pantoufles rouges et coiffé d'un grand chapeau de paille, la bêche en main, travaillant dès l'aube, dirigeant les efforts de ses serviteurs, pleins d'admiration, et les travaux, plus efficaces, — c'est Montholon qui en fait l'aveu, — des jardiniers chinois. Paul Delaroche fit un portrait de lui dans ce costume; il l'a représenté se reposant de son travail, le visage flasque et alourdi. Il bouleversa si énergiquement la terre, pour produire un peu d'ombre, que Lowe prit peur. Il craignait que ses sentinelles n'eussent de la peine à exercer leur surveillance. Il donna un avertissement en règle, prohibant la continuation du travail. Il s'est fait un mérite de ne pas l'avoir détruit. On ne fit guère attention à ce vain étalage d'autorité : maintenant, Lowe n'existait plus pour les hôtes de Longwood. Napoléon se donna à l'entreprise avec son ardeur ordinaire ; il y consacra beaucoup de temps et d'argent ; il acheta et transporta de grands arbres avec l'aide du régiment d'artillerie et de plusieurs centaines de coolies. Tout cela, pendant un temps, lui procura de la distraction et de l'exercice. Ses malheureux courtisans avaient à suivre, que cela leur plût ou non. Mais peut-être ce nouveau travail leur était-il plus agréable que l'ancien. A l'intérieur, ils avaient une rude besogne. Napoléon détestait écrire ; on pourrait presque dire qu'il ne savait plus écrire. Ce qu'il traçait était illisible. On rapporte qu'au moment de son mariage il eut toutes les peines du monde à griffonner un billet pour son beau-père. Ses secrétaires se donnèrent un mal infini pour rendre ce billet présentable. Tout ce qu'il pouvait faire, c'était de dicter, et Dieu sait s'il dictait !

On nous assure qu'un jour, à Longwood, il dicta quatorze heures de suite, s'arrêtant de temps à autre, pendant quelques minutes, afin de relire ce qu'on venait d'écrire. La sténographie était inconnue des membres de sa maison : aussi le travail était-il des plus pénibles. Seul, Las Cases inventa, pour son usage personnel, un système de notation hiéroglyphique. Quelquefois Napoléon dictait pendant des nuits entières. On éveillait Gourgaud à quatre heures du matin pour prendre la place de Montholon, qui n'en pouvait plus. L'Empereur encourageait ses secrétaires en leur disant que le droit de propriété de ce qu'ils écrivaient serait pour eux et leur rapporterait des sommes folles. Mais cette alléchante perspective ne les empêchait pas de gémir. D'ailleurs, dans des moments de mauvaise humeur, il leur disait que, s'ils se figuraient être maîtres de leur travail, ils se trompaient lourdement. Qu'advint-il de toutes ces dictées ? Nous ne savons. Une grande partie, probablement, est encore inédite, mais une portion considérable a vu le jour et il est possible que certains matériaux aient été tirés de cette masse et utilisés pour d'autres publications, par exemple pour les *Lettres du Cap*. Gourgaud soupçonnait l'Empereur d'être l'auteur de diverses compositions, entr'autres le *Manuscrit de Sainte-Hélène*, dont il n'est certainement pas responsable, et un article de la *Revue d'Édimbourg*, qui fut écrit par Allen, à Holland House, avec des documents fournis par le cardinal Fesch et par Louis Bonaparte. Il est probable qu'il y avait un perpétuel courant de choses dictées à Sainte-Hélène, qui allaient inspirer, en Europe, la polémique bonapartiste, et Gourgaud blâme l'Empereur de produire tant de pamphlets. Quelques-uns de ces manuscrits furent enterrés dans un coin du jardin et, selon toute vraisemblance, n'ont jamais été imprimés.

Outre le jardinage, l'équitation, la lecture et la dictée, Napoléon avait encore quelques distractions. A un certain moment, il lui prit fantaisie d'acheter des agneaux et de les apprivoiser. On jouait le polo dans l'île, mais il n'y prit aucune part. De chasse proprement dite, il n'y en avait point, sinon difficile et de pauvre qualité. Gourgaud, qui était infatigable, allait quelquefois chasser les tourterelles, tirer un faisan, une perdrix ou un sanglier. Lowe fit lâcher à Longwood quelques lapins, afin que l'Empereur pût les tirer, mais, comme il faisait toujours les choses en maladroit, et à contre-temps, il choisit le moment où Napoléon venait de planter de jeunes arbres. Les rats, suivant toute apparence, tuèrent les lapins et sauvèrent les arbres; en tout cas, les lapins disparurent. Napoléon ne se mit à chasser que dans les derniers temps, et accomplit alors des exploits à faire pleurer un sportsman. Il en avait toujours été ainsi. Autrefois, à la Malmaison, il avait un fusil dans sa chambre et tirait sur les oiseaux privés de Joséphine. Et, maintenant, pour protéger son domaine, il se mit à tirer sur les chevreaux apprivoisés de Mme Bertrand, au grand désespoir de celle-ci, ainsi que sur tous les animaux errants qui se fourvoyaient dans l'intérieur de son parc. Y trouvant aussi un taureau, il le mit à mort. Alors, il fit venir des chèvres et les tira également. Cette fusillade, il est à peine besoin de le dire, donna de l'inquiétude au gouverneur et à son collègue Montchenu, et Forsyth, le biographe, en éprouva lui-même une angoisse rétrospective. Qu'arriverait-il, demandait Lowe, si Napoléon tuait quelqu'un par mégarde? Pourrait-on le juger et le condamner pour homicide par imprudence? Ces questions leur paraissaient si troublantes qu'ils les soumirent aux légistes de la Couronne.

Au commencement, il sortait à cheval, mais la présence d'un officier anglais, toujours à ses talons, lui était intolérable, et il resta quatre ans sans monter. Pendant ce long repos, il disait plaisamment de son cheval : « C'est un chanoine, s'il en fut : il est bien

nourri et il ne fait rien. » Il disait qu'il n'avait jamais
eu peur à cheval, parce qu'il n'avait jamais pris de
leçons. Il y a peut-être des lecteurs qui seront bien
aises de savoir qu'il considérait que le plus beau et le
meilleur de tous ses chevaux était, non le fameux
Marengo, mais un autre appelé Mourad-Bey.

Il jouait à certains jeux, au billard mais sans s'appliquer, au reversi, — il avait appris ce jeu lorsqu'il
était enfant, — enfin aux échecs. A ce dernier jeu, il
était remarquablement maladroit et il fallait d'aussi
bons courtisans que l'étaient ses serviteurs pour éviter
de le battre : c'était, du reste, un genre de tricherie
dont il s'apercevait quelquefois. A bord du *Northumberland*, il avait joué au vingt-et-un ; mais il l'interdit
lorsqu'il s'aperçut qu'on y jouait gros jeu. A tous les
jeux il trichait, ouvertement et grossièrement, pour
faire une farce ; bien entendu, il refusait de recevoir
l'argent gagné de cette façon. Il disait en riant :
« Vous êtes des imbéciles ! C'est comme cela que les
fils de bonne famille se ruinent. »

Il semble qu'il prît plaisir à lire tout haut, bien
qu'il ne lût pas très bien et ne parût pas très sensible
à la cadence des vers. Mais une des difficultés pour
ceux qui aiment à lire tout haut, c'est de trouver un
auditoire qui les goûte et c'était précisément le cas
pour Napoléon. Montholon nous parle d'un des
membres de la suite qui s'endormait pendant ces lectures (immédiatement nous soupçonnons Gourgaud).
L'Empereur ne l'oublia pas. Un autre jour, Gourgaud
dit, à propos d'une pièce française : « *Le Dormeur
réveillé* nous endort. » Quand l'Empereur lit tout haut
ses propres mémoires, le même gracieux compagnon

en fait une critique si sévère que Napoléon refuse, à partir de ce moment, d'en donner lecture à haute voix. Pourtant, à une lecture de *Paul et Virginie*, Gourgaud pleure à chaudes larmes, tandis que Mme de Montholon se plaint que des récits si douloureux troublent la digestion.

L'Empereur était censé déclamer à la Talma et la tragédie française, quand on la déclame longtemps, sous un climat très chaud, peut quelquefois inviter au sommeil. La tragédie était sa lecture de prédilection et Corneille son favori. On possède une dissertation de l'Empereur sur les tragédies de Corneille, prononcée dans un salon de ce Kremlin prêt à s'écrouler : « Moi, disait-il, j'aime surtout la tragédie haute, sublime, comme l'a faite Corneille. Les grands hommes y sont plus vrais que dans l'histoire; on ne les y voit que dans les crises qui les développent, dans les moments de décision suprêmes, et on n'est pas surchargé de tout ce travail préparatoire de détails et de conjectures que les historiens nous donnent souvent à faux. C'est autant de gagné pour la gloire; car il y a bien des misères dans l'homme, des fluctuations, des doutes : tout cela doit disparaître dans le héros. C'est la statue monumentale où ne s'aperçoivent plus les infirmités et les frissons de la chair. » Après Corneille, ce qu'il aimait le mieux, c'était Racine, mais il goûtait des talents tout différents et il prenait volontiers Beaumarchais ou les *Mille et une Nuits*; mais peut-être n'était-ce là qu'une concession faite à la frivolité de ses auditeurs. Comme Pitt, son grand ennemi, il aimait *Gil Blas*, mais il jugeait que c'était un mauvais livre pour les jeunes gens. En effet,

« Gil Blas voit tout en mal, et la jeunesse croit que le monde est comme cela, ce qui est faux. » Il lisait souvent la Bible; quelquefois, dans des traductions, Homère et Virgile, Eschyle et Euripide. A la littérature anglaise il empruntait le *Paradis perdu*, l'*Histoire d'Angleterre* de Hume et *Clarisse Harlowe*. Quant à Ossian, — quelle que soit la littérature à laquelle on rattache ce poète, — c'était un vieil ami dans l'intimité duquel il se plaisait. Il avait pour Voltaire et pour *Zaïre* une vraie passion. Une fois, il avait prié Mme de Montholon de choisir une tragédie en vue de leurs amusements du soir. Elle avait choisi *Zaïre* et, dès lors, ils eurent à avaler *Zaïre*, tant et si bien que ce nom seul leur inspirait une sorte de terreur.

Il peut sembler étrange, à première vue, qu'il ne soit jamais question, ou très peu, de Bossuet, car le grand évêque avait, à une heure décisive de sa vie, parlé puissamment à son imagination. Le *Discours sur l'Histoire universelle* avait éveillé son intelligence, comme Lodi éveilla son ambition. Le jour où il eut le bonheur de tomber sur le *Discours*, où il lut ce qui était dit de César, d'Alexandre et de la succession des Empires, le voile du temple, nous dit-il, se déchira devant lui et il vit les mouvements des dieux. A dater de ce moment, dans toutes ses campagnes, en Égypte, en Syrie, en Allemagne, dans ses grands jours, cette vision ne le quitta plus. A Sainte-Hélène, elle l'abandonna pour jamais : il ne faut donc pas nous étonner qu'il évitât Bossuet.

Il avait toujours été un grand liseur, bien qu'il ait déclaré que, pendant sa vie publique, il ne lisait que ce qui était immédiatement utile à son but. Lorsqu'il était à l'École de Brienne, il demandait tant de livres qu'il mettait au désespoir le bibliothécaire du collége. Quand il était en garnison à Valence, il dévorait au hasard tout ce qui lui tombait sous la main. « Lorsque j'étais lieutenant d'artillerie, dit-il devant les princes réunis à Erfurt, j'ai été pendant trois ans en garnison à Valence. Là, j'ai passé mon temps à lire et à relire tout ce que contenait la bibliothèque de la ville. » Plus tard, on nous apprend que, lorsqu'il courait en poste pour rejoindre ses armées, il avait sa voiture pleine de livres et de brochures qu'il jetait, à mesure, par la portière, lorsqu'il les avait feuilletés. Lorsqu'il voyageait avec Joséphine, tous les livres nouveaux étaient placés dans la berline, afin qu'elle lui en donnât lecture en route. Bien qu'il ait prétendu ne lire que des livres sérieux, sa bibliothèque de voyage était remplie de livres d'imagination auxquels il donnait beaucoup d'attention. Il avait projeté une collection portative de trois mille volumes choisis, lesquels devaient être imprimés pour lui; mais, ayant reconnu que l'exécution de ce projet demanderait six ans et coûterait plus de six millions de francs, il eut la sagesse d'y renoncer. Même à Waterloo, il était accompagné par sa bibliothèque de voyage composée de huit cents volumes, contenus dans six caisses différentes, — la Bible, Ossian, Homère, Bossuet et les soixante-dix volumes des œuvres de Voltaire. Trois jours après son abdication définitive, nous le voyons, de la Malmaison, se commander toute une bibliothèque : livres sur l'Amérique, qu'il avait choisie comme son refuge; livres sur lui-même et sur ses campagnes; une collection du *Moniteur*;

les meilleurs dictionnaires et les meilleures encyclo-
pédies. Maintenant, il les absorbait dans sa solitude :
histoire, philosophie, art militaire, mémoires: de
cette dernière branche de littérature il lut soixante-
douze volumes en une année. Et ce n'était pas un lecteur passif : il griffonnait sur les marges, dictait des
notes ou des critiques. Mais, quand il s'agissait de lire
tout haut, c'était toujours des œuvres d'imagination
qu'il choisissait, et la façon dont il les choisissait
n'est pas faite pour inspirer un regret immodéré de
n'avoir pas été présent à ces lectures. Nous avons vu
que ses auditeurs n'appréciaient pas beaucoup leur
privilège. Ce qui frappe le plus dans ses habitudes,
c'est le manque d'intérêt, le manque d'utilité pratique.
On ne peut s'empêcher de penser à l'animal en cage
qui arpente en long et en large, sans trêve comme
sans but, le repaire où il est emprisonné, et dont les
sauvages prunelles explorent le monde extérieur avec
un farouche désespoir. Si Gourgaud s'ennuyait « à la
mort », que dire de l'Empereur?

D'ordinaire, il est calme et stoïque. Quelquefois, il
se réfugie dans une sorte de grandeur abstraite; quelquefois, il laisse échapper un gémissement sublime.
« L'adversité manquait, dit-il, à ma carrière. » Il prend
un des Annuaires de son règne. « Quel bel empire!
Quatre-vingt-trois millions d'hommes sous mes ordres,
plus de la moitié de la population de l'Europe! » Il
essaye de maîtriser son émotion en tournant les
feuillets, il va jusqu'à fredonner un air, mais il est
trop visiblement affecté. Un autre jour il est assis en
silence, la tête dans ses mains. A la fin, il se lève:
« Après tout, s'écrie-t-il, quel roman que ma vie! »

Et il sort de la chambre. La gloire ne le console pas, car il n'est pas sûr d'elle. « On est occupé à détruire toutes les institutions que j'ai fondées, l'Université, la Légion d'honneur, etc., et je serai bientôt oublié. » Il disait encore : « L'histoire parlera à peine de moi, j'ai été culbuté. Si j'avais maintenu ma dynastie, à la bonne heure! » Défiance de l'avenir, reproches qu'il s'adresse sur le passé, monotonie d'une vie refoulée, tels sont les tourments qui, chaque jour, rongent son âme. Pendant six ans, il savoura l'amertume d'une mort lente, désolée, hantée par le regret.

De plus, son infatigable énergie, désormais sans objet, son activité se retournait contre lui et le dévorait. Il ne pouvait exister que dans une fièvre de travail. « Le travail, disait-il, est mon élément. Je connais les limites de mes jambes, je connais celles de mes yeux, je n'ai jamais connu celles de mon travail. » Son esprit et son corps, dit Chaptal, étaient incapables de fatigue. Comment trouver de l'emploi, à Longwood, pour cette formidable machine? Toute la force cérébrale, nerveuse, corporelle, qui s'était mesurée avec le monde, retombait sur lui et le déchirait. Apprendre assez d'anglais pour lire dans les journaux ce qui se passait dans cette Europe dont il avait été le maître; dicter des mémoires où il donnait ses vues sur ce qui l'intéressait momentanément; potiner sur ses geôliers; maintenir l'ordre et l'harmonie dans sa petite cour : voilà les miettes d'existence qu'il lui restait à grignoter. Il n'y a point, dans l'histoire, de position analogue à la sienne. Généralement, le monde a vite fait de se débarrasser de ses Césars lorsqu'il a assez d'eux. Napoléon avait cherché inutilement la mort devant l'ennemi et par le suicide. Les tentatives tant de fois renouvelées pour l'assassiner avaient été vaines. Nos ministres avaient été déçus dans l'espoir que le gouvernement français le ferait pendre ou fusiller. L'Europe eut à ramasser tout son courage pour cette tâche sans précédent de bâillonner, de paralyser une intelligence et une force qui se trouvaient trop gigantesques pour le bien-être et la sécurité du monde. Tel est le problème étrange, unique, effroyable, qui rend les souvenirs de Sainte-Hélène si profondément douloureux et attirants.

CHAPITRE XIII

LES CONVERSATIONS DE NAPOLÉON

On a tort de recueillir toutes les paroles d'un grand homme qui a quitté la scène. Une intelligence qui a été accoutumée à une activité constante et qui se trouve tout à coup sans emploi, est une locomotive qui ne sait plus où elle va. La parole, n'ayant plus d'objet précis, n'est pas toujours dirigée. Le grand homme est tenté de parler tout seul et, alors, tout ce qu'il y a en lui de passion, de ressentiment, de mépris, éclate et rompt ses digues. Napoléon devinait ce danger. « Vous avez raison de m'arrêter. J'en dis toujours plus que je ne veux, quand je me laisse aller à parler sur des sujets qui m'intéressent trop vivement. » Il n'y a pas autant d'explosions de ce genre qu'on pourrait s'y attendre dans les conversations de Napoléon à Sainte-Hélène. Il lui arrive de s'emporter contre le gouverneur, ou contre les restrictions, ou contre l'île elle-même, mais, en général, il est calme, méditatif, il pense tout haut et, quelquefois, aboutit à des conclusions contradic- toires. Lavalette avait déjà, à son retour de l'île d'Elbe, remarqué ce détachement d'esprit. « Jamais je ne l'ai vu d'un calme plus imperturbable. Pas un mot amer avec qui que ce fût; pas une impatience; écoutant tout, discutant tout, avec cette sagacité rare et cette rare élévation d'esprit qui étaient si remarquables en lui; avouant ses fautes avec une touchante franchise, ou raisonnant sa situation avec une pénétration que ses ennemis ne pouvaient égaler. »

Les conversations de Napoléon qui ont été recueillies ne répondent pas à toutes nos curiosités. Après les deux premières années du Consulat il lui arriva rarement de s'ouvrir dans une causerie. Et ceux avec lesquels il put s'épancher quelquefois — par exemple Berthier, Duroc, ou Bertrand — sont restés muets. Sans aucun doute, il pouvait parler fort bien en public; seulement, lorsqu'il parlait en public, il ne disait pas sa pensée, mais ce qu'il voulait que l'on prît pour sa pensée. A Sainte-Hélène, nous avons une quantité de dissertations de cette nature, car il avait toujours autour de lui des gens qui tenaient un journal, et il le savait. Las Cases et Montholon ne rapportent pas autre chose. Tout le long de son règne, nous avons des reproductions nombreuses de ces paroles claires, éloquentes, incisives, qu'il avait soin de prononcer en public. Villemain en donne de merveilleux échantillons, qu'il devait au témoignage de Narbonne. Ils sont trop achevés, peut-être, pour être tout à fait exacts. Parmi les innombrables mémoires publiés sur l'époque impériale il n'en est guère qui ne cherchent à nous offrir des spécimens de la conversation de Napoléon.

Mais, si nous voulons atteindre l'homme, ou, du moins, le peu qu'il nous est possible d'en connaître, c'est ailleurs qu'il faut nous adresser. A notre avis, c'est Rœderer qui rend le mieux la parole familière de

Napoléon. Il nous donne des exemples du primitif style consulaire, alors que Napoléon était encore républicain dans les formes, ainsi que tout ce qui l'entourait, lorsqu'il faisait encore son apprentissage en matière de gouvernement civil, avant d'aspirer à une couronne. Ce sont des fragments de ses discours au Conseil d'État, des entretiens à la Malmaison et à Saint-Cloud ; ce sont aussi de longues conversations qui datent d'une époque ultérieure, reproduites mot pour mot, avec une fidélité frappante, autant qu'on en peut juger aujourd'hui. Qu'on lise, par exemple, le compte rendu des conversations de Rœderer avec Napoléon, en janvier et février 1809, en 1811 et surtout en 1813. C'est, suivant nous, la plus vivante représentation de l'Empereur qui soit au monde. Concise, franche, quelquefois brutale, mais toujours intéressante, telle semble avoir été, en réalité, la parole de Napoléon lorsqu'il causait. Le secret de sa magique influence, c'est qu'il peut, d'un instant à l'autre, mettre en jeu toutes ses facultés en les concentrant sur un seul objet. Aussi l'éclaire-t-il, en un moment, par des réminiscences, par des comparaisons historiques, par tout ce que lui suggèrent sa finesse naturelle, sa connaissance du genre humain en général et, en particulier, des hommes avec lesquels il avait eu affaire.

Il est impossible de donner un abrégé des conversations de Napoléon à Sainte-Hélène. Elles sont semées dans une vingtaine de volumes, très inégaux en mérite comme en autorité. Il n'est pas toujours aisé de séparer l'ivraie du bon grain. Quelques-uns de ces volumes sont remplis de matière dictée par Napoléon. Ces dictées ont, certainement, un intérêt et une valeur qui leur est propre, mais enfin, ce ne sont pas, à vrai dire, des conversations. Si l'on cherche l'homme tel qu'il se révèle en causant, c'est la transcription de Gourgaud qui nous semble la plus fidèle. Montholon n'est ni aussi intelligent ni aussi digne de créance; Las Cases arrange et invente; O'Meara traduit en anglais des conversations tenues en italien. Ces conversations sont animées, intéressantes, mais elles n'inspirent pas confiance. Gourgaud nous donne, croyons-nous, un récit sincère, et, en effaçant les teintes bilieuses que la jalousie et l'ennui y répandent, une peinture vraie.

Les faits qu'il rapporte sont, sans doute, d'un haut intérêt, mais ce qu'il y a de plus remarquable, c'est cet air de vérité toute crue, de vérité à l'état brut, dans tout ce qu'il rapporte. Ce ne sont pas des souvenirs en grande toilette; on dirait plutôt des croquis instantanés, pris sur la manchette ou sur l'ongle du pouce. Lorsqu'il y a divergence entre lui et Las Cases, ou Montholon, nous savons très bien qui nous devons croire. Dans les grandes occasions, ils s'empressent de draper leur héros dans une toge ou dans une chlamyde; Gourgaud le prend comme il le trouve, dans son bain, dans son lit, en chapeau de paille ou en madras rouge, furieux ou bon enfant. Nous choisirons deux exemples, l'exécution de Ney et celle de Murat.

Montholon représente l'Empereur disant, le 21 février : « La mort de Ney est un crime. Le sang de Ney était sacré pour la France. Sa conduite dans la retraite de Russie n'a point d'égale. Elle aurait dû couvrir d'une sainte égide le crime de haute trahison, s'il avait été vrai que le maréchal Ney l'eût commis. Mais Ney n'a point trahi le roi, etc. » Voilà bien les sentiments que le public s'attend à voir exprimer par Napoléon, mais non pas, peut-être, le 21 février, puisqu'il n'a connu l'exécution de Ney que vers le milieu de mars.

Le langage de Gourgaud est tout différent. Il nous montre Napoléon changeant sa manière de voir sur ce point. Un jour il déclare qu'ils ont « assassiné » Ney; un autre jour, que le maréchal n'a eu que ce qu'il méritait. « On ne doit jamais manquer à sa parole et je méprise les traîtres.... Ney s'est déshonoré. Je le regrette comme un homme précieux sur un champ de bataille; mais il était trop immoral et trop bête pour réussir. » Il va jusqu'à dire qu'il n'aurait jamais dû lui donner le bâton de maréchal, qu'il aurait dû le laisser à la tête d'une division, car, comme l'avait dit Caffarelli, Ney avait tout juste le courage et l'honnêteté d'un hussard. En 1814, il avait agi comme un véritable traître. Il s'était conduit en coquin, suivant son habitude. Opposez à ce mot les remords exprimés par la duchesse d'Angoulême, lorsqu'elle lut le livre de Ségur : « Si nous avions su, en 1815, tout ce que le maréchal avait fait pendant la campagne de Russie, il n'aurait pas été exécuté! » Placez aussi en regard les paroles de Napoléon lui-même en Russie : « Quel homme! Quel soldat! Ney est perdu! J'ai trois cents millions dans les caves des Tuileries : je les donnerais pour le ravoir! » De ce cruel changement nous pouvons conclure que Napoléon n'a jamais oublié ni pardonné sa terrible entrevue avec Ney du mois d'avril 1814 à Fontainebleau, ni la fanfaronnade du maréchal, en 1815, lorsqu'il s'était vanté de ramener l'Empereur dans une cage. Ce n'est qu'au dernier moment, la veille de Ligny, qu'il l'appela à l'armée. En somme, les deux héros étaient devenus l'un pour l'autre des ennemis.

Arrive la nouvelle de la mort de Murat. Comme dans le discours de Napoléon à Montholon, au sujet de la mort de Ney, il y a une singulière particularité à propos de cet événement, qui est annoncé « pour la première fois » à l'Empereur par trois personnes différentes. Las Cases lui donne lecture de la nouvelle. « A ces mots inattendus, l'Empereur, m'interrompant du bras, s'est écrié : « Les Calabrais ont été plus humains, plus « généreux, que ceux qui m'ont envoyé ici. » Ce fut tout. Après quelques moments de silence, voyant qu'il ne disait plus rien, je continuai. » C'est là, sans doute, la version officielle, car elle est reproduite dans les *Lettres du Cap*.

O'Meara apporta aussi la « première nouvelle ». « Il l'apprit avec calme et demanda aussitôt si Murat avait péri sur le champ de bataille. D'abord, j'hésitais à lui dire que son beau-frère avait été exécuté comme un criminel. Il répéta sa question et je dus alors lui apprendre comment Murat avait été mis à mort. Il m'écouta sans changer de visage. » Gourgaud, à son tour, apporte la « première nouvelle ». « J'annonce la fatale nouvelle à Sa Majesté, qui conserve la même physionomie et me dit qu'il faut que Murat ait été fou pour risquer une pareille aventure. J'assure que cela me fait une vive peine de voir périr, de la main de telles gens, un homme aussi brave que Murat, qui avait si souvent défié la mort. L'Empereur s'écrie que c'est affreux. J'objecte que Ferdinand n'aurait pas dû le faire mourir ainsi. « Voilà comme vous êtes, jeunes gens, mais on

« ne badine pas avec un trône. Pouvait-on le considé-
« rer comme un général français? Il ne l'était plus.
« Comme roi? Mais on ne l'a jamais reconnu comme
« tel. Il l'a fait fusiller comme il a fait pendre tant de
« gens. » Mais Gourgaud l'observe pendant qu'on lui
donne lecture des journaux et remarque qu'il souffre.

Nous ne pouvons dire lequel des trois chroniqueurs
fut réellement le premier à donner la nouvelle à Napoléon. Mais nous sentons qu'il y a de la vie et de la
vérité dans le récit de Gourgaud. Longtemps après,
Napoléon lui dit : « Murat n'a eu que ce qu'il méritait.
Tout cela est ma faute. J'aurais dû le laisser maréchal
et ne pas le faire duc de Berg, et encore moins roi de
Naples. »

On comprend maintenant pourquoi, dans les quelques échantillons que nous allons offrir des propos
de Napoléon à Sainte-Hélène, nous nous attacherons
surtout à suivre les notes prises par Gourgaud. Du
reste, Napoléon se répétait sans cesse : aussi avons-
nous des versions confirmatives de beaucoup de ses
mots, dans toutes les chroniques de l'exil.

La religion est un des sujets les plus importants que
l'on discute à Sainte-Hélène. L'un des livres que
Napoléon lisait tout haut le plus volontiers, c'était la
Bible. Cette lecture n'était pas toujours inspirée par
les motifs les plus élevés. Car, certain jour, on le voit
feuilleter le Livre de Samuel et le Livre des Rois afin
de chercher quel témoignage on y trouve en faveur de
la monarchie légitime. Mais il est d'autres occasions
où il lit la Bible à un autre point de vue. On nous dit
qu'il était grand admirateur de saint Paul. A cette
heure sombre de sa vie, ses pensées se tournaient sou-

vent vers les questions de foi, mais non pas toujours de façon à nous édifier. Nous avons tous lu certaines anecdotes qui le représentent montrant du doigt le firmament et professant un vague déisme. Newman, lui aussi, dans un beau passage, a donné, d'après la tradition, le jugement final porté par Napoléon, à Sainte-Hélène, sur le christianisme. Il y est censé comparer la vaine gloire de César et d'Alexandre avec la force vivante du Christ. Il conclut en disant : « Peut-il être moins qu'un être divin? » Mais le langage du véritable Napoléon était fort différent. Gourgaud parle des astres et du Créateur dans le sens qu'on prête à Napoléon, mais l'Empereur lui donne sur les doigts. En deux mots, sa tendance paraît être vers la religion musulmane. Il reproche au christianisme de n'être pas assez ancien. Si cette doctrine avait existé, dit-il, depuis le commencement du monde, il pourrait y croire; mais il n'en est rien. Et le christianisme n'aurait pas duré jusqu'à présent sans le crucifiement et la couronne d'épines, car le genre humain est ainsi fait. Pour lui, il ne peut pas accepter une forme de religion qui damne Platon, Socrate, et il a la politesse d'ajouter, tous les Anglais. En tout cas, pourquoi des châtiments éternels? Il avoue, d'ailleurs, qu'il a été très troublé par l'argument des cheikhs égyptiens, qui prétendaient que, quand on adore trois dieux, on est, de toute nécessité, un païen.

Le mahométisme, d'autre part, est plus simple et, — il ajoute cette remarque caractéristique, — il est supérieur au christianisme « parce qu'il a conquis la moitié du globe en dix ans, tandis qu'il en a fallu trois cents au christianisme pour s'établir ». Une autre fois, il déclare que la religion musulmane est la plus belle de toutes. Une fois même, il va jusqu'à dire « nous autres Mahométans ». S'il préfère le mahométisme au christianisme, il met le catholicisme au-dessus de l'anglicanisme, ou, du moins, le rite romain au-dessus du rite anglican. La raison qu'il donne de ses préférences, c'est que, dans la religion romaine, le peuple ne comprend pas « ce qu'il chante à vêpres,... il ne faut pas chercher à éclaircir ces matières-là ». Pourtant, il est d'avis que les prêtres devraient se marier, tout en ajoutant qu'il hésiterait à se confesser à un prêtre marié, parce qu'il irait tout redire à sa femme. Il déclare que lui-même, « étant oint », peut recevoir une confession. Il n'aime pas la hiérarchie romaine autant que le rite. Il est opposé à la papauté. La Grande-Bretagne et le nord de l'Europe, dit-il, ont agi sagement en s'émancipant de ce joug. En effet, il est ridicule que le chef de l'État ne soit pas, en même temps, le chef de la religion. Pour cette raison, il regrette que François Iᵉʳ n'ait pas, comme il fut bien près de le faire, consommé sa propre émancipation et celle de son peuple, en adhérant à la Réforme. Lui-même,. autrefois, lorsqu'il était las de sa lutte désastreuse contre la papauté, avait regretté de ne pas s'être fait protestant, au lieu de signer le Concordat. La nation l'aurait suivi et aurait été ainsi délivrée du joug de Rome.

A mesure qu'il avance il devient plus hostile au christianisme. Sa pensée éclate enfin : « Quant à moi, mon opinion est faite. Je ne crois pas que Jésus (en tant qu'être divin?) ait jamais existé. Il aura été pendu comme beaucoup de fanatiques qui voulaient faire

le prophète, le Messie. Tous les ans, il y en avait. »
Du nouveau Testament il remonte à l'ancien : « Moïse
était un habile homme ; les Juifs sont un vilain peuple,
poltron et cruel. » Il conclut en retournant à la Bible,
avec une carte, et il annonce qu'il écrira les campagnes
de Moïse. Il a si peu de foi dans le Sauveur qu'il répète,
comme une chose surprenante, que le pape Pie VII
croyait, mais là, réellement en Jésus-Christ.

En ce qui concerne l'humanité, il se proclame maté-
rialiste. Quelquefois, il pense que l'homme est né à
une certaine température de l'atmosphère ; d'autres
jours, il le voit fait d'argile, comme « Hérodote
raconte que, de son temps, le limon du Nil se chan-
geait en rats ». Cette argile a été échauffée par le
soleil et l'homme a été produit par une combinaison
de fluides électriques : « On dira tout ce que l'on
voudra, mais tout n'est que matière plus ou moins
organisée. Quand, à la chasse, je faisais ouvrir des cerfs
devant moi, je voyais que c'était la même chose que
l'intérieur de l'homme. Celui-ci est un être plus parfait que les chiens ou les arbres et vivant mieux... La
plante est le premier anneau de la chaîne dont l'homme
est le dernier. Je sais bien que c'est contraire à la
religion, mais voilà mon opinion : nous ne sommes tous
que matière. » Il disait encore : « Qu'est-ce que l'électricité, le galvanisme, le magnétisme ? C'est là que gît
le grand secret de la nature. Le galvanisme travaille
en silence. Je crois, moi, que l'homme est le produit de
ces fluides et de l'atmosphère, que le cerveau pompe
ces fluides et donne la vie, que l'âme est composée
de ces fluides et que, après la mort, ils retournent dans
l'éther, d'où ils sont pompés par d'autres cerveaux. »

Et encore : « Mon cher Gourgaud, quand nous sommes morts, nous sommes bien morts. Qu'est-ce que c'est qu'une âme? Quand on dort ou quand on est fou, où est l'âme? » Un autre jour, il s'écrie : « Si j'avais à avoir une religion, j'adorerais le soleil, car c'est lui qui féconde tout, c'est le vrai Dieu de la terre. »

Les éditeurs du *Journal* pensent que Napoléon parlait ainsi pour taquiner Gourgaud qui était un croyant plus ou moins orthodoxe. Quant à nous, nous pensons qu'il raisonnait souvent de cette façon pour faire ressortir dans toute sa force la théorie orthodoxe. Mais, souvent aussi, il pensait tout haut dans l'amertume de son cœur, — par exemple, lorsqu'il dit qu'il ne peut croire à un Dieu vengeur et rémunérateur, car « les honnêtes gens sont toujours malheureux, et les coquins heureux » : « Vous verrez qu'un Talleyrand mourra dans son lit. »

Bertrand s'imagine, dit Gourgaud, que l'Empereur « a de la religion », et nous sommes persuadé que Napoléon était plus religieux que ces conversations ne le feraient croire. Seulement, il avait à revenir de loin. Il était le fils de cette Révolution qui avait abjuré la religion. Et, pourtant, il avait trouvé en lui la force nécessaire pour accomplir l'acte le plus courageux de sa vie, lorsqu'il restaura l'Église de France, conclut le Concordat, et obligea ses compagnons d'armes, malgré leurs ricanements, à le suivre à la messe.

Quels qu'aient pu être ses motifs, ils doivent avoir été puissants pour le faire rompre avec toutes les traditions de son âge viril. Car la foi et les pratiques religieuses, qui subsistaient encore, timides et à l'état latent, dans la population civile de la France, avaient entièrement disparu de ses armées. « Les soldats français, dit Lavalette en parlant de l'armée d'Égypte, étaient alors émancipés de toute idée religieuse. »

Le même auteur raconte une curieuse anecdote, à propos d'un officier français avec lequel il se trouvait sur un navire qui fut bien près de faire naufrage. L'officier récite le *Pater* d'un bout à l'autre. Quand le danger est passé, il a honte de lui-même et s'excuse en disant : « J'ai trente-huit ans et je n'avais jamais prié depuis que j'en avais six. Je ne puis comprendre comment cela m'est revenu en tête juste à ce moment-là. Car je déclare que, maintenant, il me serait impossible de m'en rappeler un seul mot. » Cette hostilité contre la religion semble avoir continué, en dépit du Concordat, jusqu'à la fin du règne de Napoléon; en effet, si nous en croyons Lavalette, lorsque la messe fut célébrée, en présence de l'Empereur, à la grande cérémonie du Champ de Mai, pendant les Cent Jours, tous les assistants tournèrent le dos à l'autel.

Sa vie dans les camps, ses liaisons avec des révolutionnaires, son conflit avec la Papauté, tout cela tint Napoléon éloigné de la foi dans laquelle il était né. Talleyrand dit à Henry Greville[1] que Louis XVIII, en arrivant à Paris, fut surpris de voir que la bibliothèque placée dans la pièce qui précédait le cabinet de l'Empereur était composée presque exclusivement

---

1. Henry Greville, secrétaire du Conseil sous George IV, a recueilli dans ses mémoires une foule d'anecdotes sur les gens célèbres. Ces mémoires sont très lus, mais ils ont peu de valeur historique. — Trad.

d'ouvrages de théologie, dont il faisait sa lecture favorite. Greville demanda à Talleyrand s'il pensait que Napoléon fût un croyant. « Je suis porté à croire qu'il était croyant, dit Talleyrand, mais il avait le goût de ces sujets. » Le seul commentaire que nous ferons à ce propos est que la foi religieuse de Napoléon valait au moins celle de son successeur au trône, et celle du prince de Bénévent.

Tout ce qu'on peut conclure, sans crainte de se tromper, des conversations de Napoléon à Sainte-Hélène, c'est que les questions religieuses préoccupaient vivement son esprit. Il doute, il hésite. Une remarque qu'il laisse échapper explique probablement son véritable état d'âme. « Il n'y a qu'un fou, dit-il un jour, qui dise qu'il mourra sans confession. Il y a tant de choses qu'on ne sait pas, qu'on ne peut pas expliquer. ».Ce qu'il a dit des mystères de la religion, nous l'appliquerons à ses propres dispositions en ce qui touche ces mystères. « Il y a tant de choses qu'on ne sait pas, qu'on ne peut pas expliquer. »

A côté de ces grands et absorbants sujets, il en est cent autres auxquels touche Napoléon, d'une façon qui caractérise l'homme et qui nous intéresse, sans parler de ses souvenirs de toutes sortes et de ses vues pénétrantes sur l'avenir. Ces vues, telles qu'elles sont rapportées par Las Cases et par Montholon, ressemblent plutôt à des programmes politiques, destinés à l'usage du public, qu'à l'expression de sa pensée intime. En certains cas, ces écrivains ne s'en cachent point. Montholon tire tout à coup de son portefeuille une constitution dictée par Napoléon, pour l'empire français, sous le gouvernement de son fils. Nous ne savons si elle

est authentique, mais nous remarquons que les éditeurs des œuvres de Napoléon la passent tranquillement sous silence. Nous penchons à croire que cette
constitution fut composée dans la retraite de Ham, en
vue de la restauration bonapartiste qui se produisit
peu après. Cependant, les éditeurs officiels donnent
les instructions dictées « pour son fils » par le mourant à la date du 17 avril 1821, telles qu'elles sont
rapportées par Montholon. Il semble, en effet, que ce
soit un document véritable.

Pour nous, cela va sans dire, tout ce que l'Empereur a dit des Anglais est du plus haut intérêt. Il avait,
toute sa vie, sous une forme ou sous une autre, fait la
guerre à la Grande-Bretagne; et, pourtant, il avait
toujours été singulièrement ignorant en ce qui nous
touche. Lorsqu'il était sur le trône, Metternich, qui
avait été en Angleterre, observa que, sur ce pays,
Napoléon croyait ce qu'il lui plaisait de croire et que
ses idées à ce sujet étaient absolument fausses. Cela
est étrange, car ses victoires étaient dues, dans une
large mesure, au soin avec lequel il étudiait ses adversaires, et, pendant toute la durée de son règne, il
avait surveillé attentivement le journalisme anglais et
la politique britannique. Les personnes de sa maison
n'ignoraient pas combien il était sensible aux critiques
de la presse anglaise, — la seule presse, d'ailleurs,
dont il eût alors à redouter les critiques. Il tenait à
ce qu'on lui traduisît toutes les phrases qui l'insul-
taient et, quand on l'avait fait, il était furieux. Malgré
cette pénible étude, il ne parla jamais des Anglais à
Sainte-Hélène sans trahir la plus curieuse ignorance
de leur caractère et de leurs habitudes d'esprit : « Si

j'avais pu, dit-il, aller à Londres (en 1815), on m'y eût porté en triomphe. Toute la canaille eût été pour moi et ma logique eût conquis les Grey et les Grenville. » Il paraissait croire que, même s'il était entré à Londres en vainqueur, le résultat eût été le même. Il dit à Las Cases : « Quatre jours m'eussent suffi pour me trouver dans Londres; je n'y serais pas entré en vainqueur, mais en libérateur. J'aurais renouvelé Guillaume III, mais avec plus de générosité et de désintéressement. La discipline de mon armée eût été parfaite, elle se fût conduite dans Londres comme si elle eût été encore dans Paris. Point de sacrifices, pas même de contributions exigées des Anglais. Nous ne leur eussions pas présenté des conquérants, mais des frères qui venaient les rendre à la liberté, à leurs droits. Je leur eusse dit de s'assembler, de travailler eux-mêmes à leur régénération; qu'ils étaient nos aînés en fait de législation politique, que nous ne voulions y être pour rien, autrement que pour jouir de leur bonheur et de leur prospérité, et j'eusse été strictement de bonne foi. Aussi, quelques mois ne se seraient pas écoulés que ces deux nations, si violemment ennemies, n'eussent plus composé que des peuples identifiés désormais par leurs principes, leurs maximes, leurs intérêts. » Il n'est pas besoin de faire remarquer qu'il ne croyait pas un mot de cette ridicule tirade; mais, pour l'avoir lâchée, il fallut qu'il ignorât d'une façon surprenante le caractère du peuple qu'il parlait d'absorber ainsi. Il aimait à entendre Las Cases raconter des anecdotes de son séjour en Angleterre, les scandales de la cour et de Carlton-House, où l'émigré avait été présenté. « Et que diable faisiez-vous là? » demanda fort naturellement l'Empereur, à cette phase du récit. Les autres membres de sa suite n'avaient pas beaucoup de lumières à lui offrir pour l'aider à comprendre le caractère anglais. Gourgaud, par exemple, croyait que les *riots* (les émeutes), dont on parlait tant en Angleterre, étaient une secte politique, ou, du moins, comme l'expliquent ses éditeurs, l'avant-garde des Whigs.

Que pensait Napoléon des Anglais? Quoiqu'il fît souvent contre eux des sorties, — et personne ne peut s'en étonner, — il paraît les avoir tenus, sans le dire, en une sorte de respect. « La nation britannique serait bien loin de nous valoir si nous avions seulement la moitié de l'esprit national des Anglais, » dit-il un jour. Quand il est le plus en veine d'amertume, il cite Paoli, qui est le véritable auteur du mot fameux : « C'est une nation de boutiquiers. « *Sono mercanti,* » comme disait Paoli. » Quelquefois, il raillait, non sans raison, la nation qui, après avoir été son ennemie acharnée, avait accepté l'odieuse mission de le tenir prisonnier, mais il lui arriva de rendre à cette nation un bel hommage. Il commence d'une manière bizarre : « Les Anglais sont vraiment des gens d'une trempe supérieure à la nôtre. Concevez-vous que Romilly, un des chefs aussi marquants d'un grand parti, se tue, à cinquante ans, parce que sa femme est morte? Ils sont plus positifs que nous en toutes choses; ils s'expatrient, se marient, se tuent, avec moins d'indécision que nous n'en mettons pour aller à l'Opéra. Ils sont aussi plus braves que nous. Je crois qu'on peut dire qu'ils sont à nous en bravoure, ce que nous sommes aux Russes, ce que les Russes sont aux Allemands, ce que les Allemands sont aux Italiens. » Il continue : « Si j'avais eu une armée anglaise, j'aurais conquis le monde, j'en aurais fait le tour sans qu'elle fût démoralisée. Si j'avais été l'homme de choix des Anglais comme je l'ai été des Français en 1815, j'aurais pu perdre dix batailles de Waterloo avant d'avoir perdu une voix dans la législature, un soldat dans mes rangs... J'aurais fini par gagner la partie. » Si l'on songe à celui qui parle et aux circonstances dans lesquelles il parle, notre caractère national a-t-il jamais reçu plus glorieux éloge?

En deux autres occasions, alors qu'il était sur le trône, il avait, dans une conversation intime, rendu un précieux hommage à l'Angleterre. Auguste de Staël ayant déclaré ne pouvoir servir le gouvernement français, qui avait persécuté sa mère, Napoléon lui dit : « Alors, il faut aller en Angleterre, car, après tout, il n'y a que deux nations : la France et l'Angleterre. Le reste ne compte pas. » Plus remarquables encore sont ses paroles au général Foy. C'était au plus fort de la guerre d'Espagne. Foy vint à Paris et eut deux ou trois audiences de l'Empereur. Un jour, Napoléon lui dit à brûle-pourpoint : « Ah çà ! dites-moi, mes soldats se battent-ils ? »—« Mais, Sire, comment ?... sans doute.... » — « Oui, oui, enfin ont-ils peur des soldats anglais ? » — « Sire, ils les estiment, mais ils n'en ont pas peur ! » — « Ah ! c'est que les Anglais les ont toujours battus !... Crécy, Azincourt, Marlborough.... » — « Il me semble pourtant, Sire, que la bataille de Fontenoy.... » — « Ah ! la bataille de Fontenoy !... Aussi est-ce une journée qui a fait vivre la monarchie quarante ans de plus qu'elle ne l'aurait dû. »

Un jour, à Sainte-Hélène, il crut comprendre que lady Malcolm disait qu'il haïssait les Anglais. Il l'interrompit avec vivacité pour l'assurer qu'elle se trompait, qu'il ne haïssait pas les Anglais ; au contraire, il avait toujours eu la plus haute opinion de leur caractère. « J'ai été trahi, et je me trouve ici, sur un misérable roc, au milieu de l'Océan! » « Je suis persuadé qu'il y a, à proportion, plus d'honnêtes gens en Angleterre que dans tout autre pays, mais il en est aussi d'exécrables, ils sont dans les extrêmes. » Il disait encore : « Les Anglais sont une race toute différente de la nôtre, ils ont en eux quelque chose du bouledogue, ils aiment le sang. Ils sont féroces; ils ont moins peur de la mort que nous ; ils ont plus de philosophie et vivent davantage au jour le jour. »

Il jugeait favorablement et avec justice nos blocus (« les Anglais bloquent très bien »), mais il jugeait défavorablement, et avec plus de justice encore, notre diplomatie. Il ne pouvait comprendre, et la postérité partage son étonnement, comment ils avaient pu tirer si peu de profit de leur longue lutte et de leur victoire. Il pense qu'ils ont été blessés au vif par le reproche d'être une nation de boutiquiers, et ils ont voulu montrer leur grandeur d'âme. « Il se passera probablement mille ans avant qu'une pareille occasion se présente d'agrandir l'Angleterre. Dans l'état où étaient les choses, on n'aurait pu rien vous refuser. » C'était ridicule, disait-il, de laisser Batavia aux Hollandais, Bourbon et Pondichéry aux Français. Quant à lui, il n'aurait pas donné un liard de l'un ni de l'autre, s'il n'avait eu l'espoir de chasser les Anglais de l'Inde. « Vos ministres auraient dû se réserver le monopole du commerce dans les mers de l'Inde et de la Chine. Vous n'auriez jamais dû permettre aux Français ou à aucune autre nation de montrer leur nez plus loin que le Cap. A présent les Anglais peuvent faire la loi au monde entier, surtout s'ils retirent leurs troupes du continent, *s'ils envoient Wellington dans ses terres* et restent, exclusivement, une puissance maritime. Alors, l'Angleterre peut faire tout ce qu'elle veut. » « Ce qu'il vous faudrait, dit-il un autre jour, c'est d'avoir pour premier ministre le vieux lord Chatham. »

Il disait encore : « Vous avez levé une contribution de sept cents millions sur la France; j'en ai imposé une de plus de dix milliards sur votre pays. Vous avez levé la vôtre par vos baïonnettes; j'ai fait lever la mienne par votre parlement. »

Il se mit à apprendre l'anglais et c'est Las Cases qui était son professeur. Les leçons furent continuées pendant trois mois, de janvier à avril 1816, « tantôt avec une admirable ardeur, tantôt avec un dégoût visible », puis, elles cessèrent entièrement. Déjà, pendant la traversée, il y avait eu une tentative avortée. Las Cases, qui, lui-même, depuis son retour en France, avait un peu oublié le langage parlé, dit que son illustre élève réussit, jusqu'à un certain point, à comprendre l'anglais lorsqu'il le lisait devant lui; mais que sa prononciation était si extraordinaire qu'elle constituait une langue nouvelle. L'échantillon le plus étendu que nous possédions de l'anglais de Napoléon est reproduit, sous une forme phonétique, par Henry qui l'a entendu : *Veech you tink de best town?* » Il écrivit, sous un nom supposé, à Las Cases, une lettre en anglais, à laquelle l'indulgent courtisan déclare avoir été pris [1].

Il lisait avec intérêt l'Histoire d'Angleterre, dont il ne s'était jamais occupé depuis sa sortie du collège. « Je lis Hume, dit il; c'est une nation féroce, que ces Anglais. Que de crimes dans leur histoire! Voyez Henry VIII qui épouse Lady Seymour le lendemain du jour où il fait couper la tête à Anne de Boleyn. Nous n'aurions pas fait cela chez nous. Néron n'a jamais commis de tels crimes. Et la reine Marie! Ah! c'est une belle chose que la loi salique! » Mais le résultat le plus intéressant de cette lecture, c'est la comparaison qu'il fait entre Cromwell et lui-même. Sans doute, il y a, pense-t-il, des analogies entre le règne de Charles Ier et la Révolution française. Mais il est impossible d'établir un parallèle sérieux entre la situation de Cromwell et la sienne, à lui, Napoléon. Il a été trois fois librement choisi par la nation, et l'armée française n'a fait la guerre qu'aux étrangers. Cromwell avait une qualité essentielle, la dissimulation. Il avait aussi de grands talents politiques et un jugement consommé; car il n'y a pas d'action dans sa vie qu'on puisse critiquer comme malavisée. Était-il un grand général? Napoléon n'en sait pas assez sur lui pour en juger.

Sur l'histoire de France, il fait une ou deux observations intéressantes, on pourrait dire surprenantes : « Saint Louis est un imbécile. » Il dit à lady Malcolm qu'Henri IV était, sans aucun doute, le plus grand

---

1. L'auteur donne le texte de cette lettre. Nous ne croyons pas que le mauvais anglais de Napoléon puisse offrir aucun intérêt aux lecteurs français. *Trad.*

homme qui se fût jamais assis sur le trône de France. Mais c'était un jugement à l'intention des étrangers. Il parlait tout autrement dans son cercle intime : « Henri IV n'a jamais rien fait de grand. Voltaire, par son poème épique, l'a mis en grande vogue. Mais, par opposition à Louis XIV, que l'on détestait, on l'a porté aux nues. Je ris quand je lis qu'un certain Masson a démontré à Frédéric de Prusse que le plus grand capitaine ancien et moderne est Henri IV. Évidemment, c'était un bon homme, brave, capable de charger, l'épée à la main, mais, après tout, ce barbon qui courait les rues de Paris après les catins n'était qu'un vieux fou. » Quant à Louis XIV, c'était, disait-il, « le plus grand souverain qu'ait possédé la France.... Il a eu quatre cent mille hommes sous les armes et, pour qu'un roi de France puisse en réunir autant, il ne faut pas que ce soit un homme ordinaire. Il n'y a que lui et moi qui ayons eu des armées si nombreuses. » S'il avait vécu lui-même sous l'ancienne monarchie, il croit qu'il se serait élevé au rang de maréchal. Car, en fait, il avait été remarqué comme lieutenant; il serait vite arrivé au grade de colonel et, comme tel, fût entré dans l'état-major d'un maréchal qu'il aurait dirigé et sous lequel il se serait distingué.

Il est une de ses vues sur l'histoire contemporaine de la France qu'il ne faut pas prendre trop au sérieux. « Plût à Dieu que le roi et les princes fussent restés (en mars 1815)! Les troupes auraient passé de mon côté. On aurait massacré le roi et les princes et, ainsi, Louis XVIII ne serait pas maintenant sur le trône. » Quelquefois, dans sa colère, il s'emporte contre la

France elle-même : « La France a été violée ; ce n'est plus qu'une nation déshonorée, lâche. Elle n'a que ce qu'elle mérite. Au lieu de se rallier à moi, elle m'a abandonné. »

Il parle de sa famille sans se gêner, et c'est peut-être sa franchise à cet égard qui le distingue d'un souverain né dans la pourpre. Personne ne se représenterait les empereurs ses contemporains, Alexandre ou François, causant avec leur suite sur les affaires de famille les plus intimes. On pourrait presque dire que c'est ici le signe où l'on connaît le parvenu du légitime. En tout cas, l'impératrice Catherine, qui était née loin du trône, eut aussi cette extraordinaire sincérité.

Sa famille, dit-il, était une des premières en Corse et il avait encore un grand nombre de cousins dans l'île. « J'avais environ quatre-vingts cousins ou parents.... Je suis sûr que ceux qui ont suivi Murat (en 1815) étaient de mes parents. » En réalité, le clan des Bonapartes n'eut rien à voir avec Murat ni avec sa folle expédition. Napoléon ne se souciait pas d'être considéré comme Corse. Avant tout, il était Français : « Je suis né en 1769, la Corse étant réunie à la France. » Ses ennemis l'ont accusé d'avoir troqué son extrait de naissance contre celui de Joseph, qui était né en 1768, par conséquent avant l'annexion. Sous cette impression, certain maire lyonnais, qui ne savait pas son monde, lui adressa, de très bonne foi, ce compliment : « C'est étonnant, sire, que, n'étant pas Français, vous aimiez tant la France et fassiez autant pour elle. » L'Empereur ajoutait : « Je lui tournai les talons. » Mais, sa nationalité française étant mise à part, il protestait qu'il était italien ou Toscan plutôt que Corse. « Ma famille était en Toscane il y a deux cents ans. J'ai un pied en Italie et un en France. » L'honnête lecteur comprendra sans peine à quel point les deux pieds lui étaient utiles, puisqu'il régnait à la fois en France et en Italie. Son origine corse ne lui était bonne à rien : c'est pourquoi il la réduisait le plus possible. Il fait de curieuses remarques à propos de sa généalogie. On eut un instant l'idée de la rattacher à l'Homme au Masque de fer. Voici comment : le gouverneur de Pignerol, où le mystérieux prisonnier était détenu, s'appelait Bompars; on disait qu'il avait marié sa fille au captif (lequel, croyait Napoléon, était le frère de Louis XIV); il les avait fait passer secrètement en Corse sous le nom de Bonaparte. « Je n'avais qu'un mot à dire pour que l'on crût à cette fable. »

Quand il dut se marier avec Marie-Louise, l'empereur François s'inquiéta de la noblesse de son futur gendre. Il lui envoya une caisse de papiers qui le faisaient descendre des ducs de Florence. L'Empereur se mit à rire et dit à Metternich : « Croyez-vous que j'irai m'occuper de ces bêtises? En admettant que le fait soit vrai, qu'est-ce que cela me ferait? Les ducs de Florence étaient inférieurs aux empereurs d'Allemagne. Je ne veux pas me mettre au-dessous de mon beau-père; je crois, pour le moins, valoir autant que lui. D'ailleurs, ma noblesse date de Montenotte. Remportez ces papiers. »

Il est cependant une illustre parenté que Napoléon ne serait pas disposé à dédaigner, lorsqu'il affirme que « Bonaparte, c'est la même chose que Bonarotti ou Buonarotti ». Croyait-il réellement être le cousin de Michel-Ange? Il regrette aussi de n'avoir pas laissé canoniser un de ses ancêtres, Bonaventure ou Boniface Bonaparte. Les moines à l'ordre desquels il appartenait eussent été fiers de cette distinction qui aurait coûté un million de francs. Le Pape, lorsqu'il vint à Paris, s'offrit spontanément à lui faire cette gracieuseté, que Napoléon fut près d'accepter. « Cela m'aurait, dit-il, amené tous les capucins. » Mais, finalement, on réfléchit que cela pourrait prêter au ridicule, chose dangereuse partout et mortelle en France.

Il semble que Napoléon n'eût pas de secrets de famille pour ses compagnons. Son père mourut à Montpellier, à trente-cinq ans, dit-il un jour, à trente-neuf, affirme-t-il dans une autre circonstance. « Il avait toujours vécu en homme de plaisir... prodigue, jouant au grand seigneur; mais, à ses derniers moments, il n'y avait pas assez de prêtres, de capucins pour lui. Il fit une fin si dévote que tout le monde, à Montpellier, prétendait que c'était un saint. » Le grand-oncle de Napoléon avait, jusqu'à un certain point, rétabli la fortune de la famille et il était mort riche. « Ce grand-oncle est celui dont Pauline prit la bourse sous son oreiller comme il était mourant. »

L'Empereur discute fort tranquillement le bruit populaire qui faisait de Paoli son père; il donne, pour le réfuter, une raison péremptoire, mais qui n'est pas des plus décentes ni des plus délicates. Pourtant, Paoli lui avait montré un intérêt quasi paternel. « Vous, Bonaparte, lui avait-il dit, vous êtes tout Plutarque et vous n'avez rien des modernes. » Et, parlant de lui aux autres : « Ce jeune homme porte la tête de César sur

le corps d'Alexandre. Il y a en lui l'étoffe de dix Syllas.»
Le père et la mère de Napoléon étaient très beaux, l'un
et l'autre. « Étant grosse de moi, ma mère suivait l'armée dans la guerre de Corse. Les généraux français en
eurent pitié et lui firent dire d'accoucher chez elle, où
elle fut reçue comme en triomphe. Je puis dire que j'ai
été conçu avant que la Corse ne fût réunie à la France,
mais lorsque ma mère accoucha elle était soumise. »
Ce dernier point, on le conçoit, était d'une importance
capitale pour lui et pour sa dynastie.

On peut noter ici les relations exactes de Napoléon
avec la Corse. Il y était né ; il y vécut jusqu'à l'âge de
neuf ans. Il y revint au début de sa virilité. Pendant la
période qui s'étend du 1er janvier 1786 à juin 1793, il
passe plus de trois ans et deux mois en Corse. Puis, la
vie l'emporte loin de son île ; il ne la reverra plus jamais, si ce n'est un instant, à son retour d'Égypte, et
comme une vague silhouette à l'horizon de l'île d'Elbe.
Pourtant, la Corse le suit partout ; elle exerce sur sa
carrière une influence considérable. Pendant ses premières années dans l'île, il avait contracté une inimitié
implacable, à la manière corse, contre Pozzo di Borgo.
Cette vendetta devait être funeste pour lui, sinon mortelle. Car Pozzo di Borgo, plus qu'aucun autre individu,
fut l'auteur de la première chute de Napoléon.

Après avoir quitté la Corse et être arrivée à Mar-
seille, la mère de l'Empereur se trouva, de nouveau,
dans une situation déplorable. Elle n'avait pas un sou
pour vivre, elle et ses filles. Quant à lui, il n'avait plus
qu'un assignat de cinq francs dans sa poche et il était
sur le point de se tuer ; il était même déjà sur le
bord de la Seine avec cette intention lorsqu'un ami

lui prêta de l'argent et le sauva. « Madame a eu treize enfants et je suis le troisième. C'est une maîtresse femme. » Il reçoit une lettre de sa mère et, quoiqu'il l'ait déchirée, cette lettre l'a tellement ému qu'il est en état de la répéter à ses compagnons. En effet, une lettre si tendre devait toucher le cœur d'un fils. Vieille et aveugle comme elle l'est, elle veut venir à Sainte-Hélène. « Je suis bien âgée pour faire un voyage de deux mille lieues : je mourrais peut-être en route, mais n'importe, je mourrais près de vous. » Sa nourrice, qui lui survécut longtemps et à laquelle il laissa, par testament, un souvenir de son affection, vint à Paris pour le couronnement, et le Pape s'occupa d'elle à ce point que sa mère en était presque jalouse. Le fils de cette femme, le frère de lait de Napoléon, devint capitaine dans la marine anglaise.

Même sur ses deux femmes, Napoléon n'est nullement avare de confidences et laisse échapper, sur l'une comme sur l'autre, les détails les plus intimes. Il se demande s'il a jamais réellement aimé. En ce cas, c'était Joséphine... un peu. « Elle mentait presque toujours, mais avec esprit, excepté quand il s'agissait de son âge. Là-dessus, elle s'embrouillait tellement que, pour mettre d'accord ses assertions, il aurait fallu admettre qu'Eugène était venu au monde à douze ans.... Elle ne m'a jamais rien demandé pour elle et pour ses enfants, mais me faisait des millions de dettes. » Son grand défaut, c'était une perpétuelle jalousie toujours en éveil. Pourtant, elle n'était pas jalouse de Marie-Louise : c'est celle-ci qui était très ombrageuse à l'endroit de Joséphine. Lorsque l'Empereur essaya de mener sa seconde femme rendre visite à la première,

Marie-Louise fondit en larmes, et elle s'efforçait, par toutes sortes de ruses et de petits moyens, de l'empêcher d'aller chez Joséphine.

« Marie-Louise, dit-il, était l'innocence même. Elle m'aimait. Si elle avait été bien conseillée, et n'avait pas eu près d'elle cette canaille de Montebello et ce Corvisart qui, j'en conviens, était un misérable, elle serait venue avec moi (à l'île d'Elbe). Et puis, son père a mis auprès d'elle ce polisson de Neipperg. » C'est, peut-être la seule circonstance dans laquelle Napoléon, qui sauva bravement les apparences jusqu'au bout, nous ait laissé voir qu'il était au courant de l'infidélité de sa femme. Pourtant, Lavalette l'en avait informé pendant les Cent Jours, et il n'était bruit d'autre chose dans les commérages de la cour. Il ne s'en obstine pas moins à dire du bien de Marie-Louise, et voici, en résumé, le jugement qu'il porte sur elle. « C'est une petite femme timide, qui avait toujours peur en se voyant au milieu des Français, qui avaient assassiné sa tante. Elle ne mentait jamais, était très réservée, faisait bonne mine même à ceux qu'elle détestait. » Elle était plus intelligente que son père, qui était le seul de la famille pour qui elle eût de l'affection : elle ne pouvait pas souffrir sa belle-mère. « Quand elle voulait de l'argent, elle m'en demandait et était dans le ravissement que je lui donnasse dix mille francs. On aurait pu tout lui confier, c'était une vraie boîte à secrets. » Son père lui avait dit à Vienne : « Quand vous serez seule avec l'Empereur, vous lui obéirez en tout. » C'était, disait Napoléon, une charmante enfant, une bonne femme, et elle lui avait sauvé la vie. Et il concluait : « Je crois, cependant, quoique je l'aimasse bien, que j'avais plus aimé Joséphine. C'était une vraie femme, celle que j'avais choisie.... Je m'étais élevé avec elle.... Elle était pleine de grâce. » Il ajoutait, — et ce mot contenait un reproche indirect à l'adresse de l'autre : « Elle était femme à me suivre à l'île d'Elbe.... Je ne l'aurais jamais quittée si elle avait pu avoir un enfant. C'eût été bien heureux pour elle et pour la France. » En effet, c'est l'Autriche qui l'avait perdu. « Oui, certainement, sans mon mariage avec Marie-Louise, je n'aurais jamais fait la guerre à la Russie. » Il déclare qu'il a pris la résolution, si Marie-Louise venait à mourir, de ne pas se remarier. Si l'on songe aux circonstances dans lesquelles il se trouvait placé, et aux ressources matrimoniales que Sainte-Hélène pouvait lui offrir, il y a, dans cette déclaration, un mélange du comique et du tragique.

Il fait une allusion amère à son fils. Gourgaud, le quinze août, jour de la fête de l'Empereur, lui présente un bouquet qui est censé venir du roi de Rome. « Bah! répond brutalement Napoléon, le roi de Rome ne pense pas plus à moi qu'à vous. » Mais son testament et sa conversation elle-même prouvent que sa pensée était toujours avec l'enfant. Il avait l'intention de donner à son second fils, s'il en avait eu un, l'Italie tout entière pour royaume, avec Rome pour capitale.

Caroline, la femme de Murat, nous dit Napoléon, était considérée, quand elle était petite, comme la niaise, la Cendrillon de la famille, mais elle se développa heureusement, elle devint une femme intelligente et une jolie femme. Il lui est, cependant, impossible de cacher sa colère à propos de son second mariage. Il peut à peine y croire. Après vingt ans de mariage, quinze mois après la mort violente de son mari, avec de grands enfants, se remarier publiquement, et où, bon Dieu? à Vienne. « Ma foi! si cette nouvelle-là est vraie, ce sera la chose qui m'aura le plus étonné de ma vie.... Ah! l'espèce humaine est bien singulière! » Ici se fait jour sa pensée secrète : « Ah! la coquine! la coquine! L'amour l'a toujours conduite! »

Nous avons vu qu'il considérait Louis XIV comme le plus grand des souverains de la France, et cette nouvelle du mariage de Caroline produit entre eux le plus curieux des rapprochements. Ceux qui sont familiers avec Saint-Simon se rappelleront le récit saisissant qu'il donne de cette journée où Louis XIV apprit que son fils chéri, le duc du Maine, avait, dans une occasion importante, montré une bravoure des plus douteuses; comment le roi, alors à Marly, aperçoit un marmiton qui met dans sa poche un biscuit; comment sa rage comprimée fait explosion et se rue sur une victime relativement innocente; comment, devant la cour stupéfaite, il se précipite et rompt sa canne sur le dos du domestique; comment le malheureux s'enfuit pendant que le roi reste là, jurant après lui et brandissant, dans sa fureur impuissante, le tronçon de sa canne brisée. Les courtisans n'en peuvent croire leurs yeux et le roi rentre au château pour cacher son agitation. C'est ainsi qu'en apprenant le mariage de Caroline, Napoléon se met à table pour le dîner, tout frémissant d'une colère qu'il ne peut maîtriser. Il déclare que la pâtisserie ne vaut rien et son irritation, qui se déverse contre le cuisinier, dépasse toutes les bornes. Rarement, dit Gourgaud, jamais, dit

Montholon, on n'a vu l'Empereur dans une fureur semblable. Il ordonne que l'homme sera bâtonné et chassé. La scène est grotesque et pénible, mais ce n'est pas le cuisinier, c'est Caroline qui en est la cause.

Ce n'est pas seulement le mariage de sa sœur, croyons-nous, qui provoquait cette explosion. La nouvelle lui avait probablement rappelé certain jour de l'année 1814, où il avait appris que Murat le trahissait et tournait ses armes contre la France. Le sentiment de l'Empereur pour Murat, à ce moment, était un mépris amer pour ce garçon perruquier, comme il l'appelait, dont il avait fait un roi. Quant à sa colère, il la réservait à Caroline, sachant que c'était elle qui dirigeait et gouvernait son mari. Son langage à propos d'elle était tel, à ce que rapporte Barras (mais ce n'est pas un témoin très digne de foi en ce qui touche Napoléon), que l'éditeur français de ses *Mémoires*, qui n'est pourtant pas bégueule, se refuse à l'imprimer. En tout cas, décentes ou non, nous pouvons être certains que les paroles de l'Empereur étaient fort énergiques et que, dans ce jour d'ébullition, à Sainte-Hélène, la mésalliance de Caroline lui remit en mémoire un drame plus sombre et un ressentiment bien autrement profond.

Sur ses frères il ne dit pas grand'chose qui vaille la peine d'être rapporté ici : c'est ailleurs qu'on trouvera la révélation de sa pensée intime à ce sujet. Il dit brièvement : « Mes frères m'ont fait bien du mal. J'ai commis une grande faute en mettant cet imbécile de Joseph sur le trône.... surtout en Espagne où il fallait un souverain ferme et militaire ; mais, à Madrid, il ne pensait qu'aux femmes…. Joseph ne connait rien au métier militaire, quoique en ayant la prétention…. Il n'a pas de cœur. » On peut remarquer qu'à Sainte-Hélène la décadence physique de Napoléon accentua sa ressemblance avec Joseph et la rendit frappante. Las Cases déclare qu'en une certaine occasion il aurait juré voir Joseph au lieu de Napoléon. Quant à Louis et à Lucien, leur manie d'écrire de mauvais vers et de les dédier au Pape est, pour lui, un perpétuel sujet d'étonnement. A propos des deux rimailleurs, il remarque, à plusieurs reprises, qu' « il faut qu'ils aient le diable au corps ». Après le dix-huit brumaire, dit Napoléon, Lucien voulait épouser la reine d'Étrurie et menaçait, si on le refusait, d'épouser une femme de mauvaise vie : une menace qu'il a mise à exécution. Au jugement de son frère, il ne servit à rien pendant les Cent Jours ; mais, après Waterloo, il aspirait à la dictature. Lucien faisait remarquer que les relations qu'il avait entretenues depuis quinze ans avec le parti républicain le feraient accepter de l'opposition et qu'il donnerait le commandement militaire à Napoléon. L'Empereur, à ces paroles étranges, se tourna vers Carnot, qui répondit sans hésitation au nom des républicains : « Pas un d'eux ne voudrait échanger la dictature de votre génie contre celle du président du Conseil des Cinq Cents. » Il parle à peine d'Eliza, la seule personne de sa famille qui lui ressemblât par le caractère et par les talents, et que, pour cette raison peut-être, il n'aimait pas ; il ne dit pas beaucoup plus de l'exquise et voluptueuse Pauline. Il semble, du reste, que le monde, en général, n'a pas accordé assez d'attention à cette famille. C'était une race vraiment extraordinaire. Elle était née, elle avait grandi dans la pauvreté et dans l'obscurité : elle s'arrogea le droit divin avec une désinvolture admirable. Jamais Bourbon, jamais Habsbourg ne fut imbu de sa prérogative royale comme ces princes d'une heure. Joseph était fermement convaincu qu'il aurait réussi à s'implanter comme roi. d'Espagne si Napoléon avait seulement retiré ses troupes. Louis avait la même idée en ce qui touche la Hollande. Murat et Caroline caressaient, à Naples, la même illusion. Jérôme n'avait pas été long à établir, en Westphalie, la pompe et l'étiquette d'un petit Louis XIV. Non moins remarquable était leur ténacité de caractère. Un observateur hostile est obligé de reconnaître que tout, chez eux, qualités et défauts, sortait de l'ordinaire. Il y avait, même chez les femmes, un élément de grandeur. Caroline et Eliza avaient des dons rares. Tous, frères et sœurs, possédaient quelque chose de l'inflexibilité de leur puissant chef, avec une dose aussi large que possible de foi en eux-mêmes. Souvent ils le bravaient. Quelques-uns ne se firent pas scrupule de l'abandonner. Les deux sœurs investies de pouvoirs royaux essayèrent de couper le câble qui les attachait à sa fortune, et de traiter, en souveraines indépendantes, avec l'ennemi. Lucien se croyait en état de faire plus que de remplir la place de Napoléon. Dans cette prodigieuse famille, dit Pasquier, les engagements les plus formels et les affections les plus sacrées s'évanouissaient à la première apparence d'une combinaison politique.

Les confidences de Napoléon ne se bornaient pas aux choses de famille : il parlait volontiers de ses amours. Il avait eu, en les comptant sur ses doigts, sept maîtresses dans sa vie. « C'est beaucoup, » disait-il. Mais, après tout, ce n'est guère, si nous nous rappelons qu'un historien érudit et distingué a consacré trois gros volumes à cet aspect du caractère de Napoléon.

Il parle, d'un air détaché, de la fameuse Mme Walewska dont, à une certaine époque, il avait paru fort épris (quoiqu'il regardât les Polonaises comme ayant la passion d'intriguer). « C'est M. de Talleyrand qui m'a procuré Mme Walewska. » Un jour qu'il est de mauvaise humeur contre Gourgaud, il lui avoue qu'au moment de partir pour Sainte-Hélène, il la lui aurait donnée pour femme; mais il ne le ferait plus maintenant, tant ses sentiments avaient changé! Il est bien aise d'apprendre qu'elle a épousé M. d'Ornano : « Elle est riche et doit avoir mis de côté. Ensuite, j'ai beaucoup donné pour ses deux enfants. » Je (Gourgaud) réponds : « Votre Majesté a longtemps payé à Mme Walewska dix mille francs de pension par mois. » A ces mots, l'Empereur rougit. « Comment savez-vous cela? — Pardieu! sire, j'étais assez près de Votre Majesté pour ne pas l'ignorer. Au Cabinet, on savait tout. » Un autre jour Napoléon déclare qu'un de ses principaux griefs contre Murat c'est que le roi Joachim, en 1814, avait confisqué les biens de Mme Walewska dans le royaume de Naples.

Il parle avec franchise de ses relations avec Mlle Georges et Mme Grassini, avec Mme Duchâtel, Mme Gallieno et Mme Pellaprat. A propos d'une autre personne que Gourgaud ne nomme pas, mais qu'il désigne assez clairement pour qu'on puisse reconnaître Mme Fourès, Napoléon s'exprime ainsi : « Elle avait dix-sept ans et j'étais général en chef. » Lorsqu'il était sur le trône, on croyait qu'il dédaignait la société des femmes. Il admet le fait et l'explique. Il était, dit-il, naturellement sensible et craignait l'empire que les femmes auraient pu prendre sur lui. Par conséquent, il les avait évitées. En quoi il avait fait, de son propre aveu, une grosse erreur. « Sa Majesté dit que si Elle remontait jamais sur le trône, Elle consacrerait deux heures par jour à leur parler et qu'Elle en apprendrait bien des choses. » Pendant les Cent Jours, il avait essayé de réparer le tort que lui avait causé son ancienne indifférence. Mais, quelle qu'ait pu être son attitude en France, il s'étend très volontiers, à Sainte-Hélène, sur ce sujet. Lorsqu'il se voit engagé dans quelque réminiscence pénible, il change la conversation en disant : « Parlons femmes! » Et alors, en bon Français, il aborde le sujet avec un entrain digne du Vert Galant. Pendant tout un dîner, par exemple, on discute la question de savoir si les femmes grasses sont plus belles que les femmes minces. Il disserte pour justifier la préférence qu'il accorde aux blondes sur les brunes. Il faut bien tuer le temps.

Naturellement, ce qu'il aime le mieux, c'est causer de ses batailles. Il n'en compte pas moins de soixante et il en parle avec une absolue sincérité. « La guerre est un singulier art. Je vous assure que j'ai livré soixante batailles : eh! bien, je n'ai rien appris que je ne susse dès la première. Voyez César : il se bat la première fois comme la dernière. »

Il revendique toute la responsabilité de la campagne de Russie. « J'étais le maître et c'est à moi qu'incombe toute la faute (on remarquera qu'il ne consent point à faire le même aveu en ce qui touche Waterloo). A Dresde, quand j'ai su que la Suède et la Turquie ne se déclaraient pas pour moi, j'aurais dû ne pas m'y engager.... Il est vrai que, malgré cela, vainqueur à Moscou, j'avais réussi.... Mon grand tort est d'être resté aussi longtemps dans cette ville. Sans cela mon entreprise était couronnée de succès. J'aurais dû y rester quinze jours seulement. J'aurais dû, après mon entrée à Moscou, détruire les débris de Kutusof; j'aurais dû passer à Malo-Jaroslavetz et marcher sur Toula et Kalouga, proposer aux Russes de me retirer sans rien détruire. » Il répète constamment : « C'est mon mariage avec l'archiduchesse qui a été cause que j'ai fait la guerre à la Russie. » En effet, il s'était, alors, cru certain de l'appui de l'Autriche. « La Prusse, ajoute-t-il, voulait aussi s'agrandir. » Il se croyait donc « bien sûr de ces deux puissances », quoiqu'il n'eût pas d'autres alliés. « Je me suis trop pressé, j'aurais dû rester une année sur le Niemen et en Prusse, puis manger la Prusse. » Il est curieux d'observer à quel point il hait la Prusse : c'est chez lui comme un pressentiment.

« Là où j'ai eu le plus grand tort, c'est à Tilsit. Je pouvais ôter le roi de Prusse du trône, j'ai hésité un instant. Je suis sûr qu'Alexandre ne s'y serait pas opposé, pourvu que je ne m'emparasse pas du royaume de Prusse. Un petit Hohenzollern, qui figurait à l'état-major de Berthier, me demanda de l'asseoir sur ce trône. Je l'y aurais bien mis, s'il fût descendu de Frédéric[1].

1. L'auteur fait ici remarquer que Frédéric n'avait point laissé de postérité directe.

Mais la branche était depuis trois cents ans séparée de
son aînée et je crus aux protestations que me prodigua
le roi de Prusse. »

Il avoue qu'il commit une fatale erreur, après la retraite de Russie, en ne rendant pas l'Espagne à Ferdinand. De cette façon il serait rentré en possession de
cent quatre-vingt mille bons soldats. Le commencement
de l'équipée espagnole, comme il le reconnait, fut lorsqu'il se dit, en voyant les querelles des Bourbons d'Espagne : « Chassons-les et il n'y aura plus de Bourbons
sur le trône. » Apparemment, il comptait pour rien les
Bourbons de Naples.

Pourtant, à son avis, c'est à l'Autriche qu'il doit sa
chute. « Sans Essling, d'abord, j'aurais démoli la monarchie autrichienne, mais Essling me coûta cher et je
renonçai à ce plan.... L'Autriche est la vraie ennemie
de la France. » Aussi regrette-t-il de l'avoir épargnée.
Il avait eu l'idée, un moment, de provoquer là-bas une
révolution. Dans une autre occasion il avait songé à
la découper en trois royaumes : Autriche, Hongrie et
Bohême.

Quelle fut, selon lui, sa plus brillante victoire? Austerlitz? Il répond : « Peut-être. » Mais il incline pour
Borodino. C'était superbe! C'était une bataille si loin
du sol national! « A Austerlitz, l'armée était la
plus solide que j'aie jamais eue sous mes ordres.... Depuis ce temps-là mes armées ont été toujours baissant
en qualité. » L'armée, à Wagram, était la plus nombreuse qu'il eût commandée. Il revient toujours
avec fierté sur sa tactique d'Eckmühl. « Cette superbe
manœuvre est la plus belle que j'aie jamais faite. Avec
cinquante mille hommes, j'en ai battu cent vingt

mille. » S'il avait dormi la nuit précédente, il n'aurait jamais pu gagner cette victoire-là. « J'ai éveillé Lannes en lui donnant des coups de pied, tant il était endormi. » Un général en chef ne doit jamais dormir : la nuit est son temps de travail. C'est pourquoi il se servait d'une voiture pour éviter une fatigue inutile pendant la journée. Joseph a perdu la bataille de Vitoria parce qu'il avait envie de dormir.

« Un grand général n'est pas chose ordinaire. De tous les généraux de la Révolution, je ne connais que Desaix et Hoche qui eussent pu aller loin. La campagne de Dumouriez en Champagne était extrêmement belle et hardie. C'était le seul homme sorti des rangs de la vieille noblesse. » Napoléon fait une observation bizarre, à propos de Kléber : « Il avait les défauts et les qualités des hommes de haute taille. » Il dit de Turenne : « C'est le plus grand général français. Contre l'ordinaire, il a pris de l'audace en vieillissant.... Il agit absolument comme j'aurais fait à sa place.... C'est un homme qui, s'il était venu près de moi, à Wagram, aurait, de suite, tout compris ; Condé aussi, mais non César, Annibal. Si j'avais eu un homme comme Turenne pour me seconder dans mes campagnes, j'aurais été le maître du monde, mais je n'avais personne. Là où je n'étais pas moi-même, mes lieutenants étaient battus.... Condé était le général de la nature, Turenne le général de l'expérience. Je le considère bien plus que Frédéric de Prusse. A la place de celui-ci, il aurait fait beaucoup plus ; il n'aurait pas commis les fautes du roi. Frédéric, tout grand homme qu'il était, n'entendait pas bien l'artillerie. »

« Dans les batailles que j'ai gagnées, je me compte

pour moitié, et c'est même beaucoup d'attacher le nom du général à une victoire, car c'est l'armée, après tout, qui la gagne. » Pourtant, il fait grand cas des officiers. « Une armée parfaite, dit-il dans une autre occasion, serait celle où chaque officier saurait ce qu'il doit faire suivant les circonstances ; la meilleure armée est celle qui se rapproche le plus de cet idéal. »

Dans ses jugements sur les généraux, ses adversaires, tant que dura la période active, il se montra réservé. Un de ses compagnons d'alors, très digne de foi, rapporte que Napoléon considérait Alvinzy comme le meilleur général qui lui eût été opposé en Italie ; c'est pourquoi il ne mentionnait jamais son nom dans ses bulletins, tandis qu'il louait fréquemment Beaulieu, Wurmser, ou l'archiduc Charles, dont il n'avait pas peur. Il est probable que, plus tard, il prit une plus haute opinion de l'archiduc. Il refusa, comme nous l'avons vu, de confier à Warden son opinion sur le duc de Wellington. A Sainte-Hélène il ne pouvait guère le juger avec impartialité ; mais, étant sur le trône, il avait associé le nom de Wellington au sien d'une façon assez singulière. C'était parce que Wellington avait dévasté le pays en se retirant sur Lisbonne. « Il n'y a que Wellington et moi pour faire ces choses-là. » Et il ajoute, avec quelque cruauté, qu'il regarde le saccage du Palatinat comme la plus grande action de Louvois.

Il regrettait l'île d'Elbe. « Il y a aujourd'hui un an, disait-il tristement, j'étais à l'île d'Elbe.... A l'île d'Elbe, avec de l'argent, ayant une grande réception, vivant au milieu des savants de l'Europe, dont j'aurais formé le centre, j'aurais été très heureux. J'aurais fait bâtir un palais pour loger les personnes qui seraient venues me visiter. » Il aurait aussi enrichi l'île en ouvrant au commerce ses petits ports. Lucien, qui semble n'avoir jamais bien compris son frère, voulait avoir le minerai de l'île pour rien.

Mais Bertrand avoua à Gourgaud que Sainte-Hélène valait mieux que l'île d'Elbe, que, du moins, ils étaient plus malheureux à l'île d'Elbe. C'était une chose terrible de quitter le plus beau trône du monde pour une petite île où l'on n'était même pas sûr d'être bien reçu, et, pendant quatre mois, le découragement fut profond. Ici, la grandeur de la chute était moins sensible, ils s'y étaient accoutumés. Napoléon, sur ce point, exprime des opinions contradictoires. Quelquefois il regrette l'île d'Elbe, souvent il maudit Sainte-Hélène, mais un beau jour il se met à en faire l'éloge, du moins en tant que résidence pour sa suite : « Nous sommes très heureux, ici, nous pouvons monter à cheval, nous avons une bonne table, nous pouvons nous en aller quand il nous plaît, nous sommes bien reçus partout et couverts de gloire. » Tel est le discours rapporté par le malheureux Gourgaud, à qui il s'adressait.

En parlant de l'île d'Elbe l'Empereur donne un curieux détail. Lorsqu'il quitta Fontainebleau, en 1814, il n'avait pas grand espoir de retour. La première circonstance qui lui rendit quelque espérance fut lorsqu'il apprit qu'au banquet de l'Hôtel de Ville on n'avait invité que des femmes nobles.

Un de ses sujets favoris, — et la façon dont il le traite révèle le tour pratique de son esprit, — c'est le budget des dépenses domestiques. Il discute sans cesse là-dessus. Quelquefois c'est le budget d'un homme qui a deux cent mille francs de rentes. C'est d'un Français, bien entendu, qu'il s'agit, car un Hollandais, dit-il d'un ton laudatif, sur un revenu comme celui-là, ne dépenserait que trente mille francs. Un autre jour, il établit la dépense d'un homme qui a cinq cent mille francs à dépenser par an. C'est la fortune qu'il préférerait lui-même : vivre à la campagne avec cinq ou six cent mille francs de revenu et une petite maison à Paris, dans le genre de celle qu'il avait rue Chantereine. Mais il assure ses compagnons qu'il « vivrait très bien en France pour douze francs par jour. Dîner à trente sous; fréquenter les cabinets littéraires, les bibliothèques, aller au parterre au spectacle; un louis par mois pour une chambre ». Tout à coup il se rappelle qu'il lui faudrait un domestique, car il ne sait pas s'habiller lui-même. Il élève donc son chiffre et dit « qu'avec un louis par jour on doit être heureux. Il ne s'agit que de savoir borner ses désirs. Je m'amuserais beaucoup en fréquentant des personnes de ma fortune ». L'effet le plus comique de cette manie ou, si l'on veut, de ce jeu du budget, c'est quand il relit *Clarisse Harlowe*. Il ne peut finir la lecture de ce roman et, cependant, il se souvient qu'à l'âge de dix-huit ans il l'avait dévoré. Mais il se préoccupe sérieusement des dépenses personnelles de Lovelace. « Il n'a que deux mille livres sterling de rentes. J'ai fait tout de suite son budget. »

Toujours avec cet esprit du détail pratique, un jour qu'il attend pendant quelques instants dans le salon de Montholon, il évalue rapidement le mobilier, article par article, et l'estime « trente napoléons, au plus ».

CHAPITRE XIV

SUPRÊMES REGRETS

Il semble que les regrets de Napoléon, dans sa solitude, se concentrent principalement sur ces trois points : n'avoir pas pu mourir à quelque grand moment de sa carrière; avoir quitté l'Egypte et renoncé à ses projets sur l'Orient; enfin, cela va sans dire, Waterloo. Sur le premier point il discute avec sa suite quel eût été le vrai moment. « Pour l'histoire, j'aurais dû mourir à Moscou, à Dresde ou à Waterloo. » Il dit encore : « C'est après l'entrée à Moscou que j'aurais dû mourir, » ou : « J'aurais dû mourir à la Moskowa. » Gourgaud hésite entre Moscou et Waterloo; il ne penche pour la dernière date que parce qu'elle embrasse le retour de l'île d'Elbe. Las Cases se récrie contre Moscou, qui supprimerait tant de choses.

En une autre circonstance, Napoléon incline encore pour Moscou. « Si un boulet de canon du Kremlin m'avait tué, j'aurais été aussi grand qu'eux (Alexandre, César, etc.) parce que mes institutions, ma dynastie, se seraient maintenues en France, au lieu qu'à présent je ne serai presque rien, à moins que mon fils ne parvienne à remonter sur mon trône. » Il dit encore un autre jour : « Si j'étais mort à Moscou, j'aurais laissé derrière moi la réputation d'un conquérant sans analogue dans l'histoire. C'est là qu'un boulet aurait dû finir ma vie. »

Ailleurs : « Mourir à Borodino, c'eût été mourir comme Alexandre. Être tué à Waterloo, c'eût encore été bien finir. Peut-être Dresde eût-il mieux valu... mais, non, mieux valait Waterloo. L'amour du peuple, ses regrets.... »

Le plus beau moment de sa vie, à son jugement, c'était son séjour à Dresde en 1812, alors que tous les souverains de l'Europe, excepté le sultan, l'empereur de Russie et le roi d'Angleterre, étaient à ses pieds. Et le plus heureux moment de sa vie? A O'Meara, il dit: la marche de Cannes à Paris. Un autre jour, il dit à ses compagnons de deviner. « Il demande à quelle époque nous croyons qu'il a été le plus heureux. GOURGAUD : Lors du mariage. — Mme DE MONTHOLON : Premier consul. — BERTRAND : Naissance du roi de Rome. » « Napoléon répond : « Oui, j'ai été heureux premier Consul, au mariage, à la venue du roi de Rome..., mais alors je n'étais pas assez d'aplomb. Peut-être que c'est à Tilsit. Je venais d'éprouver des vicissitudes, des soucis, à Eylau, entre autres, et je me trouvais victorieux, dictant des lois, ayant des empereurs et des rois pour me faire la cour. Peut-être ai-je réellement plus joui après mes victoires en Italie. Quel enthousiasme ! que de cris de : Vive le libérateur de l'Italie ! A vingt-cinq ans ! Dès lors, j'ai prévu ce que je pourrais devenir. Je voyais le monde fuir sous moi comme si j'étais emporté dans les airs. »

En second lieu, il regrette d'avoir quitté l'Egypte, d'avoir renoncé à la carrière que l'Asie ouvrait devant lui. Il eût mieux aimé être empereur d'Orient qu'empereur d'Occident, car, dans le premier cas, il serait encore sur le trône. C'est vers l'Orient que se tournaient ses derniers comme ses premiers rêves. Il dit, en voyant l'île de Sainte-Hélène : « Ce n'est pas un joli séjour. J'aurais mieux fait de rester en Égypte. Je serais, à présent, empereur de tout l'Orient… » Un tel empire, disait-il, lui aurait convenu. Car le désert avait toujours eu pour lui un attrait particulier et son nom, Napoléon, veut dire, à l'en croire, « lion du désert ». « L'Arabie attend un homme. Avec les Français en réserve et les Arabes comme auxiliaires, j'aurais été le maître de l'Orient. Je me serais emparé de la Judée…. Si j'avais pris Acre, je serais allé aux Indes. Mon intention aurait été, à Alep, de prendre le turban, et je me serais trouvé à la tête d'une bonne armée et de deux cent mille auxiliaires. L'Orient n'attend qu'un homme. » A une autre occasion, il répète la même idée dans des termes presque identiques. « Si j'avais pu avoir les Mameloucks pour alliés, j'aurais été le maître de l'Orient. L'Arabie attend un homme. »

Ce n'est pas, cependant, à cause de l'Arabie et de la Judée que Napoléon regrettait l'Égypte. Il nous révèle son but secret en une phrase brève : « La France, maîtresse de l'Égypte, le serait des Indes ; qui est maître de l'Égypte l'est de l'Inde. » Il répète : « Une fois les Français en possession de l'Égypte, adieu l'Inde pour les Anglais. C'était un des projets que j'avais en vue. » Il voulait construire deux canaux : l'un de la mer Rouge au Nil, aboutissant au Caire, l'autre de la mer Rouge à la Méditerranée. Il aurait étendu la domination de l'Égypte vers le sud ; il aurait enrôlé les nègres du Sennaar et du Darfour. Avec soixante ou soixante-dix mille gens du pays et trente mille Français d'élite, il aurait marché, en trois colonnes, vers l'Euphrate. Là, il aurait fait une grande halte; puis, il aurait repris sa marche sur l'Inde. « Une fois arrivé dans l'Inde, continue-t-il, je me serais allié avec les Mahrattes, » et il espérait attirer à lui les Cipayes. L'Angleterre avait grand'peur de ce projet. « Gorgotto, j'ai lu trois volumes sur les Indes. Quels coquins que ces Anglais ! Si j'avais pu, d'Égypte, passer avec un noyau de troupes aux Indes, je les en aurais chassés... mais ils verront plus tard ce qui leur arrivera des Russes. Ceux-ci n'ont pas beaucoup de chemin à faire pour arriver aux Indes : ils sont déjà en Perse.... » Alors revient sa constante préoccupation : « La Russie est le pouvoir qui marche le plus sûrement et à plus grands pas ver· la domination universelle, maintenant qu'il n'y a plus de France et que tout équilibre est rompu. »

Il avait été, en fait, empereur d'Occident, et Montholon dit à Gourgaud que, d'après ses instructions comme ambassadeur, il était convaincu que Napoléon avait eu l'intention de se faire couronner sous ce titre-là. On avait influencé la confédération du Rhin dans ce sens et on dit qu'à Erfurt la question aurait été définitivement réglée si Alexandre n'avait demandé Constantinople comme compensation. A Sainte-Hélène, cependant, ce n'est pas là ce qu'il regrette, c'est l'empire d'Orient. Et cela, pour deux raisons : maître de l'Orient, il aurait porté un grand coup aux Anglais et il aurait rivalisé avec Alexandre le Grand. Car, remarquons-le ici, Alexandre est son héros, son modèle. « Ce que j'aime dans Alexandre le Grand, ce ne sont pas ses campagnes, que nous ne pouvons concevoir, mais ses moyens politiques. Il laisse, à trente-trois ans, un immense empire, bien établi, que ses généraux se partagent. Il avait eu l'art de se faire aimer des peuples vaincus.... C'est d'une grande politique de sa part que d'avoir été à Ammon. Il conquit ainsi l'Égypte. Si j'étais resté en Orient, j'aurais probablement fondé un empire comme Alexandre, en me rendant en pèlerinage à la Mecque. » Au moment même où il quitte la France sur le *Bellérophon*, il dit au capitaine Maitland : « Sans vous autres Anglais, j'aurais été empereur d'Orient; mais, partout où il y a assez d'eau pour faire flotter un bateau, nous sommes sûrs de vous trouver sur notre chemin. »

Son admiration pour Alexandre le Grand, sa passion pour l'Orient et ses visées sur l'Inde ne l'abandonnèrent jamais, jusqu'au moment où il eut perdu son empire dans les plaines de la Russie et de l'Allemagne. Peu de temps avant de passer le Niemen, il s'interrompit au milieu d'une conversation avec Narbonne, avec un éclair dans les yeux : « Après tout, mon cher, dit-il, comme dans l'exaltation d'un rêve, cette longue route est la route de l'Inde. Alexandre était parti d'aussi loin que Moscou pour atteindre le Gange. Je me le suis dit depuis Saint-Jean-d'Acre. Sans le corsaire anglais et l'émigré français qui dirigèrent le feu des Turcs, et qui, joints à la peste, me firent abandonner le siège, j'aurais achevé de conquérir une moitié de l'Asie, et j'aurais pris l'Europe à revers, pour revenir chercher les trônes de France et d'Italie. Aujourd'hui, c'est d'une extrémité de l'Europe qu'il me faut reprendre à revers l'Asie pour y atteindre l'Angleterre. Vous savez la mission du général Gardanne et celle de Jaubert en Perse; rien de considérable n'en est apparu; mais j'ai la carte et l'état des populations à traverser pour aller d'Érivan et de Tiflis jusqu'aux possessions anglaises dans l'Inde. C'est une campagne peut-être moins rude que celle qui nous attend sous trois mois.... Supposez Moscou pris, la Russie abattue, le Tsar réconcilié, ou mort de quelque complot de palais, peut-être un trône nouveau et dépendant; et dites-moi si, pour une grande armée de Français et d'auxiliaires partis de Tiflis, il n'y a pas accès possible jusqu'au Gange, qu'il suffit de toucher d'une épée française pour faire tomber, dans toute l'Inde, cet échafaudage de grandeur mercantile. Ce serait l'expédition gigantesque, j'en conviens, mais exécutable du dix-neuvième siècle. » Après avoir lu ces lignes, se trouvera-t-il quelqu'un pour soutenir que le pouvoir absolu n'eût exercé son ordinaire effet et que Napoléon, en 1812, eût conservé l'équilibre et l'intégrité de son jugement?

Le troisième grand sujet de regret est, tout naturellement, Waterloo. Il nous semble quelquefois l'entendre grincer des dents lorsqu'il y songe : « Ah! si c'était à recommencer! » s'écrie-t-il. L'Empereur ne conçoit pas comment il a pu perdre la bataille de Waterloo.... Peut-être la pluie du 17 juin.... S'il avait eu Suchet à la tête de l'armée de Grouchy.... S'il avait eu Andréossy à la place de Soult.... Si la Garde avait été commandée par Lannes ou Bessières.... S'il avait donné la Garde à Lobau.... Si Murat avait été à la tête de la cavalerie.... Si Clauzel ou Lamarque avait été ministre de la guerre.... Alors, tout aurait pu tourner autrement. « Peut-être aurais-je dû attendre quinze jours. J'aurais eu 12000 hommes de plus, tirés de la Vendée. Mais qui aurait pu deviner que ce pays serait aussi vite pacifié? Peut-être ai-je mal fait d'attaquer. La question est de savoir si je n'aurais pas mieux fait de concentrer toutes les troupes sous la capitale au lieu d'aller chercher l'ennemi. Peut-être que les Alliés ne m'auraient pas fait la guerre. Remarquez que toutes leurs proclamations sont datées d'après Waterloo. » Il n'aurait pas dû, pense-t-il, employer Ney ou Vandamme. Plus d'une fois, il dit qu'il a perdu la bataille par la faute d'un officier qui donna à Guyot l'ordre de charger avec les grenadiers à cheval. Car, s'ils avaient été tenus en réserve, ils auraient sauvé la journée. Mais Montholon déclare qu'il est impossible de douter que cet ordre ne soit venu de l'Empereur lui-même. Il n'avait pas pu voir la bataille comme il fallait. Et puis, les hommes de 1815 n'étaient pas les hommes de 1792. Les généraux étaient devenus timides. Il est trop porté à blâmer ses généraux, tels que Ney ou Vandamme. Gourgaud le prie d'être moins sévère. Il répond : « On doit dire la vérité. » Il ne craint pas de déclarer que toute la gloire de la journée revient au prince d'Orange. Sans lui, l'armée anglaise aurait été annihilée et Blücher était rejeté au delà du Rhin. C'est là un exemple des exagérations auxquelles il se laisse aller. Il s'épuise à découvrir des raisons à sa défaite, mais il finit par apercevoir que le résultat pourrait bien être dû, dans une certaine mesure, au caractère de l'ennemi. Il fait l'aveu suivant : « C'était surtout par

leur bonne discipline que les Anglais triomphaient. »
Puis, il s'égare encore dans d'autres considérations.
Et voici ce qu'on peut regarder comme sa conclusion :
« C'est la fatalité, car, malgré tout, je devais gagner
cette bataille. Pauvre France! Être battue par ces
coquins-là ! Il est vrai qu'il y a déjà eu Crécy et Azincourt. » C'est une pensée qui, comme on l'a vu, était
depuis longtemps présente à son esprit.

Qu'aurait-il dû faire après Waterloo ? Il n'y a qu'un
point sur lequel il ait une idée parfaitement nette et
qui ne varie jamais : c'est qu'il aurait dû faire pendre
ou fusiller Fouché sur l'heure. « J'avais déjà composé
« la commission militaire. C'était celle du duc d'En-
« ghien : tous gens qui risquaient.... » Sa Majesté
fait un signe expressif avec sa cravate.

A part cela tout est ténèbres. Quelquefois, il pense
qu'il aurait dû fusiller Soult, mais on ne voit pas
à quel moment, ni pourquoi. A d'autres instants, il dit :
« J'aurais fait couper la tête à Lanjuinais, à Lafayette,
à une douzaine d'autres. » Certains jours il allait jusqu'à la centaine. Gourgaud et lui discutèrent souvent
cette intéressante question. Napoléon fait allusion à un
plan qui eût consisté dans les mesures suivantes :
« Réunir aux Tuileries le Conseil d'État, les cinq à six
mille hommes de la garde impériale qui étaient à Paris,
la partie de la garde nationale qui était bonne et les
fédérés, haranguer tout ce monde; puis, de là, se rendre aux Chambres qui s'étaient déclarées en permanence, les ajourner ou les dissoudre. On aurait pu
gagner quinze jours; on aurait réuni à Paris plus de
cent mille hommes. On pouvait fortifier la rive droite
et on aurait tenté la fortune. » Gourgaud répond triste-

ment : « J'objecte que, dans l'état où était alors l'esprit public et celui de l'armée, je doute fort que l'on eût pu réussir. » Il donne à entendre qu'il aurait fallu un Décius qui, d'un coup de pistolet, eût tué l'Empereur. Las Cases sent très bien aussi que cette manière d'agir n'aurait servi à rien et aurait perdu l'Empereur devant l'histoire. Le plan de Gourgaud était différent. Selon lui, l'Empereur, en revenant de Waterloo, aurait dû aller droit aux Chambres, les exhorter à s'unir, en leur faisant comprendre que tout dépendait de cette union. Napoléon répond à cette idée ; il pense tout haut : « Oui, mais il y avait trois jours que je ne mangeais pas.... Je n'en pouvais plus.... Si j'avais été aux Chambres, j'aurais été écouté avec respect, peut-être avec acclamation, et, ne pouvant, d'après la Constitution, assister aux délibérations, après mon départ, tout aurait repris comme auparavant. Il fallait donc que je fisse jeter un grand nombre de députés à la rivière, que j'arrivasse aux Chambres comme Cromwell.... J'aurais fini en demandant à épurer la Chambre et en faisant pendre sept ou huit de ses membres, par-dessus tous Fouché. Mais, pour cela, il fallait se mettre tout à fait avec les Jacobins, répandre du sang, et, encore, aurais-je réussi ? J'allais me mettre dans le sang et me faire abhorrer. » Un autre jour il avoue franchement qu'il n'a pas eu le courage de le faire. Pouvait-on, dans un moment pareil, révolutionner la populace et relever la guillotine ? En 1793, c'était le seul moyen, mais non après Waterloo. Et, en réalité, il n'aurait pas réussi ; il avait trop d'ennemis. C'était un horrible risque à courir : beaucoup de sang pour un résultat médiocre.

C'est pour toutes ces raisons qu'il avait préféré abdiquer en faveur de son fils, les laisser se débrouiller eux-mêmes et leur faire voir que ce n'était pas à sa personne seule que l'on en voulait, mais bien à la France.

Gourgaud ne se tient pas pour satisfait. Il presse l'Empereur et dit que sa seule présence aurait électrisé les députés, etc. Napoléon réplique, avec un accent de sinistre vérité : « Ah ! mon cher, j'étais battu. Le respect qu'on avait pour moi était grand tant que j'étais craint, mais, n'ayant pas le droit des légitimes, demandant assistance, vaincu enfin, je n'avais rien à espérer. Non, ce que j'ai à me reprocher, c'est de n'avoir pas fait couper la tête à Fouché. On peut dire qu'il l'a échappé belle. » Puis, il revient au sujet en discussion : « Oui, j'aurais dû courir aux Chambres, mais j'étais harassé ; et puis, qui pouvait croire qu'elles se déclareraient si vite contre moi ? Je ne savais pas que Lafayette allait les faire mettre en permanence. J'étais arrivé à huit heures et, à midi, elles s'insurgeaient. Elles m'ont surpris. » Il passe sa main sur son visage et continue, d'une voix creuse : « Après tout, je ne suis qu'un homme. J'aurais pu me mettre à la tête de l'armée, qui était pour mon fils. Et, certes, tout valait mieux que de venir à Sainte-Hélène.... Les alliés auraient, cependant, continué de dire qu'ils n'en voulaient qu'à moi. L'armée même aurait éprouvé la même influence. L'histoire me reprochera peut-être de m'être en allé trop facilement. Il y a eu un peu de pique de ma part. De la Malmaison, j'ai proposé au gouvernement provisoire de me mettre à la tête de l'armée, de tirer parti des imprudences de l'ennemi.

Les ministres n'ont pas voulu. Je les ai envoyés promener. »

« Je suis parti trop tôt de l'île d'Elbe ; je croyais le Congrès dissous. Je n'aurais pas dû créer de Chambres ; il m'aurait fallu me déclarer dictateur, ou former un Conseil de dictature sous la présidence de Carnot ; mais on pouvait espérer que les alliés, me voyant appeler les Chambres, prendraient confiance en moi, et que les Chambres me donneraient des ressources qu'une dictature ne pouvait obtenir. Mais elles n'ont rien fait pour moi ; elles m'ont insulté avant Waterloo, et, après, elles m'ont abandonné. De toutes façons, je n'aurais pas dû m'embarrasser d'une Constitution. Si j'avais été vainqueur, je me serais bien moqué des Chambres. J'ai eu tort, aussi, de me fâcher avec Talleyrand. Mais ces conversations-là me mettent de mauvaise humeur. Passons au salon et parlons de nos amours de jeunesse. »

CHAPITRE XV

NAPOLÉON ET LA DÉMOCRATIE

Il est une vérité qui ressort de toutes ces discussions sur Waterloo et ses suites. Pourtant, cette vérité paraît n'avoir frappé personne : aussi demande-t-elle une courte digression. Lorsque Napoléon, dans ses conversations rétrospectives, parle de se placer, après Waterloo, à la tête d'un mouvement révolutionnaire, nous croyons qu'il ne faisait que s'abuser lui-même ou s'amuser aux dépens de ses auditeurs. « Les souvenirs de ma jeunesse m'effrayèrent, » disait-il à Sainte-Hélène. Ce mot était sincère. Il avait vu la Révolution de trop près pour accepter une telle perspective. Il avait été l'ami de Robespierre, ou plutôt de son frère; mais, après avoir régné sur la France comme souverain, il sentait, évidemment, la plus profonde antipathie contre tout ce qui ressemblait à la révolution ou même au désordre.

Aucun des témoins oculaires de la Terreur n'éprouva un mouvement de répulsion plus vif que Napoléon. Ce spectacle lui avait laissé l'horreur de la violence et la passion de l'ordre. Il aurait pu s'approprier, avec une vérité absolue, la fière parole que prononça son héritier dynastique mais qu'il ne fut pas maître de justifier jusqu'au bout : « L'ordre, j'en réponds. » Ce n'était un secret pour aucun de ses familiers. Il craignait le peuple, disait Chaptal; le moindre mécontentement, le plus léger trouble, une simple émeute, l'affectait plus qu'une bataille perdue. Sur ce point, il était toujours en éveil. Il faisait venir ses ministres et disait que le travail manquait, que les artisans écouteraient les agitateurs et qu'il redoutait une insurrection d'ouvriers sans pain plus qu'une bataille contre deux cent mille hommes. Alors il commandait des étoffes, des meubles, et il avançait de l'argent aux principaux manufacturiers. De cette façon, une de ces crises lui coûta plus de vingt-cinq millions. « Quand j'entends dire à certaines gens, écrit Mme de Rémusat, que rien n'est si facile, à l'aide de la force, que d'imposer sa volonté, je me rappelle ce que disait l'Empereur sur les embarras qui avaient résulté pour lui... de l'emploi de la force contre les citoyens. Je me souviens que j'ai entendu dire à ses ministres que, lorsqu'on déterminait dans le Conseil quelque mesure un peu violente, il leur adressait ordinairement cette question : « Me « répondez-vous que le peuple ne se révoltera pas ? » On l'a vu prendre plaisir à peindre et à écouter les émotions diverses qu'on éprouve sur le champ de bataille, et pâlir en entendant conter les excès où le peuple révolté peut se laisser entraîner. »

La Révolution l'avait marqué de son sceau : il ne l'avait jamais oublié. Il la représentait et l'incarnait; mais il luttait sans cesse et silencieusement contre elle. Et il savait que c'était une lutte inutile. « Entre la Société et la Révolution, disait-il, il n'y a que moi, moi seul ! Je peux gouverner comme je veux, mais mon fils sera obligé de se faire libéral. » Il avait raison, car, pendant les dix mois qu'il passa à l'île d'Elbe, la Révolution releva la tête. Il y songeait toujours, non pour y puiser son inspiration, mais comme à une mystérieuse épouvante qu'il fallait conjurer à tout prix. Il était bien le fils de la Révolution, mais un fils dont l'unique pensée était d'étrangler sa mère.

Il redoutait l'idée de tirer sur le peuple. Il regretta toute sa vie le rôle qu'il avait joué dans la répression de la prise d'armes de Vendémiaire : il avait peur que le peuple ne la lui pardonnât jamais. Comme on l'a vu, rien ne lui coûtait pour détourner, pour désarmer avec de l'argent les colères du peuple qui naissaient de ses besoins matériels. Mais sa haine de la Révolution et des procédés révolutionnaires allait bien au delà de ces démonstrations populaires, si importantes qu'elles fussent. Car il ne voulut pas avoir le moindre contact avec la Révolution, même pour se sauver, lui et son trône. L'hostilité contre elle ne pouvait aller plus loin. Il avait vu, et vu avec un mépris amèrement et hautement avoué, Louis XVI saluant la multitude, du haut du balcon des Tuileries, avec le bonnet rouge sur la tête. Jamais Napoléon n'aurait coiffé ce bonnet-là un seul instant pour sauver ou sa liberté ou sa dynastie. Après Waterloo, la multitude (la canaille, comme Napoléon la désigne à Sainte-Hélène) inondait les abords de son palais et le suppliait de se mettre à sa tête. Elle le considérait comme la seule barrière contre la féodalité, contre la reprise des biens nationaux et contre la domination étrangère. Napoléon, qui entend leurs cris, a un soudain accès de franchise. « Qu'est-ce que ces gens me doivent? Je les ai trouvés pauvres et je les laisse pauvres. » Montholon nous a conservé un épisode de cette journée critique. Deux régiments et une foule immense qui descend du faubourg Saint-Antoine viennent demander qu'il les conduise à l'ennemi. Un des orateurs fait allusion au 18 Brumaire. Napoléon répond : « Au dix-huit Brumaire, la nation était unanime dans son désir de changement. Aujourd'hui, il faudrait des flots de sang français et jamais une seule goutte n'en sera versée par moi pour défendre une cause personnelle. » Quand la foule s'est retirée, il s'explique encore plus clairement avec Montholon : « Si je mettais en mouvement la puissance brutale des masses, je sauverais Paris, sans doute, et je m'assurerais la couronne à moi-même, sans recourir aux horreurs de la guerre civile, mais il faudrait aussi risquer un déluge de sang français. Quelle puissance serait assez forte pour maîtriser les passions, la haine, la vengeance, une fois soulevées? Non : je ne peux pas oublier que j'ai été ramené de Cannes au milieu de cris féroces : « A bas les prêtres! A bas les nobles! » Je préfère au trône les regrets de la France. » Pendant sa marche sur Paris, les passions du peuple, surexcitées par la courte domination des Bourbons, avaient fait sur lui une impression profonde. S'il avait consenti à s'associer aux sentiments de ce peuple, furieux à la pensée qu'on songeait à reprendre les terres et les privilèges perdus pendant la Révolution, il était persuadé que deux millions de paysans lui auraient fait cortège jusqu'à Paris. Mais il ne voulait pas être le roi de la canaille : tout son être, dit-il, se révoltait à cette pensée.

Lorsqu'il était à Longwood, il lui arriva de s'abandonner pendant un instant à un rêve tout différent.

« C'est par les Jacobins, dit-il, que je les attaquerais. Le Jacobinisme est le foyer d'un volcan qui menace la société d'une perpétuelle éruption. C'est en Prusse, surtout, qu'elle sera facile (à provoquer) et, le trône de Berlin renversé, j'aurai fait un pas immense pour la puissance française. La Prusse est, et a toujours été depuis Frédéric, et serait toujours, le plus grand obstacle à l'accomplissement de mes grands projets pour la France. Une fois le bonnet rouge arboré à Berlin, toute la force prussienne est entre nos mains comme une massue dont je peux me servir à volonté pour écraser la Russie et l'Autriche.... Rien ne pourrait m'empêcher... de reporter... les frontières de l'Empire à ses limites naturelles, le Rhin et les Alpes. Ce premier pas fait, je commencerais le grand œuvre de l'Empire français, et, soit par la force du Jacobinisme, soit par mes armes, je mettrais à profit toutes les circonstances, tous les événements, pour faire de l'Europe continentale une grande confédération dont l'Empereur des Français serait le chef. Je poserais au Niémen les limites de cet Empire. Alexandre ne serait plus que le tsar de la Russie d'Asie. La couronne impériale d'Autriche serait brisée. La Hongrie reformerait un royaume; le Bohême également. L'Autriche serait le troisième royaume (formé) du démembrement de la couronne de Marie-Thérèse. » Montholon rapporte cette singulière tirade et déclare que ces paroles furent prononcées le 10 mars 1819, deux ans avant la mort de l'Empereur. Rien ne ressemble moins à l'opinion qu'il exprime ailleurs sur la Prusse et à ses vrais sentiments en ce qui touche le jacobinisme. Nous pouvons supposer que c'est une sorte de rêverie à la recherche d'une politique de rechange. Peut-être, après l'expérience des Cent-Jours, était-il arrivé à la conviction qu'il n'y avait pas d'autre moyen de se maintenir s'il se trouvait de nouveau en France. Il avait déjà fait une allusion à des idées du même genre dans la fameuse conversation qu'il eut, à Dresde, avec Metternich. « Mon trône peut s'écrouler, mais j'ensevelirai le monde sous ses ruines ! »

Talleyrand, avec son jugement instinctif et de sang-froid, avait compris, dès le début des Cent-Jours, que la seule chance de succès pour Napoléon était de faire de la guerre une guerre nationale. Son armée ne suffisait pas; il fallait qu'il s'appuyât sur le parti d'où il était sorti, dont les ruines lui avaient servi de piédestal, et que, si longtemps, il avait persécuté. Alexandre connaissait bien le danger. Il fit remarquer à lord Clancarty qu'il fallait absolument détacher de Napoléon les Jacobins. Besogne un peu difficile à accomplir pour un empereur de Russie! Pourtant, il est important de noter que, parmi les princes assemblés à Vienne, le mieux informé, celui dont les vues étaient le plus nettes, se rendait compte que l'unique moyen de salut pour Napoléon était de redevenir ce qu'il avait été au commencement de sa carrière : la Révolution incarnée.

Lavalette nous dit la vérité dans une phrase très expressive : « Les onze mois du règne de Louis XVIII avaient ramené la France en 1792. » Même pendant cette courte période le mécontentement s'était condensé sous forme de complots. Mais leur objet était de placer Louis-Philippe sur le trône comme souverain constitutionnel et non de ramener le tyran proscrit. A son retour l'Empereur s'alarma; il trouva que la physionomie de Paris était changée. Le respect, l'affection pour lui s'étaient visiblement affaiblis. Si, à l'île d'Elbe, il avait pu se rendre compte, dit-il, du changement qui s'était produit en France, il serait resté là-bas. Il envoyait chercher Lavalette, — souvent deux ou trois fois dans la même journée, — et il discutait pendant des heures la situation nouvelle. Même s'il était revenu victorieux, il aurait eu, dit Lavalette, à faire face à de grands périls amenés par des difficultés intérieures.

Il fut bientôt évident que le pays désirait bien moins le retour de l'Empereur que le départ des Bourbons. Dès qu'ils furent loin, l'enthousiasme se calma promptement. Napoléon, avec cette faculté d'observation qui le caractérisait, s'en aperçut aussitôt. A un ministre qui le félicitait d'avoir accompli un vrai miracle et reconquis la France presque à lui seul, il répliqua : « Bah ! le temps des compliments est passé. Ils m'ont laissé venir comme ils ont laissé les autres s'en aller. »

Un seul exemple suffira pour faire comprendre la situation.

Napoléon avait repris son ancien titre d'Empereur par la grâce de Dieu et la constitution de l'Empire. Une telle appellation devait choquer l'esprit nouveau et le Conseil d'État répondit en proclamant le dogme de la souveraineté du peuple : un décret qui, à son tour, ne manqua pas de choquer l'Empereur, mais dont il ne pouvait manifester son déplaisir. Il eut à avaler des affronts, à subir les airs impérieux et insolents de ses Chambres. Il opposa à ce nouvel état de choses un calme imperturbable. Il sentait, évidemment, qu'en cas de victoire, il n'aurait pas de peine à tout remettre en place. Mais en cas de défaite? Il comprenait qu'alors l'esprit nouveau le renverserait, à moins qu'il ne pût appeler à son aide une force encore plus puissante que le libéralisme et déchaîner la Révolution. Alors pourquoi ne s'arrêta-t-il pas à cette alternative? Pourquoi ne s'était-il pas mis à la tête d'un soulèvement de la France révolutionnaire? Autrefois, au temps de sa jeunesse, la direction d'un mouvement révolutionnaire aurait pu vivement tenter son ambition. Le Premier Consul n'eût certainement pas hésité, mais l'Empereur vit clairement que, dans ce cas, il ne pouvait être question de dynastie; que la dictature serait purement une dictature personnelle. Il eût été Sylla ou Marius, mais non Auguste ou Charlemagne. On remarquera que, dans ses paroles à Montholon citées plus haut, il dit : « Je m'assurerais le trône *à moi-même.* » Pas un mot de succession dynastique; pas une illusion à ce sujet. Accepter une telle situation après avoir été ce qu'il était, c'était descendre et, comme nous l'avons vu, tout ce qui ressemblait à une révolution lui était odieux. Il y avait donc impossibilité pour lui à devenir le prophète ou le héros d'une nouvelle révolution au lendemain de Waterloo. S'il avait pu prévoir ce qui l'attendait, — Sainte-Hélène, avec ses sordides misères, ses mesquins geôliers, ses longues années, lugubres et désolées, d'une vie qui était déjà de la mort, — peut-être aurait-il surmonté ses répugnances, mais il ne pouvait rien deviner de tout cela et il n'eût pas fallu moins pour l'ébranler. Donc il préféra se croiser les bras et laisser venir ce que les rhéteurs appellent la catastrophe inévitable, se croiser les bras et attendre les événements. Mieux valait, pensa-t-il, la vie d'un fermier américain que la présidence d'un Comité de Salut Public.

Entre Napoléon et la Chambre régna, dès le premier jour, une hostilité à peine déguisée. On gardait jusqu'à un certain point les apparences. Mais les deux pouvoirs rivaux agissaient de leur côté sans beaucoup se cacher et sans s'abuser l'un l'autre en aucune façon. Les Chambres étaient disposées à employer Napoléon comme un général consommé pour repousser l'invasion et empêcher le retour des Bourbons; elles se flattaient de pouvoir le mater ou même s'en défaire, une fois la victoire gagnée. « Dès qu'il sera parti pour l'armée, disait Fouché, nous serons maîtres de la situation. Je voudrais qu'il gagnât une ou deux batailles, mais il perdra la troisième et alors ce sera notre tour. » Tel est le calcul où se complaisaient les Chambres. Mais elles étaient dans la position du mortel qui, dans les contes de fées, évoque un génie et se trouve, ensuite, incapable de s'en faire obéir. De son côté, Napoléon subissait les Chambres, pour donner au monde une garantie de sa conversion et dans l'espoir d'obtenir d'elles des hommes et de l'argent. Mais il avait l'intention bien arrêtée de se débarrasser d'elles s'il était victorieux. Après Ligny, il exprima catégoriquement sa résolution de rentrer à Paris et de reprendre le pouvoir absolu, dès qu'il aurait vaincu les Anglais. Chacun des deux rivaux connaissait à fond la politique de l'autre. Pas de doute, pas d'illusion. A ce moment, l'esprit du parlement était tel, semble-t-il, que beaucoup de ses membres espéraient la défaite des armes françaises et qu'ils furent capables de se réjouir de Waterloo. C'est parce que Napoléon était au courant des dispositions hostiles de la Chambre qu'il sentit la nécessité de revenir à Paris après le désastre. On l'a blâmé de n'être pas resté sur la frontière et de n'avoir pas cherché à rallier les débris de ses troupes. Mais à quoi bon si, derrière lui, son propre parlement était occupé à le déposer et à le désavouer ? Or personne ne peut douter que tels eussent été les premiers actes des Chambres en apprenant sa défaite. Mis hors la loi par l'Europe entière et par son propre pays, il lui eût été à peu près impossible de continuer la lutte, même avec des forces militaires bien supérieures à toutes celles qu'il pouvait réunir.

Cette digression conduit inévitablement à une autre. Les relations de l'Empereur avec son parlement sont choses claires et connues de tous. Ce qui est plus difficile à comprendre, c'est que, en dépit de cette lutte finale et douloureuse entre Napoléon et le parti constitutionnel, son nom soit resté, pendant trente ans, le mot de ralliement de tous les libéraux du continent. Car il n'avait aucune sympathie pour la liberté ni pour les aspirations libérales; il les renvoyait à ceux qu'il appelait dédaigneusement les idéologues. L'ordre, la justice, la force, la régularité composaient son idéal administratif; il n'y apportait d'autre tempérament que l'équation de personne. La légende libérale qui s'attache à lui n'a qu'une explication : c'est que les faiseurs de constitutions de 1815 ayant disparu au retour des Bourbons sous un ouragan de mépris cet épisode des Cent Jours fut oublié. On se rappela seulement que Napoléon était le fils de la Révolution, qu'il avait humilié et mutilé les vieilles dynasties européennes, sans égard pour l'ancienneté, la tradition ou le titre. Pour le peuple il représentait la Révolution, et pour l'armée la gloire. Personne ne se souvint, ou, du moins, ne se soucia de rappeler qu'il avait sciemment cédé son trône et s'était rendu à ses ennemis plutôt que de se mettre à la tête d'une insurrection populaire.

S'en fût-on souvenu, on aurait jugé ce tort suffisamment expié par le martyre de Sainte-Hélène. Napoléon n'ignorait pas le bien que son emprisonnement devait faire à sa mémoire et à sa cause. Sa mort dans la solitude et dans la captivité effaça toutes ses erreurs et tous ses défauts. On oubliait son dur despotisme, le sang et les ressources de la France incessamment prodigués, le territoire envahi deux fois par sa faute, et sa mémoire, purifiée de tous ces souvenirs, devint une légende miraculeuse. Les paysans de France avaient toujours été, après les soldats, ses meilleurs soutiens, car ils l'avaient considéré comme leur plus sûr rempart contre un retour des droits féodaux et de l'ancien régime, contre une revendication des biens confisqués par la Révolution. Aussi se firent-ils les gardiens jaloux de sa gloire. Parmi eux survécut longtemps la tradition des merveilles qu'il avait accomplies. Béranger, comme on l'a remarqué, sut condenser la conception populaire dans le récit d'une vieille paysanne qui ne mentionne pas le nom d'une seule de ses victoires.

> On parlera de sa gloire
> Sous le chaume bien longtemps;
> L'humble toit dans cinquante ans
> Ne connaîtra d'autre histoire.

Ainsi parle le poète dans sa délicieuse chanson. Et continuant, il donne la vraie note dans un autre couplet :

> Mes enfants dans ce village,
> *Suivi de rois*, il passe.

On irait trop loin, peut-être, en disant que Napoléon a obtenu les gloires de l'apothéose. Mais, cela excepté, quoi que l'on dise, on ne saurait exagérer. En tout cas, il a reçu l'honneur le plus extraordinaire et le plus grand qui ait jamais été accordé à un être humain. Car il a été connu en France, non par son titre de général, ou de consul, ou d'empereur, ou même par son nom; on l'appelait « l'homme ». Son fils était « le fils de l'homme ». Lui, c'était toujours « l'homme ». En effet, il était l'homme de l'imagination populaire et c'est ainsi que les libéraux en vinrent à ne jurer que par lui. Son individualité formidable, plus encore que son horreur de l'anarchie, avait fait de lui un souverain absolu. Mais, étant, d'autre part, le produit de la Révolution, l'homme qui avait humilié les rois, une auréole de liberté rayonna autour de son nom. Il avait donné satisfaction aux instincts d'égalité en fondant, lui, sorti de rien, une quatrième dynastie. Il avait tenu les Bourbons hors de France. Il avait, surtout, écrasé, avili les chefs de cette « Sainte-Alliance » qui pesait sur l'Europe d'un poids si lourd, qui essayait d'éteindre sous son talon les dernières étincelles de la Révolution et qui représentait, sous une apparence concrète, la haine de la Liberté. Il n'est pas étonnant que, considérée sous cet aspect, l'image de Napoléon soit devenue l'idole du libéralisme continental. Plus tard elle fut marquée à ce sceau d'une façon encore plus systématique. La démocratie autoritaire, ou, en d'autres termes, la dictature démocratique, l'idée d'où naquit, en France, le second Empire et qui lui survit, cette idée qui, sous différentes formes, a trouvé faveur en d'autres pays, tel est le legs politique et — peut-être faut-il dire le message — définitif de Napoléon.

CHAPITRE XVI

LA FIN

Il est inutile de nous arrêter plus longtemps à ces
derniers tableaux, à ces épisodes suprêmes du grand
drame de la vie de Napoléon. Il est étrange d'avoir à
observer qu'en dépit de l'atmosphère de surveillance
assidue où il vivait, la fin arriva sans avoir été prévue.
Sa mort fut une mort soudaine, nous le voyons par
les brefs rapports du médecin Arnott, car nous écar-
tons absolument Antommarchi pour des raisons déjà
expliquées. Arnott, évidemment, ne soupçonnait point
combien grave était l'état de son malade, quoiqu'il
eût été appelé le 1er avril, trente-cinq jours seulement
avant la mort de Napoléon. Ni ce jour-là, ni pendant
les semaines qui suivirent, il n'aperçut le caractère
sérieux du mal en présence duquel il se trouvait. Ce
ne fut que le 26 ou le 28, c'est-à-dire huit jours à peine
avant l'issue fatale, qu'il reconnut l'existence d'une
maladie mortelle. Ni le gouverneur, ni les ministres
anglais ne se doutaient que la fin fût proche.

Pendant les neuf derniers jours, Napoléon eut constamment le délire. Le matin du 5 mai il murmura
quelques mots incohérents, parmi lesquels Montholon crut distinguer : « France... armée... tête

d'armée... [1]. » En prononçant ces paroles, le moribond s'élança de son lit, entraînant avec lui sur le plancher de la chambre Montholon qui essayait de le retenir. C'était le dernier effort de cette formidable énergie. Montholon et Archambault eurent grand'peine à le replacer dans son lit. Là il demeura tranquille jusque vers six heures du soir. A ce moment, il rendit le dernier soupir. Au dehors, une tempête terrible était déchaînée qui secouait, comme un tremblement de terre, les frêles baraques du campement anglais, renversait les arbres plantés par l'Empereur et déracinait le saule sous lequel il aimait à se reposer. A l'intérieur, le fidèle Marchand couvrait le corps du manteau que le jeune conquérant avait porté à Marengo.

Le gouverneur et son état-major attendaient en bas pour recueillir les dernières nouvelles. En apprenant l'événement, Lowe prononça quelques paroles viriles appropriées à la situation. Mais les disputes inévitables ne tardèrent pas à éclater autour du cadavre. Lowe voulait une autopsie immédiate ; les Français s'y opposèrent énergiquement. Il refusa de consentir à ce que les restes fussent emmenés en France. Sur cette question, il n'était pas le maître. L'arrivée inattendue, en Europe, de l'Empereur mort, par le trouble qu'elle aurait créé, ne l'aurait cédé qu'à

---

1. Antommarchi prétend que, trois heures plus tard, il entendit Napoléon dire : « Tête... armée..., » et que ce furent là ses dernières paroles. Montholon constate expressément qu'Antommarchi n'était pas dans la chambre à deux heures, au moment où Napoléon prononça les mots : « Tête d'armée. » La chose a peu d'importance, mais elle peut servir à montrer, jusqu'au bout, combien il est difficile d'arriver à établir la vérité à Longwood.

l'arrivée de l'Empereur vivant. Enfin, comme nous l'avons vu, il insista pour que le nom de Bonaparte fût ajouté à l'inscription funèbre, si celui de Napoléon, comme on le proposait, était gravé sur le cercueil. Là-dessus tout commentaire serait superflu.

Pendant la matinée qui suivit le corps fut solennellement exposé et c'est alors que Montchenu vit le prisonnier pour la première et la dernière fois. Les funérailles eurent lieu quatre jours plus tard avec la pompe modeste dont l'île pouvait offrir les éléments. Le cercueil, sur lequel reposaient l'épée et le manteau de Marengo, fut porté par des soldats anglais à un char que traînaient quatre chevaux de l'Empereur; puis, de nouveau, par des soldats anglais, qui se relayaient de distance en distance, jusqu'au lieu que Napoléon avait choisi pour sa sépulture, au cas où on ne lui accorderait pas d'être enterré en France. C'était dans un jardin, au creux d'un ravin profond. Là, à l'ombre de deux saules, près d'une source qui avait fourni l'eau de sa table, la tombe avait été creusée. Les habitants de Longwood conduisaient le deuil. Puis venaient Lowe, Montchenu et les fonctionnaires civils, les officiers de terre et de mer qui avaient un commandement dans l'île. Au moment où le corps descendit dans la terre, il y eut des salves de mousqueterie et d'artillerie.

Dix-neuf ans plus tard, une frégate française commandée par le prince de Joinville jetait l'ancre devant Jamestown. Elle était venue pour chercher et ramener en France les restes de l'Empereur. Le gouvernement anglais les restituait en exprimant l'espoir que les dernières traces de l'animosité qui avait existé entre les deux nations seraient à jamais ensevelies dans la tombe de Napoléon. Mais, avant que le vaisseau fût de retour avec son précieux chargement, les deux pays étaient, de nouveau, à deux doigts de la guerre. Sur la *Belle-Poule* revenaient, dans un dernier et pieux pèlerinage, à Sainte-Hélène, Bertrand et Gourgaud, le jeune Las Cases et Arthur Bertrand, le « premier visiteur français venu à Longwood sans la permission de Lord Bathurst ». Là, aussi, se trouvaient Marchand, le plus fidèle et le plus sûr des serviteurs de l'Empereur, Noverraz, Pierron et Archambault, en même temps que Saint-Denis, qui, dissimulé sous le nom d'Ali, avait tenu l'emploi de second mameluk avec Roustan et qui avait souvent servi de copiste à l'Empereur à Sainte-Hélène. Tristement, ces dévoués survivants visitèrent le lieu de leur exil et, — en présence des autorités anglaises embarrassées et confuses, — constatèrent la dégradation de Longwood, changé en étable. Le quinze octobre, à minuit, ils étaient tous réunis autour du tombeau de leur maître. C'était le vingt-cinquième anniversaire de son arrivée à Sainte-Hélène. Après dix heures de travail énergique, le cercueil fut enfin amené au jour, et ils contemplèrent encore une fois les traits de l'Empereur, absolument intacts et sans aucune altération. Ensemble, ils suivirent le corps, et alors commença cette marche vers Paris qui ressemblait plus à un triomphe qu'à un convoi funèbre. Ce fut la plus majestueuse entrée que le conquérant eût jamais faite dans sa capitale. Par une glaciale matinée de décembre, le roi des Français, entouré des princes, des ministres, de tout ce qu'il y avait de grand et de glorieux en France, attendait en silence, sous le dôme des Invalides, l'arrivée du cercueil. Soudain, un chambellan parut sur le seuil; d'une voix claire et retentissante il annonça : « L'Empereur! » comme si c'était le souverain vivant qui allait apparaître. L'immense et illustre assemblée se leva dans une même émotion, tandis que le cercueil entrait lentement sur les épaules des porteurs. La signification, le pathétique de la scène arrachaient des larmes aux assistants. Derrière le corps marchaient ceux des exilés de Sainte-Hélène qui étaient encore vivants. Ce fut le privilège de Bertrand, — et personne ne pouvait le lui disputer, — de déposer sur le cercueil l'épée de son maître.

Il est un point qu'il faut noter une fois pour toutes à propos de la dernière maladie de l'Empereur. La tactique de Longwood, dont O'Meara s'était fait l'auxiliaire zélé, consistait à prétendre qu'il existait une affection meurtrière du foie, spéciale à Sainte-Hélène, dont Napoléon était victime, et qui ne pouvait, naturellement, être guérie que par un changement de résidence. Nous croyons que l'Empereur lui-même, qui, sans avoir la moindre confiance dans la médecine, donnait à ces questions une attention pénétrante, savait à quoi s'en tenir. Il portait sa main au creux de l'estomac et disait, avec un gémissement : « Oh! mon pylore! mon pylore! » Pourtant, comme nous l'avons vu, il s'apitoya gravement sur Gourgaud, dont la santé était excellente, et qui était censé être atteint de la maladie propre à l'île. Deux mois avant sa mort il écrivit à Pauline que la maladie de foie dont il était affligé depuis six ans, et qui était endémique et mortelle à Sainte-Hélène, avait fait, dans les six derniers mois, des progrès alarmants. Un mois plus tard il se plaignit de même à Arnott. Montholon, à son retour en Europe, en dépit des résultats de l'autopsie, maintint encore bravement la théorie de la maladie de foie. Mais on trouva le foie de Napoléon en parfait état; il mourut du cancer de l'estomac qui avait tué son père.

Les derniers jours qui précédèrent l'agonie furent douloureux, autant que nous pouvons le voir dans les maigres souvenirs de Montholon. Ces souvenirs ne nous donnent pas l'impression d'un récit écrit jour par jour; ils doivent avoir été rédigés rétrospectivement, peut-être d'après des notes. Bertrand dit, dans une lettre au roi Joseph, qu'à partir du mois d'août 1820 l'Empereur passait presque tout son temps dans un fauteuil, en robe de chambre, en état de lire et de causer, mais non de travailler ou de dicter. Avec sa suite, il faisait des projets en l'air, parlait de la vie nouvelle qu'on mènerait en Amérique. Mais il savait parfaitement qu'il mourait. Il s'occupait beaucoup de son testament, et il était extrêmement désireux que la collection des lettres que lui avaient écrites les souverains de l'Europe, ainsi que quelques lettres à lui adressées d'Italie par Mme de Staël, fussent livrées à la publicité. Sur ce point, il insistait avec énergie. Il croyait ces lettres en la possession de Joseph; mais elles avaient été volées. On les avait proposées à l'éditeur Murray qui n'en avait pas voulu. Le gouvernement russe était alors intervenu dans l'affaire et avait racheté, moyennant une somme considérable, les lettres d'Alexandre. On ne sait ce que sont devenues les autres.

Napoléon lisait encore tout haut et discutait le passé.

Mais il est surprenant de constater combien peu nous connaissons les incidents de ces derniers mois. Nous devons croire que les compagnons de Napoléon n'en savaient pas plus long que le reste du monde en ce qui touchait la fin prochaine de leur maître. Sans cela, ils auraient certainement recueilli, avec un soin pieux, ces souvenirs si intéressants.

Ce sont ces derniers mois, surtout, que nous aurions voulu disputer à l'oubli. On demandera, peut-être, à quoi bon évoquer ces pénibles réminiscences. A peine peut-on dire que c'est de l'histoire, et ce n'est pas, hélas! du roman. Il serait difficile de considérer comme saine et bienfaisante l'attraction qu'elles exercent. Elles nous font seulement connaître, en y mêlant une foule de mensonges, un douloureux épisode que personne n'a d'intérêt à rappeler et que tout le monde voudrait oublier. Pourquoi donc fouiller ces chroniques morbides, sans élévation comme sans franchise? L'histoire ne nous a-t-elle pas averti qu'il n'est pas de spectacle plus triste que les grands hommes dans la retraite, depuis Nabuchodonosor aux champs, jusqu'à Napoléon sur son rocher ?

L'auteur répondra à cette question par un incident qui lui est personnel. Lord Beaconsfield lui expliquait un jour comment il avait été amené à écrire *le Comte Alarcos*, drame aujourd'hui oublié, ou peu s'en faut. « Mon but, disait-il, n'était pas de produire une grande tragédie, mais de conjurer un fantôme littéraire. » L'histoire le hantait et l'aurait hanté indéfiniment, — il le sentait, — jusqu'à ce qu'il lui eût donné une forme. Il en est de même pour ce livre. Il renferme une tragédie, parce qu'il ne pouvait faire autrement, mais il a été écrit pour conjurer un fantôme littéraire, immobile pendant bien des années, et auquel la lecture du dernier journal de Gourgaud, jointe à l'influence stimulante d'un long loisir, a rendu le mouvement.

En second lieu, il y a là une série de faits sur lesquels l'histoire n'a pas encore rendu son verdict définitif. Et il n'est pas encore bien sûr qu'elle soit aujourd'hui en état de le rendre. Il est vrai que, depuis longtemps, les acteurs ont disparu. Le sang, échauffé par vingt ans de guerres, est suffisamment refroidi. D'un côté, l'espoir, vague, mais tenace, inextinguible; de l'autre, l'appréhension et le soupçon : tout cela, mort, à jamais évanoui. Pourtant, le sujet est encore brûlant. On peut se demander si, d'une part, on est assez de sang-froid pour avouer ses erreurs; si, de l'autre, on a pardonné. Les nations ont des souvenirs qui se taisent et qui durent. Les cendres des feux allumés à Smithfield[1] recèlent encore de la flamme. L'Irlande se souvient de bien des choses que, pour son propre bonheur, mieux vaudrait oublier. Les Écossais sont encore Jacobites au fond du cœur.

Une autre considération, très importante, c'est que nous avons plus de chances de comprendre la personnalité de Napoléon à Sainte-Hélène qu'à aucun autre moment de sa carrière. L'homme se révéla pendant les premières années du Consulat, mais il n'avait pas encore atteint tout son développement. Sur le trône, son humanité disparaît. A l'île d'Elbe il ne vit pas dans le présent, il est toujours dans le passé ou dans l'avenir.

---

1 Quartier de Londres où avaient lieu les exécutions par le feu sous Henri VIII et sous la reine Marie.

Il faut encore observer que tout ce qui a été publié sur lui, de son vivant et pendant de longues années après sa mort, a peu de valeur. Un signe auquel on reconnaît les grands hommes d'action, c'est qu'ils n'inspirent jamais de sentiments tièdes. On les déteste ou on les adore. La haine et l'idolâtrie que Napoléon avait fait naître lui ont survécu trop longtemps pour permettre à la raison de faire son œuvre. Personne, ni alors, ni longtemps après, ne semblait capable de prendre des verres noircis et de fixer, sans passion, cet aveuglant foyer de lumière. Aujourd'hui encore il faut peser et juger les témoignages, éliminer le parti pris et faire la part de tous les éléments d'appréciation. La *Correspondance*, — surtout la partie qui avait été primitivement supprimée, — donne sans doute une idée de sa multiple activité et de ses méthodes. Ce n'est pourtant là qu'une faible partie des matériaux à consulter. Les livres et les mémoires sur Napoléon sont innombrables, mais il en est bien peu qui donnent une représentation fidèle, ou seulement approximative, de l'homme. De judicieux observateurs, qui connaissaient bien Napoléon, ont noté leur impression véritable, mais en secret, et c'est aujourd'hui seulement que le résultat de leur travail commence à venir au jour. Parmi ces témoins nous serions disposé à mettre Chaptal au premier rang. Il fut, pendant quelque temps, le ministre de confiance de Napoléon, et il analyse son caractère avec la science impartiale d'un grand chimiste. On pourrait donner la seconde place à Pasquier, en considération de son impartialité nuancée de malveillance. Nous mettrions *ex æquo* avec lui Ségur, dont les mémoires, où se trouve comprise l'histoire classique

de la campagne de Russie, donnent un brillant portrait
de Napoléon. C'est l'œuvre d'un admirateur, mais non
pas, assurément, d'un aveugle admirateur. Ce serait le
pendant de Pasquier : l'impartialité sympathique. Et
la beauté du style, l'admirable éloquence de certaines
pages, atténueraient les plus sévères et les plus âpres
critiques du héros. Lavalette dit peu de chose; mais,
quoique le duc de Wellington l'ait, sur de bien légers
motifs, flétri comme un menteur, il nous semble un des
plus dignes de foi parmi les écrivains sympathiques à
l'Empereur. Dans les gros volumes qui contiennent le
fatras illisible de Rœderer, on trouve de l'or pur, certaines conversations de Napoléon fixées dans des notes
inappréciables. Chez Mme de Rémusat, après des retranchements considérables, on obtient un résidu de
quelque valeur, mais nous ne pouvons oublier qu'elle
brûla, en 1815, le texte de ses véritables mémoires
écrits à l'époque. Ceux qui sont maintenant entre les
mains du public ont été composés trois ans plus tard,
sous la Restauration, et lorsque la réaction était à l'apogée de sa violence, lorsqu'on considérait comme une in-
décence de faire allusion à l'Empereur ou même de
prononcer son nom dans une société polie. Elle était,
d'ailleurs, l'amie intime de Talleyrand, qui était l'ir-
réconciliable ennemi de Napoléon. Elle avait été la
dame d'honneur de Joséphine, dont elle avait épousé
les griefs, et, chose plus grave que tout le reste, elle
était de celles qui ne pardonnaient pas à Napoléon ses
brusqueries et les lacunes de son éducation dans sa
manière d'être avec les femmes. Sur un plan inférieur,
nous pouvons placer Méneval et Beausset. Descendons
encore d'un degré : nous trouverons Constant, le valet

de chambre de l'Empereur, qui donne beaucoup de
détails intéressants. Toutefois, les Mémoires qui portent son nom ont été, probablement, écrits d'après
ses notes par une autre personne. Pour lui, en dépit
du proverbe, son maitre est un héros. Nous avons
quelque confiance en Miot de Melito et nous ne détes-
tons pas la froide ironie de Beugnot. Nous n'avons pas
davantage le désir de déprécier certains auteurs, quelques-uns fort connus, dont nous ne prononçons pas les
noms; nous voulons indiquer seulement ceux qui nous
semblent les plus dignes de foi. Il existe une multitude
de mémoires qui, çà et là, jettent une lueur sur la personnalité de Napoléon. Mais c'est une lueur passagère, car les écrivains sont, en général, des ennemis ou
des adorateurs. Nous devons à Marbot et à Thiébault
les croquis les plus vivants de Napoléon. C'est Marbot
qui nous le montre au bal masqué, épongeant sa tête
brûlante avec un mouchoir mouillé et murmurant :
« Oh! que c'est bon, que c'est bon! » C'est Thiébault
qui nous dessine la silhouette de l'Empereur galopant
en Espagne, sur la route de France, seul avec un aide
de camp dont il fouaille la monture avec un fouet de
postillon. Ces esquisses sont délicieuses; nous voudrions être sûr qu'elles sont toutes deux rigoureusement vraies.

Enfin, dans cette phase finale, nous avons des chances d'apercevoir quelque chose de l'homme. Il y a
encore autour de lui de la mise en scène et du décor,
mais pas d'une manière continue; à travers les récits
embarrassés ou adulateurs, la vérité se fait jour par
éclairs. L'un de ces récits nous donne même d'abon-
dantes clartés. Si Gourgaud était resté jusqu'à la fin,

ce ne serait pas une exagération de dire qu'il nous en aurait plus appris sur le Napoléon authentique que toute la collection existante des livres relatifs à Napoléon. Mais Gourgaud s'en va avant l'heure où nous aurions le plus besoin de lui. Les chroniques qui nous restent ne nous disent rien, ou presque rien, de cette période où, selon toute probabilité, il y aurait beaucoup à apprendre pour nous; car il y avait là une occasion suprême de se dévoiler, alors que les vanités et les passions de la vie s'évanouissaient devant l'ombre grandissante de la mort. Seul, alors, avec l'éternité et avec l'histoire, l'homme aurait pu se séparer du guerrier et du chef d'empire; peut-être se serait-il montré à nu, — nous disons peut-être! — et confessé à nous, et nous aurait-il livré sa pensée en toute sincérité. Sa déclaration sur la mort du duc d'Enghien, faite cinq semaines avant sa propre fin, fait voir le mourant revendiquant ses actes, avec une sorte d'impatience passionnée, pour justifier les autres et dire la vérité.

Mais, même sans ces dernières révélations, qu'il fit peut-être et qui ne sont pas parvenues jusqu'à nous, c'est vers Sainte-Hélène qu'il faut tourner les yeux si l'on veut apercevoir une dernière fois ce grand problème humain. Car Napoléon est un problème et en sera toujours un. Les hommes prendront toujours plaisir à sonder tout ce qui élargit indéfiniment l'idée qu'ils se font eux-mêmes de leurs facultés et de leur puissance. C'est pourquoi ils aiment les ballons, les machines volantes, les appareils de locomotion souterraine ou sous-marine; ils aiment ceux qui accomplissent des tours de force, physiques ou intellectuels, dont le résultat est d'agrandir la sphère de l'activité humaine. C'est aussi pour cette raison qu'ils cherchent, mais toujours en vain, à pénétrer le secret de cet être prodigieux. Mais ils ont beau chercher, creuser, analyser, le secret, si secret il y a, risque de leur échapper à jamais. En partie, pourrait-on soutenir, parce qu'il est trop complexe; en partie, pourra-t-on dire encore, parce qu'il n'y a point de secret : il n'y a que la Destinée qui agit et suit son cours.

Que le problème soit complexe, qu'il y ait eu plusieurs hommes dans cet homme, impossible d'en douter. Cette étude, alors même qu'elle n'aboutit à aucun résultat, garde un invincible attrait. Le caractère de Napoléon continuera à tenter les alchimistes de la psychologie. Et il ne faut pas s'en étonner. Il est si multiple et si lumineux qu'il émet de la clarté par mille facettes. Quelquefois il invente; quelquefois, dans ses propos, il est si près de l'absurde qu'on en tremble; quelquefois il est mesquin ou grossier; mais, en somme, quand on arrive à sa vraie nature, on le trouve profondément humain et intéressant. Ce n'est donc pas du temps perdu que d'étudier les paroles de Napoléon, indépendamment de tout effort pour deviner le secret de ses prodigieux exploits. Qu'on se livre à cette étude pour imiter, ou pour éviter, ou simplement pour savoir, elle ne peut manquer de stimuler les facultés. Sa carrière, peut-être, dans une certaine mesure, parce qu'elle ne se divise pas rigoureusement en actes ou phases bien distinctes, soulève une quantité de questions, qui se posent et qui s'imposent, mais dont bien peu peuvent recevoir une réponse directe et satisfaisante. Quelle était sa conception de la vie? Quel était son objectif permanent? Avait-il réellement une telle conception et un tel objectif, bien définis? Sa pensée fut-elle toujours normale? Y avait-il en lui, à un degré quelconque, du charlatan? Était-il, simplement, un fataliste heureux, doué de facultés naturelles extraordinaires? Ou bien son succès était-il dû à la plus étonnante combinaison d'intelligence et d'énergie dont l'histoire nous offre une mention précise?

A toutes ces questions, et à bien d'autres encore, les habiles seront prêts à fournir une solution immédiate. Mais celui qui étudie Napoléon se trouvera de moins en moins en état de répondre à mesure qu'il pénétrera plus avant dans son sujet. Finalement, il arrivera peut-être à une hypothèse qui lui sera propre, mais il ne se sentira pas sûr de son fait et il s'apercevra, avec surprise, que ses compagnons d'étude, non moins laborieux et non moins consciencieux que lui, proposent à leur tour de très bonnes réponses, qui sont en complète contradiction entre elles comme avec la sienne.

Pour le philosophe, mais surtout pour le philosophe qui croit qu'une main divine dirige les affaires humaines, la relation véritable de Napoléon avec l'histoire de l'humanité se trouvera ramenée à une formule très simple. C'est qu'il fut lancé à travers le monde comme une grande force naturelle, ou surnaturelle, comme un fléau, comme un balayeur d'hommes et d'institutions, dont la mission était à la fois positive et négative, — surtout négative. Cette œuvre accomplie, il disparaît aussi promptement qu'il est venu. César, Attila, Tamerlan et Mahomet, sont des forces du même genre; le dernier a été, dans l'univers, un facteur bien autrement puissant, — et d'une influence bien plus durable, — que Napoléon. Et c'est là encore une preuve qui démontre, s'il en était besoin, combien la guerre toute seule a peu d'action sur les événements de l'histoire. Ces hommes font époque; ils incarnent de grands changements; ils étonnent et effrayent leurs contemporains; mais quand on les regarde à distance on s'aperçoit qu'ils ne sont que des incidents périodiques et nécessaires du mouvement universel. Les menus faits de leur carrière, leurs idées morales, leurs méthodes d'action, si intéressantes qu'elles soient, n'apparaissent plus que comme des détails secondaires.

Un balayeur! Le mot est brutal, mais il représente bien la première fonction de Napoléon au pouvoir. Le volcan de la Révolution française s'était éteint tout seul. A Napoléon la tâche de désobstruer les laves refroidies, les débris laissés sur le sol par les démolitions déjà accomplies, les cendres et les scories, la végétation, née de la pourriture, qui couvrait tout de ses excroissances et qui était, pour le moment, le seul résultat perceptible du cataclysme. Ce qu'il a dit souvent de la couronne de France est absolument vrai du gouvernement de ce pays : « Je l'ai trouvée dans le ruisseau et je l'ai ramassée avec la pointe de mon épée ». Ce gouvernement du ruisseau, il le remplaça par une nouvelle machine administrative, bien tenue, portant loin, effective. Nous entendons effective, aussi longtemps que le mécanicien était un homme d'une énergie et d'un génie exceptionnels.

Il est aussi un fléau. Comment? Il purifie le sol de l'Europe avec la flamme. Comme il est l'épée, l'âme de la Révolution, malgré la pompe qui l'entoure et la pourpre dont il est revêtu, il fustige les anciennes monarchies et les oblige à se ranger. Il est vrai qu'après sa chute elles retournent à leurs péchés, mais ce n'est que pour un temps : l'esprit de réforme, sinon l'esprit de révolte, sera bientôt à l'œuvre parmi elles. Sans Napoléon, cela n'aurait pu arriver. Car, lorsqu'il prit le gouvernement, il semblait que l'Europe eût étouffé la Révolution.

Nous ne discutons pas sa grandeur militaire : elle est reconnue de tous. D'ailleurs, il faudrait un homme compétent et un volume pour la discuter avec autorité. A ceux qui ne sont pas du métier, il semble, quand il est à son apogée, le plus grand soldat qui ait jamais existé. Sa rapidité de conception et de mouvements, le don qu'il avait d'inspirer à ses armées des tours de force, sa connaissance infinie des détails, combinée avec cette intelligence géante qui embrassait l'ensemble, ses prodigieux triomphes, rendent difficile de le juger de sang-froid. Plus tard, même les bourgeois apercevront certaines fautes : par exemple, la Grande Armée transformée, avant même d'avoir frappé un seul coup, en une simple multitude, ou à peu près, dépourvue de provisions et sans discipline, faute de prévoyance, faute d'organisation. Il y a aussi une disposition, — et peut-être tend-elle à s'accuser, — à faire, dans quelques-unes de ses victoires, la part plus grande à ses lieutenants, à Desaix pour Marengo, à Davoust pour Iéna. Mais, quand on aura retranché tout ce qu'on voudra, il restera encore à son avoir un total énorme, irréductible, de gloire et de grandes actions. Après tout, la majorité du genre humain ne peut juger que les résultats, et, quoiqu'il n'y ait pas d'exploit comparable à la victoire de César à Alésia, le génie militaire de Napoléon, envisagé dans ses résultats, ne peut être surpassé.

Nous ne voulons pas, cela va de soi, faire entendre que la partie négative de l'œuvre napoléonienne et son rôle de général, si vastes qu'ils soient, représentent sa carrière tout entière. C'était un grand administrateur. Il avait l'œil et la main à tous les rouages et à tous les ressorts, petits ou grands, de sa vaste machine gouvernementale. C'était son joujou à lui. Il était son propre ministre de la guerre, son ministre des affaires étrangères, son ministre de la marine, tout son ministère. Lorsque le ministre de la police s'appelait Fouché, il avait une sorte d'existence indépendante; mais Napoléon avait une demi-douzaine de polices à lui. Sa politique financière, grâce à laquelle il maintenait un immense empire dans la puissance et dans la splendeur, mais avec une rigide économie et sans faire une seule dette, est une merveille et un mystère. Dans toutes les branches du gouvernement, il savait tout, dirigeait tout, inspirait tout. Il comparait lui-même, non sans raison, son intelligence à une armoire à compartiments; quand il voulait s'occuper d'un sujet particulier, il ouvrait le tiroir correspondant et fermait les autres; quand il voulait dormir, il les fermait tous. De plus, sa mémoire inépuisable le rendait familier avec tous les hommes et tous les détails, ainsi qu'avec tout le mécanisme gouvernemental. Daru, un des ministres

les plus capables de Napoléon, raconta à Lamarque
une curieuse anecdote qui fait bien voir l'infatigable
vigilance de l'Empereur en matière administrative.
Un jour, — c'était pendant la campagne d'Eylau, —
Daru quitte l'Empereur en disant qu'il va ouvrir
son courrier. Bon! votre courrier! dit l'Empereur,
que peut-on vous écrire? L'administration ne fait rien;
nous avançons comme une armée d'Arabes, vivant sur
le pays que nous envahissons. Je serais curieux de
voir votre correspondance. » — « Votre Majesté l'aura
dans un quart d'heure. » Et, quelques minutes après,
Daru revint, suivi de cinq ou six secrétaires qui portaient des lettres et des paquets. L'Empereur s'assied
auprès d'une table et décachette une lettre timbrée de
Mayence : il lut la demande de cent seringues pour
un hôpital de cette ville. « Quoi! c'est vous qui four-
nissez des seringues aux hôpitaux? — Oui, Sire,
et c'est Votre Majesté qui les paye. » Le vainqueur
d'Eylau passa quatre heures à lire les dépêches, il
voulut les lire pendant huit jours, et il dit ensuite :
« Ce n'est que de ce moment que je connais le mécanisme d'une armée. » Quand il revint à Paris après
Tilsit, il fit la même chose avec tous ses ministres
successivement. Après ce travail, qui dura six semaines, il employa la même méthode d'investigation
en descendant aux rangs moins élevés de la hiérarchie. Quelle force était en elle-même cette rapide,
mais laborieuse assimilation, ce contrôle minutieux
de sa multiple administration!

Le défaut inhérent à un pouvoir exécutif ainsi organisé, c'est qu'une intelligence, une énergie inférieure à
la sienne n'aurait pas été en état de le faire fonction-

ner pendant huit jours. Le jeu de l'institution dépendait si complètement du maître qu'elle était paralysée dès que la communication entre elle et lui était interrompue. La conspiration Mallet, en 1812, et la gestion politique du Conseil de régence, en 1814, peuvent le démontrer d'une manière frappante.

Il y avait encore, dans Napoléon, un grand législateur. La partie positive, la partie durable de son œuvre est, incontestablement, le Code. Les guerres finissent et les conquêtes disparaissent : cela est si vrai que Napoléon a laissé la France plus petite qu'il ne l'avait trouvée. La seule trace de son règne, aujourd'hui visible dans l'aspect de l'Europe, est la dynastie de Bernadotte, en Suède, et ce n'était ni le résultat direct de la conquête ni l'œuvre personnelle de Napoléon. Toutes les choses de ce genre qu'il imagina et façonna de sa main ont passé avec lui. Mais le Code demeure; il affecte profondément le caractère des nations en général et, en particulier, des races qui l'ont reçu ou adopté. Pour citer un exemple, peu de dispositions législatives ont eu une influence plus considérable sur la formation des mœurs sociales et politiques d'une communauté humaine que la loi qui prescrit le partage égal des biens entre les enfants d'un même père. Cette loi arrête le développement indéfini de la population; elle établit l'égalité obligatoire; elle constitue la plus forte et la plus conservatrice des propriétés foncières.

Pour accomplir toutes ces choses, il fallait une organisation vraiment puissante, et, de fait, sa constitution physique n'était pas moins extraordinaire que son mécanisme intellectuel. Son estomac endura sans révolte, pendant sa vie entière, de gros repas dévorés en quelques instants à des heures irrégulières. On lui arracha sa première dent à Sainte-Hélène et il paraît que cette extraction n'était pas nécessaire. C'est, d'ailleurs, la seule opération qu'il ait jamais subie. D'autres faits encore prouvent que cette intelligence exceptionnelle était logée dans un corps exceptionnel. Dans sa jeunesse, avant que sa manie des bains chauds l'eût affaibli, il ne ressentait jamais la fatigue. Une fois il livra bataille à Alvinzy pendant cinq jours de suite, sans retirer ses bottes ni fermer les yeux. Quand il eut battu les Autrichiens, il dormit trente-six heures. En arrivant aux Tuileries, après son retour haletant de Valladolid, n'ayant pris en route qu'un repos de quelques heures à Bayonne, il voulut inspecter immédiatement et sans un moment de retard, le palais tout entier, ainsi que le Louvre, où l'on était en train de faire des constructions nouvelles. Il courait en poste du fond de la Pologne jusqu'à Paris, convoquait le conseil sur le champ et le présidait avec son énergie et sa pénétration habituelles. Ces conseils de ministres n'étaient pas une plaisanterie. Ils duraient huit ou dix heures. Une nuit, à deux heures du matin, les ministres étaient épuisés. Le ministre de la marine dormait profondément. Napoléon les pressait de continuer leur délibération : « Allons, messieurs, secouez-vous. Il n'est que deux heures ! Il faut bien gagner l'argent que le pays nous donne ! » Tout le temps que duraient ces séances, son esprit était toujours actif et dominant. Jamais un conseil ne se sépara sans avoir appris quelque chose, soit par les leçons qu'il donnait aux ministres, soit par l'examen attentif des questions qu'il avait exigé d'eux. Il travaillait dix-huit heures sans interruption, quelquefois au même sujet, quelquefois à toutes sortes de sujets. « Je n'ai jamais vu son esprit fatigué, dit Rœderer; jamais je ne l'ai vu privé de ressort, même en plein effort corporel ou dans la colère ou après l'exercice le plus violent. »

Il lui arriva d'abuser de sa force physique. Témoin le jour où il donna un coup dans l'estomac de Volney pour avoir dit que la France voulait les Bourbons : il fallut emporter le philosophe qui avait perdu connaissance. Un autre jour, il jeta par terre le Grand-Juge et le travailla à poings fermés. On dit qu'il attaqua Berthier avec les pincettes. Ce furent là les rares explosions d'un système nerveux qu'il surmenait et qui, par moments, échappait à son contrôle. D'ailleurs le Corse primitif n'avait pas été tout à fait étouffé sous le manteau impérial.

Des réactions se produisaient. Regardez la scène étrange qui a pour théâtre une petite maison de Duben où il demeure deux jours assis sur un canapé, sans donner la moindre attention aux dépêches qui s'accumulent sur sa table et qui appellent des réponses. Il s'amuse à tracer distraitement des majuscules sur des feuilles de papier, paralysé, écrasé par ce dilemme : marchera-t-il sur Leipzig ou sur Berlin? Regardez encore son apathie à la Malmaison après Waterloo.

Un autre résultat positif qui, en vérité, le cède à peine en importance au Code, peut être porté au crédit de Napoléon. Il a laissé derrière lui le souvenir d'une période de splendeur et de domination qui, s'il ne maintient pas dans un perpétuel état d'enthousiasme l'imagination de ses anciens sujets, demeure, du moins, comme un symbole visible à tous et aussi imposant que sa tombe aux Invalides, pour stimuler l'ambition nationale. On a oublié les terribles sacrifices qu'il a exigés et, s'en souvînt-on, ils soutiendraient sans désavantage la comparaison — du moins sous la plume des écrivains — avec ceux que réclame le système moderne, même en temps de paix, sans qu'il y ait, cette fois, ni hégémonie européenne, ni Empire d'Occident à placer en balance. Aussi peut-on démolir les aigles et effacer les initiales tant que l'on voudra : rien n'y fait. La France, aux jours sombres et glacés du désastre, ou même au milieu des jouissances matérielles et de la prospérité commerciale, se tournera, pour s'y réchauffer, vers les gloires de Napoléon. L'atmosphère reflète encore l'éclat et la chaleur de l'ère impériale, l'ardente lueur projetée par ses victoires, la splendeur de ces années où l'Europe était l'enclume sur laquelle descendait le marteau de la France.

Les questions de méthode et de morale sont, dans des cas comme celui de Napoléon, choses subordonnées et secondaires. Subordonnées, voulons-nous dire, au point de vue de l'histoire qui n'a à s'occuper que des effets et des résultats. Malgré tout, elles sont profondément intéressantes pour l'humanité. Elles ne nous aideront pas, c'est vrai, à découvrir son secret. Nous les étudions comme nous étudierions les moindres faits qui se rapporteraient à la visite d'un être surnaturel, bon ou mauvais esprit, dont la nature ne serait pas la nôtre et qui, pourtant, tiendrait à nous par le lien de l'humanité — qui n'aurait pas seulement la forme et la voix d'un homme, mais qui serait homme aussi par ses fautes et ses aberrations.

Au fond, comment se résume son histoire?

C'est en un espace de vingt ans qu'il a fait tenir son éblouissante carrière, ses conquêtes, l'assaut triomphant qu'il a livré au vieux monde. Dans ce délai si court, nous voyons apparaître le maigre conquérant affamé qui s'élargit en souverain, puis en souverain des souverains. Alors vient la catastrophe. Il perd l'équilibre de son jugement, devient le fléau de son pays et de toutes les nations. Il ne peut plus être lui-même ni accorder au genre humain une heure de répit. Les frontières de ses voisins deviennent des jouets pour lui: il ne peut les laisser tranquilles; il les manie pour le seul plaisir de les changer de place. Son ennemie insulaire l'obsède, surexcite ses nerfs. Il la voit partout. Il lui assène des coups furieux et aveugles. Ainsi il crée l'agitation universelle, l'universelle hostilité, l'impression universelle que son existence est incompatible avec toute société régulière. Cependant il continue son chemin comme s'il était possédé, comme chassé en avant par quelque démon qui l'aiguillonne et le brûle. Il a cessé d'avoir une raison normale. L'intelligence, l'énergie, sont encore là, mais exagérées jusqu'au grotesque; elles sont devenues des monstruosités. Le corps et l'esprit sentent la fatigue d'avoir été trop longtemps plus qu'un homme. Alors se produit l'inévitable effondrement: à Sainte-Hélène nous suivons avec une curiosité mêlée de pitié la réaction et la décadence.

La vérité est, croyons-nous, celle-ci : l'esprit de l'homme n'est pas suffisamment lesté pour lui permettre d'exercer, ou de soutenir longtemps, un pouvoir absolu et sans contrôle. En d'autres termes, l'omnipotence est incompatible avec la nature humaine. Toute l'histoire, depuis le temps des Césars, nous enseigne cette vérité. Et Napoléon, si puissante qu'ait été son intelligence, ne fait pas exception à la règle.

Car, pendant la première période du Consulat, il réalisa presque l'idéal d'un chef de gouvernement : ferme, sagace, prévoyant, énergique, juste. De plus, il était, ce qui n'est guère moins important, toujours prêt à s'instruire et désireux de le faire. Il se rendait compte de sa profonde ignorance en ce qui touchait l'administration civile. Mais il n'avait jamais honte de demander le sens des mots les plus simples ou des opérations les plus élémentaires; et il ne demandait jamais deux fois la même chose. C'est ainsi qu'il acquérait et assimilait les informations dont il avait besoin avec une rapidité extraordinaire. Mais lorsqu'il eut appris tout ce que ses conseillers pouvaient lui enseigner, il comprit son incommensurable supériorité sur tous les hommes avec lesquels il s'était trouvé en contact. Il arriva à une conclusion qui, probablement, était juste : il se dit que son génie était aussi infaillible et aussi souverain dans la science de gouverner que dans l'art de la guerre, et que, comme il était le premier capitaine du monde, il en était le plus grand homme d'État. Cette découverte, ou cette conviction, avec les forces et les ressources de la France derrière elle, fit naître en lui une ambition, vague d'abord, mais qui se fortifia à mesure qu'elle trouva des aliments, et qui, finalement, devint gigantesque et impossible. Rien ne lui semblait impraticable, rien ne lui semblait chimérique. Pourquoi cette idée lui serait-elle venue, puisqu'il avait toujours réussi, sauf, peut-être, à Saint-Jean-d'Acre? Il voyait autour de lui des monarques incapables, des généraux incapables, des ministres incapables, une société en ruines qui ne pouvait lui opposer que de faibles barrières. Il semblait qu'il n'y eût rien au monde en état d'arrêter un second Alexandre, encore plus téméraire et encore plus entreprenant que celui dont la carrière avait inspiré ses rêves d'adolescent.

S'il avait procédé plus lentement, s'il avait pris le temps d'achever et de consolider ses acquisitions, il est difficile de fixer la limite où se serait bornée la réalisation de ses projets. Mais la construction de son empire avait si merveilleusement réussi qu'il ne voulut pas s'arrêter, même un instant, pour laisser sécher et durcir le mortier dont il l'avait cimenté. Comme il entassait les bâtisses l'une sur l'autre, il devint manifeste qu'il avait cessé de s'inquiéter du fondement sur lequel devait reposer tout l'édifice. Or ce fondement c'était la France, capable d'efforts héroïques et d'héroïque endurance, en un mot capable de tout sauf de l'impossible. Enfin la limite fut atteinte. Si vastes que fussent ses ressources, elle se trouva incapable de suffire aux besoins insensés de son maître. En 1812, il laissa 300 000 Français dans les neiges de la Russie. En 1813, il en appela encore 1 300 000 sous les armes, et ce sont là seulement les chiffres les plus élevés d'une longue série de levées

disproportionnées qui dévoraient d'avance la conscrip-
tion annuelle et drainaient, de façon effrayante, la
population de la France proprement dite, — une population de 30 millions environ.

Sans aucun doute, avec cette faculté de se persuader
à lui-même ce qu'il voulait, — qui est à la fois la force
et la faiblesse des intelligences extraordinaires, —
il était convaincu qu'il avait réellement élargi sa base,
qu'elle avait gagné en surface au fur et à mesure de
l'extension de son territoire; que les Allemands, les
Italiens, les Hollandais et les Espagnols qui servaient
sous ses drapeaux formaient un tout compact avec le
noyau principal; que son Empire reposait sur une
masse homogène de 80 millions de sujets, tous également dévoués. Il semblait croire que toute annexion,
par quelque moyen qu'elle fût obtenue, ajoutait autant
d'instruments valides à sa politique qu'elle ajoutait
d'êtres humains à ses possessions. En réalité, elle
n'ajoutait rien, d'ordinaire, que du mécontentement
secret et de la révolte expectante. Frédéric le Grand
avait, il est vrai, l'habitude d'obliger les prisonniers
qu'il avait faits dans une bataille à servir dans ses
rangs, mais il ne se faisait pas la moindre illusion sur
le zèle et la fidélité de ces engagés malgré eux. Napoléon, au contraire, considérait, ou, du moins, affectait
de considérer qu'il pouvait compter sur les peuples
vaincus comme sujets et comme soldats. Cette singulière hallucination indiquait la perte de son jugement
et, plus que toute autre cause, contribua à amener sa
chute.

Ceux que Jupiter veut perdre, dit le proverbe, il les
prive d'abord de leur raison. C'est ainsi que nous

voyons Napoléon, sous l'empire de la plus décevante des auto-suggestions, ou par un manque incroyable de pénétration, ou par ces deux causes réunies, préparer sa propre ruine en traitant les hommes comme les pions d'un échiquier et les changeant de case suivant sa fantaisie du moment, sans s'inquiéter en aucune manière de leurs sentiments, de leur caractère, de leurs traditions, enfin en faisant abstraction de la nature humaine. Prenez pour exemple la bizarre répartition des « âmes » dans une dépêche du 15 février 1810 : « Approuvé le rapport avec les modifications suivantes : 1° Ne prendre dans le Tyrol italien que 280 000 âmes, une population équivalente à celle de Bayreuth et de Ratisbonne; 2° retrancher seulement de la Bavière, pour le royaume de Wurtemberg et les duchés de Bade et de Darmstadt, une population de 150 000 âmes; de sorte que la Bavière, au lieu de gagner 188 000 âmes, en gagne 240 ou 250 000. Sur les 150 000 âmes cédées par la Bavière, j'estime qu'il faut en donner 110 000 au Wurtemberg, 25 000 à Bade et 15 000 à Darmstadt. » Il n'est que juste d'ajouter que ses ennemis, au Congrès de Vienne, lui rendirent l'hommage flatteur de copier ces méthodes distributives. Mais cette manie de tailler et de découper n'eut pas pour unique résultat d'exaspérer les « âmes » qu'on transférait et retransférait ainsi; elle produisit un effet moral qui fut désastreux pour le nouvel empire. Le fondateur d'une telle dynastie aurait dû s'efforcer de convaincre le monde de la stabilité de ses arrangements. Or il n'épargna rien pour lui persuader le contraire. Changeant les frontières, déplaçant les royaumes, donnant puis reprenant, revisant, refaisant, annulant, il a l'air de s'être donné pour tâche de démontrer que sa base n'est jamais fixe, que rien, dans ce qu'il construit, n'est définitif ni permanent. C'était le suicide d'un système. Ses plus cruels ennemis n'auraient pas osé soutenir que des conquêtes aussi éblouissantes fussent éphémères et transitoires, s'il ne s'était donné lui-même des peines infinies pour le prouver. Il avait vaincu l'Autriche et la Prusse; il avait annexé l'Espagne et l'Italie; il les considérait, dès lors, comme des auxiliaires obéissants. Il avait successivement battu et cajolé la Russie. Ainsi tout était à ses pieds. Il ne semble pas avoir jamais donné une pensée à cet ouragan de haine inextinguible, de ressentiment et de vengeance qui bouillonnait et frémissait au-dessous de lui. Il joignit un contingent espagnol à sa Grande Armée dans le temps que les Espagnols coupaient la gorge de tous les Français dont ils pouvaient s'emparer. Il y joignit un contingent prussien alors qu'il aurait dû savoir, s'il avait eu encore son bon sens, que jamais un seul Prussien ne lui pardonnerait les humiliations qu'il avait accumulées sur son pays. Il y joignit un contingent autrichien alors qu'un observateur beaucoup moins clairvoyant que lui n'eût pas manqué de reconnaître que ce ne serait là qu'un corps d'observation hostile.

Ce fut donc le pouvoir absolu qui détruisit l'équilibre de son jugement et de son bon sens et amena ainsi sa chute. Mais le phénomène eut d'autres causes. Un important facteur fut celui-ci : l'amour de la guerre était entré profondément en lui. Il est difficile de mesurer la puissance de cette fascination. Tous les soldats connaissent, assurément, la fièvre du champ de bataille; mais, parmi les innombrables générations qui ont passé ici-bas, il a été donné à bien peu d'hommes d'éprouver ce sentiment dans toute sa plénitude, comme doit l'éprouver le chef absolu à qui appartient toute la direction avec toute la responsabilité et toutes les chances d'une grande guerre. Si les hommes ordinaires aiment à tenter le hasard dans une partie de dés ou dans une loterie, sur le champ de courses où à la Bourse, s'ils trouvent là une excitation qui les aiguillonne, la guerre est le jeu des dieux. L'obsession d'un désastre qu'on risque, l'inexprimable effervescence de la victoire, les vicissitudes gigantesques du triomphe et de la défaite, le tumulte, la frénésie, le divin transport, le mépris même de l'humanité et de tout ce qui la touche, vie, propriété et bonheur, l'angoisse des agonies, l'horreur des morts, toutes ces émotions violentes, portées au comble, ne semblent pas seulement élever l'homme pour un moment au-dessus des autres créatures : elles constituent une vie intense que les nerfs humains ne peuvent longtemps soutenir. Le caractère de Napoléon fut profondément affecté par ce jeu de la guerre. L'étoile de sa destinée qui tenait tant de place dans ses pensées n'était que la chance du joueur dans de colossales proportions. En fait, il avait, tout comme un autre et plus qu'un autre, les grossières et puériles superstitions qui accompagnent, presque toujours, ce vice. Ainsi, quand sa situation est désespérée, il ne peut se résoudre à clore son compte et à signer la paix. Car il garde au fond du cœur l'espérance du joueur que la « fortune », l' « étoile », la

« destinée », de quelque nom qu'on veuille l'appeler, peut encore produire un revirement et, par un coup inattendu, lui rendre tout ce qu'il a perdu.

D'ordinaire les généraux sont, Dieu merci! sous le contrôle de leurs gouvernements dans le domaine de la politique. Mais lorsque le chef suprême de l'armée est, en même temps, le chef suprême de l'État, il n'y a rien qui l'arrête dans cette terrible partie. Il va toujours renouvelant sa mise jusqu'au jour où il perd son pays après s'être perdu lui-même. Bien des fois, pendant la campagne de Russie, le nom et le souvenir de Charles XII vinrent à l'esprit et sur les lèvres de Napoléon.

Il n'est presque aucun des rois guerriers, Frédéric II excepté, dont on puisse dire qu'il remit son épée au fourreau, quand vint l'heure voulue, et sut l'y maintenir de son plein gré. Mais Frédéric se trouvait dans une position particulière. Il avait reçu de terribles leçons. Il s'était vu à deux doigts de la ruine et du suicide. Il n'y a pas de conquérant qui ait contemplé d'aussi près les horreurs de la défaite. L'histoire offre peu d'exemples d'une annihilation aussi complète que celle de Kunnersdorf; elle en offre moins encore d'une résurrection triomphale après un tel désastre. Lorsque Frédéric eut réparé les dommages et les pertes matérielles, résultat d'une longue guerre, son sang s'était calmé; il était assez heureux pour avoir dépassé cet âge de la guerre, dans une vie humaine, dont Napoléon a posé les limites, et il le savait. C'est pourquoi il consolida ses conquêtes et mourut en paix.

Quelquefois, à Sainte-Hélène, Napoléon parla de Frédéric sans beaucoup de considération. Cependant nous ne croyons pas que ce langage correspondît exactement à sa pensée intime. Frédéric avait été son prototype immédiat. Si Frédéric n'avait jamais existé, la carrière de Napoléon eût peut-être été différente. Et, en réalité, le roi de Prusse aurait pu lui apprendre encore d'autres choses, car Frédéric, inférieur à Napoléon dans tout le reste, en portée, en force, en proportions, lui était supérieur en deux points. Si Napoléon avait possédé l'astucieuse modération et la ténacité désespérée de Frédéric, les destinées de la France et de l'Europe auraient pu prendre un autre cours.

Nous sommes donc convaincu que longtemps avant sa chute finale l'Empereur avait perdu l'équilibre de ses facultés. Ceci ne veut pas dire qu'il fût fou, à moins que ce ne soit dans le sens où l'entend Juvénal dans son amère apostrophe à Annibal. Un « cerveau sain » est un terme élastique. Au début, le cerveau de Napoléon était sain à un degré phénoménal. Sa pénétration, son sang-froid calculateur, son vigoureux bon sens, étaient, au moins, à la hauteur de son ambition, déjà si vaste, mais pourtant contenue et limitée. De cet état de « sanité » exceptionnelle à l'extrême insanité, il y a une distance incommensurable. Tant que le cerveau de Napoléon fut intact et garda un fonctionnement normal, son jugement était supérieur au jugement de l'immense majorité du genre humain. Mais, — et c'est en cela que consistait le changement funeste, — ce cerveau avait cessé d'être en rapport avec son ambition ou de la contrôler. Lorsque cette barrière eut disparu, il fut un homme perdu.

A quel moment précis cette grande intelligence perdit-elle son équilibre? Il serait difficile de le dire, car le changement dut se faire par degrés presque imperceptibles. Quelques-uns inclineront peut-être à penser que la transformation commença à devenir visible même avant qu'il fût empereur; que l'enlèvement illégal et l'exécution arbitraire du duc d'Enghien furent le symptôme initial. Évidemment cet acte ne dénote pas seulement un criminel mépris des lois, mais une irritabilité, un manque de pudeur et d'empire sur soi, une déraison dans la cause et dans l'effet qui sont choses nouvelles chez Napoléon. D'autres croient noter une altération sensible après Wagram. Cette date semble trop tardive. Et pourtant, il se tenait alors debout sur une cime d'où il voyait à ses pieds tous les royaumes de la terre; une cime haute et sublime, mais où sa position était vertigineuse et mal assurée. Il faudrait un volume pour essayer de fixer des dates exactes à ce changement intérieur. Il suffit à notre dessein de constater que le changement eut lieu et que le Napoléon de 1810, par exemple, était tout différent du Napoléon de 1801. Le Napoléon qui déclara un jour que toutes les contrées de l'Europe devraient déposer leurs archives à Paris et, un autre jour, que l'Empire français devrait être le pays d'origine de toutes les souverainetés; que tous les rois de la terre devraient avoir des palais, pour y résider, à Paris et assister, en pompe, au couronnement de l'Empereur des Français; le Napoléon qui refusa de faire la paix en 1813 et en 1814 avait perdu, évidemment, son équilibre mental. Cela est si manifeste que, dans les derniers jours de son premier règne, une conspiration se forma à Paris pour le déposer comme ayant perdu la raison. Il est facile de prononcer, de façon absolument certaine, que le phénomène en question s'était manifesté à Bayonne en 1808 et sur le Niémen en 1812. Il avait alors cessé de calculer froidement et d'apercevoir aucun obstacle, de l'ordre physique, moral ou international, devant n'importe quelle fantaisie ambitieuse qui lui passait par l'esprit. Dans la campagne de Russie on voit clairement un désir fiévreux, irraisonné, de pousser sa fortune jusqu'au dernier comble, de suivre sa chance, comme disent les joueurs, et d'essayer, en quelque sorte, de jouer le maximum avec sa Destinée. Il a dit lui-même, à propos du traité de Leoben, qu'il avait joué au vingt-et-un et s'en était tenu à vingt. Plus tard, il voulut faire vingt et un à tout coup.

D'une autre façon encore cette individualité excessive, débordante, déséquilibrée, contribua à sa perte. Aucun conseil ne vint l'arrêter ou l'aider, car ses ministres étaient des zéros. Ce n'est pas une exagération de dire que l'idolâtrie aveugle du duc de Bassano ne fut pas sans influence sur la chute de son maître. On attribue aussi une grande part de la responsabilité à la complaisance et à la soumission de Berthier. Napoléon paraissait à l'abri de toute rivalité. Pourtant, il ne pouvait endurer qu'il existât auprès de lui un mérite reconnu, un talent supérieur qui pût aspirer à une part dans l'éclat de son gouvernement. Ce gouvernement, d'ailleurs, était conduit de façon à rendre absolument impossible à des hommes d'un mérite indépendant d'y jouer leur rôle. Dans une administration de ce genre, la première qualité était d'être médiocre ; une haute capacité eût été le plus encombrant des bagages. S'il était mort subitement, il aurait laissé derrière lui une quantité de sous-ordres bien dressés et quelques mécontents à talents. Ce fait prouve, à lui seul, la faiblesse d'un tel gouvernement, sans même parler de la malsaine centralisation qui en était l'âme. Même en ne tenant pas compte de son impossible ambition, son système devait amener la ruine de l'Empire après sa mort, à moins qu'il n'eût été capable, — chose bien difficile à un homme de ce tempérament, — de changer de fond en comble et de fabriquer un nouveau système où les supériorités auraient eu leur place et leur fonction légitime, un système qui aurait pu exister sans lui. Il dressa bien quelques jeunes hommes d'avenir, tels que Molé et Pasquier, mais il ne sut pas s'attacher leur dévouement. Probablement ils s'aperçurent qu'à mesure qu'ils s'élèveraient dans la hiérarchie ils perdraient sa faveur et qu'un mérite trop éclatant finirait par lui déplaire. Était-ce de la jalousie ? Si c'en était, il est surprenant qu'un tel sentiment pût entrer dans la constitution d'une aussi souveraine supériorité.

Un des traits qui le caractérisent sous ce rapport, c'est qu'il était toujours en garde, — un de ceux qui le connaissaient le mieux nous l'affirme, — contre l'ambition de ses généraux. Avec le mécontentement populaire, c'était la chose qu'il redoutait le plus. C'est pourquoi il tenait ses généraux à distance, les blâmait volontiers et leur mesurait parcimonieusement l'éloge. Il n'était prodigue de louange qu'envers les morts, par exemple envers Desaix et Kléber. Aussi, excepté deux ou trois qui l'avaient connu dans sa jeunesse, ne l'approchaient-ils qu'avec crainte et en tremblant. Et ses amis d'autrefois eux-mêmes l'aimaient, en quelque sorte, malgré eux. Lannes, moitié riant, moitié pleurant, se désolait en présence de Napoléon de sa passion malheureuse pour « cette catin », et l'Empereur s'amusait de ses lamentables tirades, car il était sûr de son Lannes.

La crainte des autres n'était pas mal fondée. Prenez pour exemple un incident authentique. A l'un de ses levers, Napoléon aperçoit Gouvion Saint-Cyr, un de ses meilleurs lieutenants. Il va vers lui et lui dit d'un ton calme : « Général, vous arrivez de Naples ? — Oui, Sire. J'ai remis le commandement au général Pérignon, que vous aviez envoyé pour me remplacer. — Vous avez, sans doute, reçu la permission du ministre de la guerre ? — Non, Sire, mais je n'avais plus rien à faire à Naples. — Si, dans deux heures, reprit Napoléon avec la même tranquillité, vous n'êtes pas en route pour Naples, avant midi vous êtes fusillé en plaine de Grenelle. » Il récompensait ses officiers avec des titres et des apanages, non avec de l'influence. En réalité, il ne voulait de gloire que la sienne, il ne croyait qu'à ses propres talents.

Stendhal, qui était un homme de génie et dont les opinions, à ce point de vue, valent la peine d'être recueillies, pense qu'une des deux principales causes de la chute de l'Empereur était son goût pour la médiocrité. Cette médiocrité, que Mirabeau réclamait de tous ses vœux, inspirait à Napoléon une sympathie, une préférence qu'il ne songeait pas à cacher. Il voulait des instruments et non des ministres. Ce qu'il craignait, ce qui lui déplaisait, ce n'était pas tant la concurrence que l'ambition et l'esprit critique des talents supérieurs. Deux hommes de facultés éminentes furent longtemps à son service; ils étaient nécessaires à son empire. Lorsqu'il découvrit qu'on les regardait comme lui étant indispensables, son égoïsme, toujours en éveil, prit peur et il s'en défit. Il est difficile de trouver dans toute l'histoire un personnage plus répugnant et plus mal famé que Fouché. Mais il était passé maître dans cette science infâme qu'un despote a besoin de trouver chez son ministre de la police. C'était, en fait, un instrument empoisonné qu'il était également dangereux d'employer ou de négliger. Napoléon fit l'un et l'autre et, par cette manière d'agir, courut un double péril.

Talleyrand, tout vil et tout cynique qu'il fût à beaucoup de points de vue, se place un peu plus haut que Fouché. Peut-être peut-on lui trouver quelque excuse dans les besoins et dans l'immoralité d'une époque révolutionnaire, et surtout dans le sang-froid et la prévoyance qu'il déploya. Ces qualités justifient jusqu'à un certain point sa prétention d'avoir agi pour le bien de la France, tout en agissant au mieux de ses intérêts. Cette question ne nous regarde pas. Mais, en dépit de son indolence et de sa corruption, c'était un ministre des affaires étrangères consommé et un diplomate hors pair. Jusqu'au moment de l'imbroglio espagnol, il était un des confidents intimes de Napoléon comme il avait été un des compagnons de ses premiers succès. Napoléon l'accusa de lui avoir conseillé la politique suivie en Espagne et de l'avoir ensuite dénoncée. Talleyrand s'en défendit. Nous penchons à croire que tous deux avaient raison. Talleyrand, comme nous l'apprend son intime amie, Mme de Rémusat, disait tout haut, — et il avait certainement offert cette suggestion à l'Empereur, — « qu'un Bourbon était un voisin gênant pour lui et qu'il était douteux qu'on pût tolérer un tel voisinage ». Mais il désapprouvait entièrement les procédés employés par Napoléon. En un mot, il est probable qu'il proposa l'idée et donna l'impulsion ; c'est à Napoléon qu'appartiennent les moyens mis en œuvre. Il est possible qu'il se soit passé quelque chose du même genre en ce qui touche l'affaire du duc d'Enghien. Mais le fait dont nous avons à nous occuper est, non la cause de la rupture, mais la rupture elle-même. Car nous sommes convaincu que, si l'Empereur avait gardé Talleyrand et continué à travailler avec lui, il ne serait pas tombé du trône. Il se querella à la fois avec Talleyrand et avec Fouché et ne parvint jamais à les remplacer. Ses relations avec ces deux fonctionnaires éclairent d'une manière instructive le côté cynique de son caractère. Il insulta grossièrement et publiquement Talleyrand en plus d'une circonstance. Ces outrages, par leur nature comme par leur violence, étaient tels qu'aucun homme ne pouvait les pardonner. Et pourtant, Napoléon, lorsqu'il se trouva aux prises avec de grandes difficultés, envoya chercher Talleyrand et se mit à lui parler politique sur un ton confidentiel. Au milieu de leur conversation Talleyrand observa avec calme : « A propos, il me semble que nous avions eu une querelle. » « Bah ! » fit Napoléon. Cependant il y avait longtemps que Talleyrand avait noué d'étroites relations avec la Russie et il était trop tard pour le reprendre. Fouché fut, de même, congédié honteusement. Il haïssait franchement Napoléon et employa son temps d'exil à intriguer contre lui. L'Empereur n'ignorait ni cette haine ni ces intrigues. Mais, en 1815, comme nous l'avons vu, il le rappela et lui confia l'un des départements les plus importants et les plus difficiles dont il pût disposer, celui qui donne les occasions les plus favorables pour trahir.

On a mis en avant bien d'autres causes pour expliquer sa chute; mais, à notre sens, elles sont subordonnées à celles que nous avons énumérées. Et, si on les examine de près, on s'aperçoit que ce sont bien moins des causes que des effets.

Les mêmes raisons qui ont amené sa chute avaient produit ces erreurs désastreuses. Les fautes politiques furent, sans doute, dans la dernière partie de son règne, nombreuses et frappantes. Mais elles n'ont pas été, comme c'est l'opinion vulgaire, les causes de sa ruine; elles ont été seulement les effets, les manifestations visibles de ces mêmes causes. Encore faut-il ajouter, pour être équitable, que, si l'on considère ces fautes au point de vue politique, en laissant de côté la question de moralité, c'étaient, non pas de pures extravagances, mais de grandioses erreurs. La vie était trop courte pour réaliser tous ses plans. Le sentiment qu'il en avait le rendit impatient et l'inclina à des procédés violents. Ses méthodes furent quelquefois mesquines, sa politique jamais. Son gigantesque duel commercial avec l'Angleterre était un impossible effort, et pourtant des économistes distingués ont souvent essayé depuis de le recommencer sur une moins vaste échelle. On n'aperçoit pas trop, en l'absence d'une flotte effective, de quelle autre arme il pouvait disposer pour attaquer une ennemie qui couvrait le monde. L'expédition d'Espagne fut une faute à cause des moyens employés, mais n'en était peut-être pas une en tant que conception politique. Louis XIV en avait fait autant et il avait pleinement réussi. Napoléon ne pouvait deviner qu'un peuple qui avait supporté longtemps d'aussi méprisables dynasties se lèverait comme un seul homme contre la sienne. L'expédition de Russie était aussi une faute, mais la Russie était le défaut de la cuirasse, le point vulnérable de son système continental, et il était fondé à ne pas prévoir que la Russie, qui s'était humiliée après Friedland, brûlerait sa vieille capitale et ses sanctuaires, vénérés depuis des siècles, plutôt que de se soumettre une seconde fois. Le conflit avec le Pape était encore une faute, et une faute si grave que des historiens réfléchis veulent y voir le principal motif de sa chute. Mais c'était l'erreur qu'avait commise le roi catholique, chef du Saint-Empire romain, Charles Quint en personne, qui avait rêvé d'annexer la tiare pontificale à son diadème impérial et d'accumuler sur sa tête toutes les prérogatives, humaines et divines, de l'autorité suprême. Les procédés de Napoléon envers le Saint-Siège furent brutaux, mais Charles avait mis Rome à sac.

Nous ne doutons pas que Napoléon, après avoir fait entrer la Russie dans son système, après avoir annihilé ou rendu impuissante l'Angleterre, n'aspirât vaguement à devenir, en quelque façon, le suzerain de l'Europe. Nous ignorons si cette idée prit une forme définie, excepté en ce qui touche l'Occident, ou si ce fut jamais autre chose qu'un rêve ambitieux de conquérant. Il devait bien comprendre qu'il ne pouvait léguer à son fils un pouvoir personnel comme celui-là, mais il se dit, sans doute, qu'un simple débris de son empire serait encore un riche héritage pour ses descendants. Quant à lui, il aurait dépassé ces glorieux morts qui le provoquaient du fond de l'histoire, qui l'entraînaient toujours plus avant, ses véritables, ses seuls rivaux, sur lesquels sa pensée fixait sans cesse un œil jaloux. Il aurait laissé un nom devant lequel tous les autres auraient pâli et auquel toutes les générations à venir auraient rendu hommage.

Il est une question que les Anglais ont l'habitude de s'adresser à propos des grands hommes, et qu'on ne peut poser à propos de Napoléon sans avoir conscience d'une sorte d'incongruité voisine du ridicule.

Napoléon était-il bon? Le sourire involontaire qui accueille cette interrogation suffit à faire ressortir, non la méchanceté notoire, mais la situation exceptionnelle de cette personnalité sáns analogue. Les règles et les critériums ordinaires ne semblent pas s'appliquer à lui. Nous ressemblons à des gens qui voudraient mesurer une montagne avec une ficelle. Dans un être comme lui, nous nous attendons à des vertus ou à des vices extraordinaires, qui dépasseraient les notions communes. Nous ne nous rappelons guère que cette question ait été posée sérieusement à propos de Napoléon, quoique Metternich l'effleure à

sa manière. Cela semble enfantin, disparate autant
que superflu. Mais si l'on pose la question tout uni-
ment, dans le sens ordinaire, sans faire entrer en
ligne de compte les circonstances historiques, on ne
peut y faire qu'une seule et prompte réponse. Il
n'était pas bon, bien entendu, dans le sens où l'était
un Wilberforce ou un saint François. Ce n'était pas
non plus un vertueux chef d'État à la manière d'An-
tonin ou de Washington. Il a dit quelque part qu'il
n'aurait pu accomplir ce qu'il a accompli s'il avait
été religieux, et c'est la vérité. En Angleterre, son
nom était synonyme de l'auteur de tout mal. Chacun
de nos compatriotes voyait en lui « un démon
sept fois pire que les autres ». Mais nous ne savions
absolument rien de lui. Quant à Napoléon, si on lui
avait posé la question et s'il l'avait comprise, il aurait
fait immédiatement une distinction entre l'homme
public et l'homme privé. Il aurait dit que la morale
privée n'avait rien à voir avec la politique et que, si
la politique a sa morale, c'est une morale qui lui est
propre. Il aurait ajouté et il aurait, sans doute, cru sin-
cèrement que sa morale à lui était fort bonne pour un
être aussi extraordinaire qu'il l'était. Pour employer
une expression vulgaire, il n'était pas aussi noir qu'on le
peignait. Les idées de l'époque, les latitudes spéciales
accordées aux princes pendant le xviiie siècle, les
tentations auxquelles sa situation particulière l'expo-
sait, tout cela doit être pris en considération. Les
hommes doivent se juger entre eux non au point de
vue absolu, mais au point de vue relatif, c'est-à-dire
comme ils désirent être jugés eux-mêmes. Si l'on
veut apprécier exactement la vertu des hommes, il

faut considérer toutes choses : la situation, l'époque, le milieu, l'éducation, les tentations. Un homme habitué à modérer son appétit s'étouffera, s'il meurt de faim, avec une nourriture qui ferait reculer un glouton. Un homme qui ne s'enivre jamais, lorsqu'il se sent très affaibli, absorbera, sans se faire mal, des quantités d'eau-de-vie à noyer un ivrogne. Il en est de même pour Napoléon. Il n'était pas fait pour le cloître ou pour la prédication. Quand il vint de Corse, il n'était qu'un petit païen et regardait le monde comme l'huître considère sa coquille. Il grandit au milieu de la vie des camps et des terreurs de la Révolution. Il devint le chef d'une nation qui, dans les convulsions d'un grand bouleversement, avait solennellement abjuré et, dans la pratique abandonné, le christianisme. Il avait à lutter corps à corps contre l'ancien régime : travail épuisant qui ne laissait guère de temps pour méditer. Nous avons vu ce qu'il disait à propos de la religion : ce qu'il en pensait, nous l'ignorons. Il se rendait compte, indubitablement, qu'elle est une force en politique. Il aurait compris ce que valent, au point de vue militaire, le pieux dévouement des Tyroliens et le sévère enthousiasme des Covenantaires. Par la façon hardie dont il conclut le Concordat il a montré qu'il jugeait la religion nécessaire à un peuple. Il pensait de même, — cela est évident, — de la moralité, de la sainteté des liens de famille, des vertus publiques et même des vertus privées. Il n'était jamais las de les prêcher, mais l'idée que ces règles lui fussent applicables ne se présenta pas un seul instant à son esprit. Car, de bonne heure, il se regarda comme un être à part, différent des hommes ordinaires. Il ne se fit jamais scrupule d'avouer, à cet égard, sa conviction. « Je ne suis pas, disait-il, un homme comme un autre; les lois de morale ou de convenance ne sont pas faites pour moi. » On peut dire avec justice qu'il était indulgent et affectueux envers les membres de sa famille, surtout durant les premières années, qui furent les meilleures; respectueusement attaché à sa mère, tendre envers ses amis de jeunesse. Il aurait été un bon mari, à sa manière; il aurait entouré son fils d'affection, si on le lui avait permis. Il se montra un bon frère au début, particulièrement envers Louis, qui l'en récompensa par les plus ignobles soupçons que l'hypocondrie puisse inspirer. On ne voit en lui aucune trace des sordides soucis qu'inspire la possession ou la convoitise de l'argent. Il se fâchait facilement, mais, si nous en croyons les juges les plus sûrs et les plus pénétrants, il s'apaisait aussi aisément. « Toujours bon, patient, indulgent, » dit Méneval. Mme de Rémusat, qui ne l'aime point et qui a l'esprit d'observation, cite plusieurs traits qui montrent sa tendresse et ses égards et combien il était accessible aux prières et aux caresses de Joséphine. M. de Rémusat assista, en 1806, à une scène où l'émotion allait jusqu'aux larmes, jusqu'au déchirement de cœur. Ce jour-là Napoléon embrassa Talleyrand et Joséphine en disant : « Il est pourtant bien pénible de quitter les deux personnes qu'on aime le mieux, » et, n'étant plus capable de maîtriser ses sentiments, finit par avoir une violente attaque de nerfs. Ce n'était pas une comédie : il n'y avait rien à gagner. C'était une explosion soudaine et passionnée de sa sensibilité.

Mais il faut admettre que c'était là un cas exceptionnel. Dans la phase de sa décadence finale il n'y a aucune trace d'amitié. Peut-être, en deux ou trois circonstances, éprouva-t-il quelque chose de ce sentiment, mais il n'avait plus d'amis. Duroc est celui qui approcha le plus de cette situation intime. En montant sur le trône, Napoléon l'avait autorisé à continuer avec lui le tutoiement : privilège rare, sinon unique. Il appelait Duroc sa conscience. On dit que, pour lui, il n'avait pas de secrets. Mais Duroc était une exception. Les foules, qui ne le connaissaient que comme homme public et surtout comme général, l'ont adoré jusqu'au bout. Les simples soldats qui allèrent avec lui combattre à Waterloo étaient remplis d'un enthousiasme au moins égal à celui des soldats de Marengo ou d'Austerlitz. Mais cet enthousiasme allait en diminuant à mesure qu'on remontait les degrés de la hiérarchie. Les officiers l'éprouvaient de moins en moins, suivant leur grade, et il n'en restait aucun symptôme visible au sommet de l'échelle. Ceux qui voyaient l'Empereur journellement ne connaissaient plus ce sentiment depuis bien des années. Nous avons vu qu'il avait, de propos délibéré, proscrit l'amitié parce qu'elle rapprochait trop les distances entre les autres mortels et lui. D'ailleurs, beaucoup de ses amis de jeunesse étaient tombés sur les champs de bataille, des amis tels que Lannes, Desaix et Duroc. Quelques-uns avaient survécu pour l'abandonner sans cérémonie et même sans pudeur. Berthier, son camarade depuis le début, qui avait partagé toutes ses campagnes, reçu toutes ses confidences, le quitta sans dire une parole d'excuse ou d'adieu et ne rougit pas de devenir capitaine des gardes du corps de Louis XVIII. Ses maréchaux, les compagnons de ses victoires, l'abandonnèrent tous à Fontainebleau, quelques-uns en l'insultant. Ney l'injuria en 1814, Davout en 1815; Marmont, l'enfant gâté de sa faveur, le trahit au vu et au su de tous. Le dévoué Caulaincourt finit par trouver la limite de son dévouement. Jusqu'à ceux qui servaient sa personne, Constant et Roustan, le valet de chambre qui lui donnait ses soins jour et nuit, le mamelouck qui couchait en travers de sa porte, se séparèrent de lui. On eut de la peine à réunir une poignée d'officiers pour l'accompagner à l'île d'Elbe; il fut plus difficile encore d'en trouver deux ou trois pour Sainte-Hélène. Les courtisans désintéressés de maîtres ingrats, les fidèles qui suivent le convoi de la monarchie vaincue et qui peuplent les antichambres nues des Bourbons ou des Stuarts, ne trouvent pas leurs équivalents autour de Napoléon détrôné. Il ne faut pas en accuser la nation, puisqu'elle a fourni des adhérents dévoués aux descendants des anciennes familles royales. Sa femme, qui l'abandonna sans un soupir de regret, — celle qui lui écrivait, lorsqu'elle vivait sous son toit, qu'elle ne pouvait être heureuse qu'auprès de lui, et qui, après sa mort, écrivait qu'elle n'avait jamais éprouvé pour lui d'affection réelle, — était une Autrichienne. A notre grand regret, nous devons imputer cette désaffection générale à Napoléon plutôt qu'à ses serviteurs; si elle leur fait peu d'honneur, elle lui en fait moins encore à lui-même. Nous avons vu que Bertrand, qui a droit, plus que personne, à l'auréole de la fidélité, avouait la vérité à Sainte-Hélène, non pas avec colère, mais avec tristesse. « L'Empereur est comme cela. Nous ne pouvons changer son caractère.... C'est ce caractère-là qui est cause qu'il n'a pas d'amis, qu'il s'est fait tant d'ennemis et qu'enfin nous sommes à Sainte-Hélène. »

Encore faut-il se garder d'appliquer ce jugement à toute sa carrière. Il ne se rapporte qu'à la partie nettement impériale, à ce qu'on pourrait presque appeler la période irrationnelle de sa vie. Jusqu'au moment où il lui plut de se transformer en demi-dieu et de se séparer volontairement, systématiquement, de l'humanité, il fut bon, généreux, aimant; ou, si l'on trouve cet éloge exagéré, il n'avait certainement pas les défauts qui s'opposent à ces qualités.

Mais, quand il fut à l'apogée de sa carrière, il ne lui vint jamais à la pensée qu'il eût rien à voir avec ces différents attributs, pas plus qu'avec la véracité ou avec la sympathie. C'était à merveille pour les autres; de lui on devait attendre quelque chose de plus ou quelque chose de moins. C'étaient de simples vertus humaines; or, les restrictions qui bornent l'action des hommes ordinaires, aussi bien que les objets qu'elle poursuit, avaient cessé d'avoir un sens pour lui.

Napoléon était-il un grand homme? La question est beaucoup plus simple, mais elle appelle une définition. Si par le mot « grand » on entend la combinaison des plus hautes qualités morales et intellectuelles, il n'était certainement pas un grand homme. Mais qu'il fût grand dans le sens de supérieur et d'extraordinaire, il est impossible d'en douter. Oui, à coup sûr il était grand, si la grandeur consiste dans une puissance naturelle, dans le don de dominer, dans quelque chose d'humain qui dépasse l'humanité. Sans parler de cette étincelle qui échappe à toute définition et que nous appelons le génie, il représente un amalgame d'intelligence et d'énergie qui n'a peut-être jamais été égalé, qui, en tout cas, n'a jamais été surpassé. Il poussa le pouvoir humain aussi loin qu'à notre connaissance il ait jamais été porté. Alexandre est un prodige lointain, trop lointain pour se prêter à un exact parallèle. Même objection pour César. Homère et Shakespeare sont des noms impersonnels. D'ailleurs, ce sont des hommes d'action qu'il nous faut pour les lui comparer. On peut dire que nous ne connaissons pas assez toutes ces grandes figures. Napoléon, au contraire, a vécu sous le microscope de l'observation moderne. Sous les vives clartés que projetait sur lui l'attention universelle, il a indéfiniment reculé les limites de la conception et de l'activité humaines. Avant qu'il eût paru, personne n'aurait imaginé qu'il pût exister un aussi prodigieux mélange du génie civil et du génie militaire, une compréhension aussi vaste unie à une si pénétrante intelligence du détail, une vitalité aussi extraordinaire de corps et d'esprit. « Il rapetisse l'histoire et il agrandit l'imagination, » dit Mme d'Houdetot. « Il a fait douter de toutes les gloires du passé dit lord Dudley ; il a rendu impossible de se faire un nom dans l'avenir ». Ce sont là des hyperboles, mais elles contiennent un fonds de vérité. Il n'est pas un nom qui représente d'une manière plus complète ni plus éclatante la domination, la splendeur et le désastre.

Il s'est élevé par l'usage de facultés surhumaines, il s'est ruiné par l'abus qu'il en a fait. C'est l'excès de son propre génie qui l'a perdu. Les forces qui avaient fait son élévation étaient seules capables d'amener sa chute.

APPENDICE

I

Lorsque Napoléon Buonaparte monta à bord du *Bellérophon* le 15 juillet 1815, il s'en fallait exactement d'un mois qu'il eût achevé sa quarante-sixième année, étant né le 15 août 1769. C'était alors un homme de structure remarquablement forte, d'environ cinq pieds sept pouces; ses membres étaient bien formés, ses chevilles fines et son pied très petit. Il en semblait assez vain et porta, tant qu'il fut à bord, des souliers et des bas de soie. Ses mains étaient également très petites; c'étaient plutôt des mains potelées de femme que de robustes mains d'homme. Les yeux d'un gris clair; les dents bonnes. Lorsqu'il souriait, sa physionomie avait une expression très agréable; mais, sous l'influence d'un désappointement, elle devenait sombre et triste. Ses cheveux étaient d'un brun très foncé, presque noir, un peu dégarnis sur le sommet de la tête et sur le front, mais sans un cheveu gris. Son teint était d'une couleur assez rare, jaune clair, et ne ressemblait à aucun teint que j'aie rencontré ailleurs. En devenant gros, il avait perdu beaucoup de son activité physique, et, s'il faut croire les personnes de son entourage, une grande partie de son énergie mentale l'avait aussi abandonné.... Son extérieur, d'une manière générale, donnait l'idée d'un homme plus âgé qu'il n'était alors. Ses manières étaient tout à fait affables et plaisantes : il se mêlait à toutes les conversations, racontait de nombreuses anecdotes et faisait tout ce qui était en son pouvoir pour répandre la bonne humeur autour de lui. Il tolérait même une grande familiarité chez ses serviteurs, et je les ai vus une ou deux fois le contredire de la façon la plus directe, quoiqu'ils le traitassent ordinairement avec beaucoup de respect. Il avait, à un degré extraordinaire, le don d'impressionner favorablement ceux avec qui il entrait en conversation; il obtenait ce résultat, à ce qu'il m'a semblé, en dirigeant l'entretien sur les sujets qu'il supposait familiers à son interlocuteur et où celui-ci pouvait se montrer avec avantage.

(Capitaine MAITLAND.)

II

J'étais très désireux de le voir et j'eus un désappointement. Il est mal fait, petit de taille, avec une grosse tête; ses mains et ses pieds sont petits, sa corpulence est telle que son estomac se projette considérablement en avant. Son habit, très simple, tel qu'on le voit dans beaucoup de gravures, est si court par derrière qu'il lui donne une apparence encore plus ridicule. Son profil est bien, exactement semblable à ses bustes et à ses portraits; mais, de face, il n'est pas beau. Ses yeux sont bleu clair, avec une légère teinte jaune sur l'iris; le regard est sans vivacité et tout différent de ce que j'attendais. Il a de vilaines dents, mais l'expression de sa physionomie est mobile et elle rend, au delà de ce qu'on peut imaginer, les rapides et changeantes émotions de son esprit. Pendant un moment, sa figure porte l'empreinte d'une franche bonne humeur, puis soudainement se contracte et s'assombrit avec une expression pénétrante qui trahit la pensée intérieure dont il est animé.

(SENHOUSE, 15 juillet 1815.)

III

Napoléon paraît avoir environ cinq pieds six pouces. Il est de structure épaisse et vigoureuse. Son cou est court et sa tête assez grosse; elle est particulièrement carrée et massive des mâchoires et il a un abondant double menton. Il est chauve sur les tempes, et les cheveux, sur le sommet de sa tête, sont clairsemés, mais longs et rudes; ils ont l'air d'être rarement brossés. Napoléon manque de grâce dans ses mouvements, mais il fait très peu de gestes et porte la tête avec dignité. Il est gras et son ventre se projette en avant. Ce défaut est rendu encore plus sensible par la coupe de son habit, qui a des basques très courtes et retroussées et qui est boutonné très juste au creux de l'estomac, d'où il s'ouvre brusquement, permettant de voir un large espace de gilet blanc. Son uniforme était vert, avec collet et parements rouges, mais sans galons ni broderies; de petits boutons dorés et des épaulettes d'or. Il portait une cravate blanche, un gilet blanc et des culottes de même couleur, des bas de soie et des souliers avec de petites boucles dorées. Une toute petite épée, de forme ancienne, avec une poignée d'or ouvragé, était serrée à son côté. Il portait le cordon de la Légion d'honneur sur son gilet et la plaque d'argent ciselé sur son habit. Il portait aussi trois ordres tout petits suspendus à l'une de ses boutonnières. Son chapeau, qu'il tenait sous le bras presque tout le temps, était assez grand, sans ornements, si ce n'est une microscopique cocarde tricolore. Pendant la conversation, Napoléon prit plusieurs fois du tabac. La tabatière n'avait rien de remarquable; elle était assez longue et m'a paru avoir quatre médailles ou pièces de monnaie incrustées dans le couvercle.

Napoléon a les yeux gris, avec de larges pupilles; peu de sourcils, les cheveux bruns, le teint blême et la chair flasque. Le nez est bien dessiné; très peu de lèvre supérieure; la bouche belle. Ses dents sont vilaines et malpropres, mais il les montre peu. Le caractère général de sa physionomie était grave, presque triste; mais il ne laissait voir aucune trace de sévérité ou de passion violente. J'ai rarement vu un homme plus vigoureusement bâti ou mieux fait pour endurer la fatigue.

(Denbury, 31 juillet 1815.)

IV

Voici l'impression de lady Malcolm sur l'extérieur de Napoléon (25 juin 1816) :

« Ses cheveux d'un brun foncé, rares sur le front et coupés courts, mais abondants sur la nuque et d'apparence peu propre; les yeux bleu clair ou gris; un front vaste; le nez proéminent; peu de lèvre supérieure; de bonnes dents, blanches et égales, mais petites (il les montrait rarement); le menton rond; le bas de la figure très plein; le teint pâle; le cou remarquablement court. Il est bien proportionné du reste de sa personne, mais il est devenu trop gros. Les mains sont épaisses et courtes, avec des doigts effilés et des ongles bien formés; la jambe et le pied sont bien faits. Il portait un vieil habit vert, râpé, avec col et parements de velours vert et boutons d'argent à figures d'animaux. C'était son habit de chasse, il le portait boutonné jusqu'au cou; la plaque de la Légion d'honneur en argent; gilet blanc et culottes blanches; bas de soie blancs et souliers à boucles d'or ovales. »

Lady Malcolm était frappée de l'expression bienveillante de sa physionomie, si différente de l'air farouche auquel elle s'attendait. Elle ne remarqua aucune trace d'intelligence supérieure; sa figure semblait indiquer plutôt la bonté....

<h2 style="text-align:center">V</h2>

Il était habillé d'un uniforme vert foncé tout simple et sans épaulettes ni rien d'équivalent, mais il avait sur la poitrine la plaque de la Légion d'honneur, avec un aigle au centre. Les boutons étaient d'or, avec, comme sujet, un dragon très en relief. Il portait des culottes blanches, des bas de soie et des souliers à boucles d'or ovales, avec un claque de petite dimension sous le bras. Napoléon, à première vue, était loin d'être imposant; il était petit et trapu, avec la tête enfoncée dans les épaules; la figure était grasse, avec un double menton; les membres semblaient forts et bien proportionnés; le teint olivâtre; la physionomie était sombre, peu engageante et presque grimaçante. Ses traits nous rappelèrent immédiatement des gravures que nous avions vues et qui le représentaient. En somme, il avait plutôt la mine d'un gros moine espagnol ou portugais que du héros des temps modernes....

Alors, l'illusion fascinante que nous avions caressée toute notre vie s'évanouit comme un fil de la Vierge dans un rayon de soleil. Le grand Napoléon disparaissait dans un personnage obèse et dépourvu de beauté, et nous cherchions en vain cette souveraine puissance du regard et cette force d'expression qu'une trompeuse imagination nous faisait attendre.

(Le chirurgien militaire HENRY.)

INDEX

LIBRAIRIE HACHETTE ET Cie

BOULEVARD SAINT-GERMAIN, 79, A PARIS

LES
GRANDS ÉCRIVAINS FRANÇAIS

ÉTUDES SUR LA VIE
LES ŒUVRES ET L'INFLUENCE DES PRINCIPAUX AUTEURS
DE NOTRE LITTÉRATURE

Notre siècle a eu, dès son début, et léguera au siècle prochain un goût profond pour les recherches historiques. Il s'y est livré avec une ardeur, une méthode et un succès que les âges antérieurs n'avaient pas connus. L'histoire du globe et de ses habitants a été refaite en entier; la pioche de l'archéologue a rendu à la lumière les os des guerriers de Mycènes et le propre visage de Sésostris. Les ruines expliquées, les hiéroglyphes traduits ont permis de reconstituer l'existence des illustres morts, parfois de pénétrer jusque dans leur âme.

Avec une passion plus intense encore, parce qu'elle était mêlée de tendresse, notre siècle s'est appliqué à faire revivre les grands écrivains de toutes les littératures, dépositaires du génie des nations, interprètes de la pensée des peuples. Il n'a pas manqué en France d'érudits pour s'occuper de cette tâche; on a publié les œuvres et débrouillé la biographie de ces hommes fameux que nous chérissons comme des ancêtres et qui ont contribué, plus même que les princes et les capitaines, à la formation de la France moderne, pour ne pas dire du monde moderne.

Car c'est là une de nos gloires, l'œuvre de la France a été accomplie moins par les armes que par la pensée, et l'action de notre pays sur le monde a toujours été indépendante de ses triomphes militaires ; on l'a vue prépondérante aux heures les plus douloureuses de l'histoire nationale. C'est pourquoi les maîtres esprits de notre littérature intéressent non seulement leurs descendants directs, mais encore une nombreuse postérité européenne éparse au delà des frontières.

Depuis que ces lignes ont été écrites, en avril 1887, la collection a reçu la plus précieuse consécration. L'Académie française a bien voulu lui décerner une médaille d'or sur la fondation Botta. « Parmi les ouvrages présentés à ce concours, a dit M. Camille Doucet dans son rapport, l'Académie avait distingué en première ligne la *Collection des Grands Ecrivains français*.... Cette importante publication ne rentrait pas entièrement dans les conditions du programme, mais elle méritait un témoignage particulier d'estime et de sympathie. L'Académie le lui donne. » (Rapport sur le concours de 1894.)

J. J. JUSSERAND.

LES
GRANDS ÉCRIVAINS FRANÇAIS

LISTE DANS L'ORDRE DE LA PUBLICATION

DES 45 VOLUMES PARUS

(Avril 1901.)

VICTOR COUSIN, par M. *Jules Simon*, de l'Académie française.

MADAME DE SÉVIGNÉ, par M. *Gaston Boissier*, secrétaire perpétuel de l'Académie française.

MONTESQUIEU, par M. *Albert Sorel*, de l'Académie française!

GEORGE SAND, par M. *E. Caro*, de l'Académie française.

TURGOT, par M. *Léon Say*, de l'Académie française.

THIERS, par M. *P. de Rémusat*, sénateur, de l'Institut.

D'ALEMBERT, par M. *Joseph Bertrand*, de l'Académie française, secrétaire perpétuel de l'Académie des sciences.

VAUVENARGUES, par M. *Maurice Paléologue*.

MADAME DE STAEL, par M. *Albert Sorel*, de l'Académie française.

THÉOPHILE GAUTIER, par M. *Maxime Du Camp*, de l'Académie française.

BERNARDIN DE SAINT-PIERRE, par M. *Arvède Barine*.

MADAME DE LAFAYETTE, par M. le comte *d'Haussonville*, de l'Académie française.

MIRABEAU, par M. *Edmond Rousse*, de l'Académie française.

RUTEBEUF, par M. *Clédat*, professeur de Faculté.

STENDHAL, par M. *Édouard Rod*.

ALFRED DE VIGNY, par M. *Maurice Paléologue*.

BOILEAU, par M. *G. Lanson*.

CHATEAUBRIAND, par M. *de Lescure*.

FÉNELON, par M. *Paul Janet*, de l'Institut.

SAINT-SIMON, par M. *Gaston Boissier*, secrétaire perpétuel de l'Académie française.

RABELAIS, par M. *René Millet.*

J.-J. ROUSSEAU, par M. *Arthur Chuquet*, professeur au Collège de France.

LESAGE, par M. *Eugène Lintilhac.*

DESCARTES, par M. *Alfred Fouillée*, de l'Institut.

VICTOR HUGO, par M. *Léopold Mabilleau*, professeur de Faculté.

ALFRED DE MUSSET, par M. *Arvède Barine.*

JOSEPH DE MAISTRE, par M. *George Cogordan.*

FROISSART, par Mme *Mary Darmesteter.*

DIDEROT, par M. *Joseph Reinach.*

GUIZOT, par M. *A. Bardoux*, de l'Institut.

MONTAIGNE, par M. *Paul Stapfer*, professeur de Faculté.

LA ROCHEFOUCAULD, par M. *J. Bourdeau.*

LACORDAIRE, par M. le comte *d'Haussonville*, de l'Académie française.

ROYER-COLLARD, par M. *E. Spuller.*

LA FONTAINE, par M. *G. Lafenestre*, de l'Institut.

MALHERBE, par M. le duc *de Broglie*, de l'Académie française.

BEAUMARCHAIS, par M. *André Hallays.*

MARIVAUX, par M. *Gaston Deschamps.*

RACINE, par M. *G. Larroumet*, de l'Institut.

MÉRIMÉE, par M. *Augustin Filon.*

CORNEILLE, par M. *G. Lanson.*

FLAUBERT, par M. *Émile Faguet*, de l'Académie française.

BOSSUET, par M. *Alfred Rébelliau.*

PASCAL, par M. *Émile Boutroux*, de l'Institut.

FRANÇOIS VILLON, par M. *G. Paris*, de l'Académie française.

Chaque volume, format in-16, broché, avec un portrait en héliogravure, 2 fr.

BIBLIOTHÈQUE VARIÉE, IN-16, A 3 FR. 50 LE VOLUME BROCHÉ
Histoire et documents historiques

BOISSIER, de l'Académie française : *Cicéron et ses amis* ; 11e édition. 1 vol.
— *La religion romaine d'Auguste aux Antonins* ; 5e édition. 2 vol.
— *Promenades archéologiques : Rome et Pompéi* ; 6e édition. 1 vol.
— *Nouvelles Promenades archéologiques : Horace et Virgile* ; 4e édition. 1 vol.
— *L'Afrique romaine*, promenades archéologiques en Algérie et en Tunisie. 1 vol.
— *L'opposition sous les Césars*, 4e édit. 1 vol.
— *La fin du paganisme* ; 3e édition. 2 vol.
BOULAY DE LA MEURTHE (Le comte) : *Les dernières années du duc d'Enghien (1801-1804).* 1 vol.
BRUNET (L.), député : *La France à Madagascar* ; 2e édition. 1 vol.
CHARLÉTY : *Histoire du Saint-Simonisme.* 1 vol.
CHARMES, de l'Institut : *Études historiques et diplomatiques.* 1 vol.
CHERBULIEZ (V.), de l'Académie française : *L'Espagne politique (1868-1873).* 1 vol.
— *Profils étrangers* ; 2e édit. 1 vol.
— *Hommes et choses d'Allemagne.* 1 vol.
— *Hommes et choses du temps présent.* 1 vol.
COTTIN (P.) et HÉNAULT (M.) : *Mémoires du sergent Bourgogne.* 3e édit., 1 vol.
CREPPI (J.) : *Un avocat journaliste au XVIIIe siècle : Linguet.* 1 vol.
DAUDET (E.) : *Histoire des conspirations royalistes du Midi sous la Révolution (1790-1793).* 1 vol. avec 2 cartes.
DIEULAFOY (M.), de l'Institut : *Le roi David.*
DU CAMP (M.), de l'Académie française : *Les convulsions de Paris* ; 8e édit. 4 vol.
— *Souvenirs de l'année 1848* ; 2e édit. 1 vol.
DURUY (V.) : *Introduction générale à l'histoire de France* ; 4e édit. 1 vol.
FUNCK-BRENTANO (Fr.) : *Légendes et archives de la Bastille.* 1 vol. 4e éd.
Ouvrage couronné par l'Académie française.
— *Le drame des poisons.* 1 vol. 4e éd.
FUSTEL DE COULANGES, de l'Institut : *La cité antique* ; 15e édition. 1 vol.
GAUTHIEZ (P.) : *L'Arétin (1492-1556).* 1 v.
GEBHART (E.) de l'Institut : *Les origines de la Renaissance en Italie.* 1 vol.
Ouvrage couronné par l'Académie française.
— *L'Italie mystique* ; 2e édition. 1 vol.
— *Moines et papes*, 1 vol.
GUIRAUD : *Fustel de Coulanges.* 1 vol.
HANOTAUX (G.) : *Études historiques sur le XVIe et le XVIIe siècle en France.* 1 vol.
HEIMWEH (J.) : *La question d'Alsace.* 1 vol.

HERVÉ (E.) : *La crise irlandaise.* 1 vol.
JUSSERAND (J.) : *Les Anglais au moyen âge.* 2 vol :
La vie nomade et les routes d'Angleterre au XIVe siècle. 1 vol.
Ouvrage couronné par l'Académie française.
L'épopée mystique de William Langland. 1 vol.
LAMARTINE : *Histoire des Girondins.* 6 vol.
— *Histoire de la Restauration.* 8 vol.
LANGLOIS ET SEIGNOBOS : *Introduction aux Études historiques.* 1 vol.
LARCHEY (L.) : *Les cahiers du capitaine Coignet (1799-1815).* 1 vol.
— *Journal du canonnier Bricard (1792-1802).* 2e édition. 1 vol.
LAVISSE (E.), de l'Académie française : *Études sur l'histoire de Prusse* ; 4e édition. 1 vol.
— *Essais sur l'Allemagne impériale* ; 2e édition. 1 vol.
LEGER : *Russes et Slaves.* 3 vol.
— *Le Monde slave.* 1 vol.
LEROY-BEAULIEU (A.) : *Un homme d'État russe (Nicolas Milutine).* 1 vol.
— *La Révolution et le libéralisme.* 1 vol.
LUCE (S.) : *La jeunesse de Bertrand Du Guesclin (1320-1364)* ; 3e édit. 1 vol.
Ouvrage qui a obtenu le grand prix Gobert.
— *Jeanne d'Arc à Domremy* ; 2e édit. 1 vol.
— *La France pendant la guerre de Cent ans* ; 2e édit. 2 vol.
MAULDE-LACLAVIÈRE (de) : *Les mille et une nuits d'une ambassadrice de Louis XIV* ; 2e édition. 1 vol.
MÉZIÈRES (A.), de l'Académie française. Vie de Mirabeau. 1 vol.
— *Morts et vivants.* 1 vol.
MONTÉGUT (Ed.) : *Le maréchal Davout. — La duchesse et le duc de Newcastle.* 1 vol.
MOUY (Ch. de) : *Discours sur l'histoire de France.* 1 vol.
PICOT (G., de l'Institut : *Histoire des États généraux* ; 2e édition. 5 vol.
Ouvrage qui a obtenu le grand prix Gobert.
PRÉVOST-PARADOL : *Essai sur l'histoire universelle* ; 5e édition. 2 vol.
REINACH (Joseph) : *Études de littérature et d'histoire.* 1 vol.
ROUSSET (C.) : *Histoire de la guerre de Crimée* ; 2e édit., 2 vol.
SAINT-SIMON : *Scènes et portraits.* 2 vol.
THÉDENAT (H.), de l'Institut : *Le forum romain.* 1 vol.
THOMAS (E.) : *Rome et l'empire.* 1 vol.
WALLON, de l'Institut : *La Terreur* ; 2e édition. 2 vol.
— *Jeanne d'Arc* ; 7e édition. 2 vol.
Ouvrage couronné par l'Académie française.